全国文化信息资源共享工程实施十周年纪念

文化共享十年路

共创·共建·共享

——优秀服务案例选编

主编：于群　李宏　张彦博

国家图书馆出版社

图书在版编目(CIP)数据

文化共享十年路：共创·共建·共享——优秀服务案例选编 / 于群，李宏，张彦博主编. —北京：国家图书馆出版社，2012.12

ISBN 978-7-5013-4801-5

Ⅰ.①文… Ⅱ.①于… ②张… Ⅲ.①地方文化—文化事业—资源共享—案例—中国 Ⅳ.①G127

中国版本图书馆 CIP 数据核字（2012）第 104897 号

责任编辑：王涛　金丽萍　高爽　杨璇

书名　文化共享十年路：共创·共建·共享
——优秀服务案例选编

著者　于群　李宏　张彦博　主编

出版　国家图书馆出版社(100034 北京市西城区文津街 7 号)
(原北京图书馆出版社)

发行　010-66114536　66126153　66151313　66175620
66121706(传真)　66126156(门市部)

E-mail　btsfxb@nlc.gov.cn（邮购）

Website　www.nlcpress.com→投稿中心

经销　新华书店

印刷　北京亚通印刷有限责任公司

开本　710×1000(毫米)　1/16

印张　27

字数　350 千字

版次　2012 年 12 月第 1 版　2012 年 12 月第 1 次印刷

书号　ISBN 978-7-5013-4801-5

定价　34.00 元

文化共享十年路：共创·共建·共享
套书编辑委员会

《文化共享十年路：共创·共建·共享——优秀服务案例选编》编委会

序言

全国文化信息资源共享工程（以下简称“文化共享工程”）实施十周年之际，文化部全国信息资源建设管理中心把十年来文化共享工程惠民服务案例、新闻媒体报道精心收集整理并汇编成书，全面总结文化共享工程服务工作的宝贵经验，生动描绘工程实施十年来不平凡历程，是一件很有意义的事情。从书中，我们看到了工程建设者们穿梭于城乡之间、奔走于田间地头的忙碌身影，看到了他们对农民工兄弟、留守儿童、残障人士付出的悉心关爱，也看到了广大基层群众对知识、文化、科学的渴求，以及他们享受文化共享工程时绽放的灿烂笑脸，这是一份带着泥土芬芳的合格答卷。

十年来，文化共享工程从一棵幼苗成长为参天大树，覆盖城乡的服务网络基本建成，资源建设初具规模，传输模式不断完善，惠民服务扎实推进，已成为我国文化领域认知度高、覆盖范围广、服务体系健全、文化与科技结合紧密的战略性、基础性文化惠民工程之一。文化共享工程的成功实践，开辟了一条符合国情、符合时代发展方向、符合广大群众需求的公共数字文化服务新途径，在消除城乡“数字鸿沟”，传播社会主义先进文化，满足基层群众日益增长的精神文化需求，构建公共文化服务体系，切实保障人民群众基本文化权益等方面发挥重要作用。这些成绩的取得，是党中央、国务院正确领导的结果，是各级文化和财政主管部门积极支持和大力推动的结果，是广大建设者发挥聪明才智和辛勤耕耘的结果，是十六大以来我国文化事业发展繁荣的见证，为我们迈向新的征程奠定了良好的基础。

党的十八大强调，要“坚持面向基层、服务群众，加快推进重点文

化惠民工程”，“加强重大公共文化工程和文化项目建设，完善公共文化服务体系，提高服务效能”。文化共享工程的建设者们要深入学习贯彻党的十八大精神，深入思考我们面临的新形势、新任务、新机遇和新挑战，牢牢把握科学发展观的精神实质，坚定不移地走中国特色社会主义文化发展道路，坚持“二为”方向和“双百”方针，坚持贴近实际、贴近生活、贴近群众的原则，坚持高标准，追求高质量，实现高效益，努力推动文化共享工程建设工作再上新台阶。

服务是文化惠民的本质要求，是文化共享工程建设工作的出发点和落脚点，是检验我们工作理念、工作水平、工作状态的试金石。文化共享工程建设的重点在基层，难点也在基层。要紧紧围绕基层群众的需要，进一步加强资源建设的针对性，进一步完善技术支撑平台，进一步探索符合各地实际的资源传输与服务模式，全面提升工程管理和服务水平。要创新服务方式，积极开展内容丰富、形式新颖、基层群众喜闻乐见的服务活动。重点要做好未成年人、少数民族群众、新生代农民工、残疾人和低收入人群的服务，充分体现党和政府的文化关怀。要深入总结和推广基层服务典型，形成一批服务品牌，进一步扩大工程的社会影响。要利用各种媒体和渠道，加大宣传，使广大基层群众了解文化共享工程、使用文化共享工程、爱文化共享工程。

文化滋养心灵，重在建设，贵在积累。我深信，在党的十八大精神的指引下，只要我们坚定信心，埋头苦干，文化共享工程一定会迎来更美好的未来！让我们共同努力，面向基层，服务人民，为更好地满足基层群众的精神文化需求作出应有的贡献！

是为序。

杨志今

二〇一二年十二月

2012年春雨工程文化志愿者作家张炜在广西桂林文学院座谈

第二届全国文化信息资源共享工程知识与技能竞赛在萧山落下帷幕

西藏分中心举办2012年“像雷锋那样……”中小学生电脑小报设计比赛的培训

驻守山东长岛的武警官兵正在登录政工网的文化共享专栏

文化的磁场魅力让居民聚集在这里（北京通州区新华街道）

市民在“丰南动车组”前挑灯夜读

内蒙古赤峰市元宝山区支中心的“颂歌献给党”歌咏活动

通过广播电视“进村入户”，辽宁已有226万农户可以在家收看文化共享工程的各类信息

吉林省汪清支中心开展送优秀资源进工地服务

绥芬河市光华社区“好妈妈俱乐部”组织活动

上海闸北支中心举办“大爱无声”聋人新年联欢会

江苏射阳通洋镇基层点工作人员为蔬菜种植大户顾明生提供技术资料

浙江衢州市支中心送农业科技资料到田头

广东乳源瑶族自治县群众在基层服务点学习农机知识

海南五指山支中心为瑶族村寨群众播放共享工程资源

南宁“光影树：周末观影沙龙”，影迷朋友品茗围坐，热烈交流

桂林灵川县支中心在县城关三小开展安全教育宣传活动

陕西宝鸡市支中心的灾区服务点

甘肃分中心举行志愿者授牌仪式

新疆分中心工作人员在帮助群众购买火车票

重庆分中心举办“聚焦农民工”主题活动

在山西分中心，通过视频与父母见面的留守儿童难掩思念之情

目录

共建篇

共享篇

榜样篇

共建篇

惠民春雨润边疆

——记 2011 年文化共享志愿者边疆行活动

全国文化信息资源建设管理中心　薄亮

“春雨工程”——全国文化志愿者边疆行活动，是 2010 年以来由中央文明办和文化部共同组织实施，推动边疆民族地区公共文化建设的文化惠民行动。2011 年，全国文化共享工程首次组织实施了“春雨工程”。这项活动是文化共享工程系统参与单位较多、纵贯时间较长、涉及地区范围较大的一次联合行动。实施服务的边疆民族地区为黑龙江、云南、西藏、新

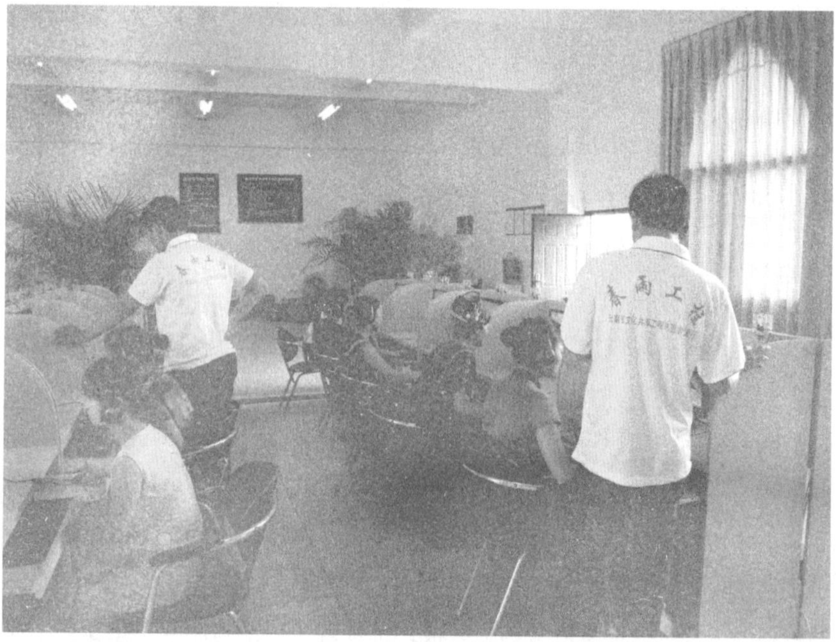

2011 年春雨工程文化志愿者在
云南芒市公共电子阅览室辅导读者

疆以及新疆建设兵团，有12个省（区、市）宣传文化主管部门、文化共享工程分支中心、乡镇基层服务点、志愿者单位参与了服务。

从7月至9月的3个多月时间里，文化共享志愿者所到之处，累计服务：检修调试计算机、打印机等设备300台，重装、调试应用系统近百台（套），培训辅导群众上机300人次，近万基层群众在活动开展中观看了文化共享工程成果巡回展和爱国主义电影；云南、黑龙江、西藏和新疆建设兵团分中心分别举办了管理、业务、技术培训班，实地培训乡镇基层服务点骨干650人；北京、黑龙江、浙江、云南、苏州分支中心向边境地区基层服务点捐赠图书13000册、数字资源卡3000张、资源光盘1400张；优秀民营企业深圳雅图集团为西藏、青海和新疆基层服务点捐赠了110台总共价值120万元的投影机设备。“春雨工程”系列服务活动给边疆民族地区各族群众送去了丰富的文化资源，也为边疆民族地区文化共享基层点解决了许多实际问题。文化部全国文化信息资源建设管理中心（以下称国家中心）在组织开展这项活动中收获颇丰。

精心组织，通力合作

为了保证活动行之有效、有序展开，国家中心成立了专门工作小组，根据文化部的统一部署，精心策划，周密设计，积极与有关省区文化厅和省级分中心沟通，制定了切实可行的工作方案；目的地省区分中心从本地实际出发，积极招募文化志愿者单位和文化志愿者，组成精干的志愿服务小分队，编写培训教材、制作主题巡回展览、印制宣传资料，认真部署相关工作；乡镇基层服务点是志愿者边疆行活动的主要受援单位，各地把该项活动作为推动本地文化建设的重要契机来把握，认真拟订实施方案，积极提供条件，努力配合活动的推进。由于思想重视、认识到位、责任明确、组织得力，文化志愿者服务小分队成功地开展了一系列富有文化共享工程特色的志愿服务活动，受到了基层群众的普遍欢迎并获得良好社会反响。

深入边陲，服务基层

国家中心在系统内组织并开展的这次活动，所选择服务地区均为边疆省份少数民族聚居的边境地区，地域特征明显，民族文化多样，边贸经济较为发达。例如，云南德宏州的五个边境县，地处祖国西南边陲，与缅甸、老挝、越南山水相连，沿边境有多处国家级、省级口岸，且少数民族聚居集中。这些年来，随着边贸的发展，文化的需求迅速上升。文化共享工程的推进，使这些地区的乡镇都建立了基层服务点，但由于地处偏远，当地群众对计算机及网络认知程度普遍偏低，具备一定专业知识的服务人员匮乏，局限了文化共享工程服务工作的开展。在此次春雨工程中，文化志愿小分队培训了 5 县市 24 个乡镇的基层文化工作者 180 人次、指导群众上机 200 人次。春雨工程的实施，使当地少数民族群众了解了党的文化惠民政策，了解了文化共享基层服务点的服务内容，这对满足边境群众的文化需求，促进边贸经济发展，提升祖国南大门的文化形象，具有特殊的意义。

志愿行动，双向受惠

在边疆行活动中，不少文化志愿者对边疆民族地区由于技术力量短缺、人才匮乏，很多基层服务点往往因为设备的一些小故障影响了服务的正常开展感触颇深。经过前期缜密调查，在摸清基层服务点工作情况、工作条件和存在的困难前提下，各志愿者服务小分队确定了服务的工作重点。在边疆行服务中，他们开展了设备设施维护检修、软件安装、面对面的操作辅导、答复咨询等一系列服务，维护调试计算机设备 300 余台，为边疆地区基层服务点解决了许多实际困难。志愿服务小分队走一路，服务一路，满腔热忱地想群众所想，送群众所需。有的志愿者带病坚持讲课，有的一天维护机器超过 14 个小时不离岗位，所到之处好评如潮。在服务的过程中，志愿者们也受到了教育，他们深刻地感受到文化建设、文化服务对基层群众的重要性、实用性和迫切性，体会了志愿者服务的价值，提升了思想境

界，增强了社会责任感。

创新形式，亮点频出

在文化部支持下，国家中心积极帮助西藏自治区分中心筹建了汉藏双语网站。8 月 20 日，文化部副部长杨志今和西藏自治区人民政府副主席多托共同开通了网站。此举不仅使西藏自治区分中心通过互联网向世人展示西藏文化共享工程建设成果，也填补了我国省级公共图书馆最后一个没有互联网网站的空白。受文化部委托，国家中心在全国文化共享工程门户网络上开辟了“春雨工程”——文化志愿者边疆行活动专栏，及时报道转载全国各地活动的信息，既扩大了春雨工程的社会影响，又及时地为各地实施春雨工程提供了经验，推动该项活动的深入开展。一些专家学者参与了春雨工程大讲堂培训授课，北京大学教授李国新、浙江图书馆副馆长刘晓清、苏州图书馆馆长邱冠华前往黑龙江黑河地区授课；黑龙江图书馆馆长高文华到新疆建设兵团讲课；管理中心业务骨干先后在西藏、兵团开展培训；云南、新疆建设兵团分中心领导承担本地区的培训任务，有力地提升了文化志愿者服务活动的影响和品质。企业志愿者单位和个人的参与，是本次活动一大特点，管理中心和各地分中心吸收了中数创新公司、浪潮公司、百年树人公司、熙菱公司等单位和志愿者参与了技术培训班授课和基层点技术服务，这些企业志愿者们不仅实地感受到基层群众对现代信息的迫切需要，也切身体会到企业在公共文化服务建设中的责任。

2011 年“春雨工程”——文化志愿者边疆行活动顺利结束，并取得了令人满意的成果。该项活动以促进边疆少数民族地区和内地文化相互交流、相互学习为出发点，以志愿者文化服务为宗旨，以大舞台、大讲堂、大展台为服务内容，有力地推动了边疆民族地区公共文化服务体系建设。在实践中，我还体会到，这项工作有利于先进文化的引领，有利于丰富边疆民族地区群众的精神文化生活，有利于团结各族群众树立对党、对祖国、对社会主义的认同，正如基层文化干部所说，如同一阵阵“文化春雨”滋

润了边疆民族地区群众的心。国家中心通过参与和组织实施该项活动进一步发挥了在全国文化信息资源共享工程系统中的引领作用，也创新了文化共享工程基层服务的形式。

“颂歌献给党”活动的启示

全国文化信息资源建设管理中心　于洋　刘平

2011 年 5 月至 8 月，文化部全国文化信息资源建设管理中心联合文化共享工程各省级分中心在全国文化共享工程系统内，开展了“颂歌献给党——全国文化信息资源共享工程迎接建党 90 周年群众歌咏活动”。活动得到文化共享工程 33 个省级分中心的积极响应，广大基层群众踊跃参与，唱响了共产党好、社会主义好、改革开放好、伟大祖国好、各族人民好的时代主旋律，在基层营造了隆重庆祝建党 90 周年的热烈气氛，收到了良好的社会反响。

“颂歌献给党”——迎接建党 90 周年群众歌咏活动海报

基层群众唱响心声，共享工程营造和谐

歌咏活动是基层群众喜闻乐见的文化活动形式，有着广泛的群众基础和社会影响力。“迎接建党 90 周年群众歌咏活动”通知下达之后，在系统内引起热烈的反响，各地结合地域文化特色，策划了一系列丰富多彩的歌咏活动，在工厂、农村、学校、部队、企业、文化单位多点开展，全方位歌颂中国共产党 90 年来所取得的丰功伟绩，掀起了抒发爱党、爱国情怀的红色歌潮。

山西、安徽“颂歌献给党”群众歌咏活动全省遍地开花，组织歌咏活动数百场，数万人参加，尽显基层特别是乡村群众的才艺风采；内蒙古、吉林、广西、云南、新疆歌咏活动突出少数民族文化特色，用民歌纵情展现各族群众爱党、爱国的激情；北京、天津、上海、广东的歌咏活动走进社区，唱出城市居民热爱美好生活的愉悦心情；江苏、浙江、桂林、贵州、陕西、甘肃等地专门组织了歌咏活动选拔赛，积极调动基层群众的参与热情；宁夏、重庆、福建把“颂歌献给党”活动与省内其他庆祝演出活动联合实施，扩大了共享工程的影响力；云南、内蒙古、江西、广西提交的 MTV 视频作品制作精美，在评奖过程中大放异彩。

值得一提得是，在这次群众歌咏活动中，涌现了一批优秀原创歌曲。思想性艺术性俱佳的北京《大山里的小姑娘》，具有浓郁地方特色的山西《文化共享颂党恩》、大气磅礴的蒙古风情颂歌《超越希望的明天》，表演形式活泼、演唱方式独特的吉林《春之歌联唱》，生动地再现共享工程基层工作并令人为之一振的云南《我们是共享工程建设者》5 件作品，被评为最佳原创奖。评委一致认为，这些优秀原创作品的参与，提升了展播水平，也使整个歌咏活动更具活力和创新性，这是值得认真总结和推广的。

开展评比激发热忱，在线展播重在参与

为了推动“颂歌献给党——全国文化信息资源共享工程迎接建党 90

周年群众歌咏活动”的深入开展，鼓励各级分支中心和基层群众的积极参与，本次歌咏活动策划了综合评比和网上展播环节。各地在组织基层群众广泛参与的基础上，遴选了一批优秀演唱作品参加到歌咏评比和网上展播活动中来。全国共报送参评和展播的作品 267 个，符合要求的作品 204 个，其中原创的作品 24 个。

“颂歌献给党”评比活动设计了专家评审、省级分中心评议和网络公众投票三者结合、综合评分的方式，确定了艺术质量为主、可视性为辅、鼓励群众参与的基本原则，整个评比过程严谨有序，结果公正满意。为使评比工作更具权威性，活动特别聘请了著名歌唱家、解放军艺术学院教授李双江，中国合唱协会常务副理事长李培智，中央民族乐团指挥闫伯政等担任专家评委；北京等 19 个省级分中心参加了评议，各省提交的评议结果与专家评委的评分结果相差无几。参评作品网络展播和公众投票活动于 6 月 20 日至 7 月 10 日举行。经统计，公众参与活动投票数量为 305658，支持了评比工作公开公平地实施。

经过专家评审、省级分中心评议和网络公众投票综合评比等环节，“颂歌献给党——全国文化信息资源共享工程迎接建党 90 周年群众歌咏活动”最终评出一等奖 10 名、二等奖 20 名、三等奖 30 名、提名奖 20 名；最佳原创作品奖 5 名、优秀原创作品 19 名，评比活动有力地调动了基层文化单位开展群众文化活动的积极性。

精心策划统筹安排，合力组织取得成功

“颂歌献给党”群众歌咏活动覆盖面大、影响广泛、成效突出。文化共享工程各级分支中心精心策划、统筹安排，各省文化主管部门高度重视和大力支持，基层群众广泛发动和积极参与是取得成功的重要原因。

从整个活动的开展情况来看，包括管理中心在内的各地参与率为 100%，网上展播的参与率为 85%。各地报送的参评和展播的作品主题鲜明、内容丰富、形式多样，既有分支中心和基层服务点工作人员的精彩表

演，也有农民、学生、机关干部、解放军和武警官兵的热忱展现。在这次活动评比中，有 9 个表现特别突出的分中心荣获最佳组织奖，14 个分中心获得优秀组织奖。

活动的开展得到各地文化主管部门高度重视和大力支持。有的省区文化厅给予了经费支持，为活动的顺利实施提供了保障；有的省区文化厅将此项活动纳入全省文化工作计划，并专门下发了活动通知。此外，在开展此次群众歌咏活动中，各省级分中心积极协调各支中心、基层服务点和各级文化馆站（群艺馆），发挥他们的工作特长，联合推动活动的实施，这也是充分发挥公共文化服务体系组织功能的一次很好的实践。

“颂歌献给党——全国文化信息资源共享工程迎接建党 90 周年群众歌咏活动”，通过群众喜闻乐见、鲜活独特的歌咏形式以及基层群众的积极参与，展示了广大基层群众热爱党、热爱祖国、热爱社会主义的情怀，也展示了文化共享工程建设者的精神风貌，在引领文明和谐、积极向上的社会风尚的同时，增强了文化共享工程在基层的号召力和影响力，将进一步推动工程更好地服务基层、服务社会、服务群众。

以赛促训，创新队伍建设

全国文化信息资源建设管理中心　行远　徐小芳

2011 年，伴随着国家“十二五”文化发展规划和公共电子阅览室计划的启动，全国文化共享工程又举办了第二届文化共享杯知识与技能竞赛，在系统内再度掀起业务培训的热潮，有力地推动了文化共享工程“十二五”规划的贯彻实施。

10 月 12 日—14 日，第二届文化共享杯——全国文化信息资源共享工程知识与技能竞赛总决赛，在浙江杭州萧山培训基地举行。两天半时间里，来自全国 31 个省、自治区、直辖市及新疆生产建设兵团，由 99 名现场选手、33 名领队、132 名场外选手组成的 33 支参赛代表队，参加了初赛、复赛、半决赛和决赛。整个竞赛过程扣人心弦，竞争激烈，高潮迭起。各参赛队分工明确、配合默契、表现精彩。经过总计 15 场的激烈角逐，辽宁省级分中心夺得了竞赛一等奖；天津、内蒙古、山东分获二等奖；山西、吉林、浙江、广西获得三等奖；北京等 8 个省级分中心和萧山区支中心被授予优秀组织奖。

精心策划，周密组织

二次共享杯活动，从策划到实施，从预赛到决赛，从现场到幕后，都做到了精心组织，周密安排。管理中心专门成立了活动领导小组，多次召开专题会议，研究竞赛事宜；中心培训处、规划处与萧山支中心联合组成工作小组，明确分工、各司其职、团结协作，把决赛的各项具体工作落在实处；中心先后两次下发文件，指导各地开展筹备活动，各省级分中心积极行动，做到组织落实、人员落实、措施落实。为推动比赛，管理中心编写了竞赛组织方案、竞赛复习资料、竞赛规则、竞赛秩序册、活动指南和

竞赛试题等。特别是竞赛试题不仅涵盖了文化信息资源共享工程的组织管理、数字资源、网点建设、技术体系、传输平台、标准规范、合作共建、服务模式、人员培训各个方面，还涉及辛亥百年和十七届六中全会等文史知识和题材，集专业性、知识性、趣味性为一体，难易结合，比例适当，受到参赛单位和选手们的好评。为使比赛保持公平、公正，总决赛现场还设立了仲裁委员会，确保了竞赛活动的正常开展。

思想重视，工作到位

本次活动在文化共享工程系统虽然是第二次，但各单位关注的程度绝不亚于第一次。各参赛单位将比赛看做开展岗位练兵、促进学习与交流的契机，也把活动作为展现单位实力、士气、工作状态的窗口，给予了高度的重视和认真的组织实施。全国 33 个省级分中心在近 5 个月时间里，根据本地的实际情况，以竞赛为引导，组织开展了丰富多彩的业务培训，兴起了学业务、增技能、促服务的热潮；在备战全国性决赛中，因地制宜、创新方法，开展了形式多样的预赛、选拔赛，共计 40740 人参加了各省级分中心举办的地区性竞赛活动。从基层服务点开始，通过层层选拔，脱颖而出的佼佼者基本代表各分中心的最高水平。各代表队在比赛中瞄准总冠军，展现出色的专业素质和积极向上团队精神，同时本着友谊第一、比赛第二的原则，切磋技艺，共同提高，比出了水平，赛出了风格。

形式创新，亮点频出

二次共享杯活动组织伊始，组委会就确立了注重创新的思路，让竞赛更具新意、更具趣味、更具参与性、更能够发挥选手们聪明才智是贯穿竞赛始终的理念。竞赛活动呈现以下亮点：一是在总决赛的初赛阶段增加了笔试环节，旨在考察各位选手的业务功底，选拔出更具综合实力的代表队晋级；二是比赛特别设置了场外答题的形式，通过现场选手与场外选手远程互帮互助，既展示了文化共享工程的专业特点，也更好地调动了全体工

作者的参与热情；三是利用比赛活动场场间歇，用LED大屏幕循环播放各地组织预赛的视频和“颂歌献给党——迎接建党90周年群众歌咏活动”的获奖作品，既活跃了现场气氛，也交流了各地的工作；四是在活动中，11位来自文化共享基层服务第一线的基层工作者，作为特邀嘉宾全程参与了竞赛的观摩，给了他们极大的鼓励和鞭策；五是闭幕式上，安排了参赛选手以民族歌舞表演为内容的才艺展示，强烈地表现了文化共享工程系统内的团结与和谐，令大家感动不已。

领导支持，各方协力

二次共享杯活动顺利实施得益于文化部、各地各级文化主管部门的大力支持和关心。文化部副部长杨志今在全国总决赛前夕发来贺信，对本次活动的举办表示祝贺，对全体参赛队和参赛选手给以积极的鼓励。文化部社会文化司司长于群、浙江省文化厅领导和萧山市委、市政府领亲临现场

第二届全国文化信息资源共享工程知识与技能竞赛在萧山落下帷幕

观看比赛、讲话致辞、颁奖授牌，充分体现了各方领导的高度重视。竞赛活动得到承办单位浙江省杭州市萧山区支中心的密切配合和全力支持；福建省分中心摄制人员千里迢迢携带设备，对竞赛进行全程录像并编辑制作专题片；管理中心，重庆市、山东省、浙江省分中心为比赛推荐并支持了4名主持人，其精湛表现，推动现场高潮迭起，他们都为大赛付出了辛勤

劳动并作出无私奉献。竞赛活动还得到了社会各界的大力支持。联想集团有限公司、北京阳和文化传播有限公司、英特尔（中国）有限公司为竞赛提供了赞助。所有这些，从各个方面保障了活动的顺利实施。

收获颇丰，启示良多

进一步树立了人才是第一资源的观念。党的十七届六中全会确立了文化强国的行动纲领。推动社会主义文化大发展大繁荣，队伍是基础，人才是关键，培养、造就一支懂专业、会管理、重服务的人才队伍是推动文化共享工程持续发展的重要保证。开展竞赛活动，以赛带训、以赛促训、以赛促用、以赛创新，进一步树立了人才是第一资源的观念，也进一步夯实了重视文化共享工程队伍建设的思想基础。

进一步促进了基层培训工作的开展。本届竞赛活动较之首届，参赛人数更多、规模更大，在宣传和动员上更为广泛。各地分支中心和基层服务点通过认真组织、积极参与，再度迅速掀起了业务培训的热潮。实践证明，竞赛活动从一个侧面展示了全国文化共享工程从业人员的工作状态和专业技能，也检验了开展业务培训的效果。通过竞赛，大家相互学习，取长补短，进一步调动了各地开展培训工作的积极性。

进一步增强了创新服务工作的意识。在本届竞赛活动中，无论是国家中心、分支中心、基层服务点，还是工作在分支中心的业务骨干、活跃在基层点的一线服务人员，都表现出热情、好学、实干和创新精神，使这项活动开展得亮点频出，在尽显风采和技能同时，也展示了大家的自强、自信和自觉。创新是推动文化共享工程持续发展的源泉，也是改善和提升基层服务的动力，竞赛活动调动和增强了这种创新意识。

进一步拓展了文化共享工程的影响。本次竞赛组织活动历时五个月，在系统内外产生了广泛的影响。尤其是决赛过程通过工程网站进行了视频直播，约有 106000 人次观看了竞赛实况，这是文化共享工程远程培训收

视率最高的一次。不少场外观众在观看比赛的同时，还在网络上以微博展开热烈交流，甚至对比赛结果进行竞猜。中央人民广播电台、中国文化报、科技日报、人民网先后报道相关消息，竞赛进一步拓展了国家文化惠民工程的社会影响力。

广受农民工朋友欢迎的服务活动

全国文化信息资源建设管理中心　张博

春节作为中华民族最为隆重的传统佳节，更是文化共享工程重点开展深入、广泛的全民性文化服务活动的平台。2012年春节伊始，由文化部全国文化信息资源建设管理中心策划组织的“文化年货带回家”服务农民工系列活动得到了文化共享工程各级分支中心的积极响应，各地通过丰富多样的形式，为广大农民工朋友奉上了丰盛的文化大餐和体贴的文化服务，使他们度过了一个喜庆祥和、文化气息浓厚的新春佳节。

共享工程来搭台，数字文化唱主角

根据十七届六中全会《决定》精神，按照文化部领导关于把农民工纳入城市公共文化服务体系的要求，针对农民工开展文化服务活动成为了此次系列活动的重点。春节前夕，文化部副部长杨志今和天津市委常委、市委宣传部部长成其圣共同来到天津空港经济区青年公寓，向那里准备返乡的农民工朋友送去文化大礼，由此拉开了“文化年货带回家”系列服务活动序幕。

为开展好此次活动，文化部全国文化信息资源建设管理中心重点针对农民工及其家庭、子女的特殊文化需求，专门制作了“文化年货带回家”主题资源箱，每箱共计131张光盘，由“欢乐电影”、“开心动漫”、“彩虹英语”、“龙年民俗”、“节日美食”五部分组成，涵盖了深受农民工朋友喜欢的多类视频资源，并由文化共享工程各分支中心赶在春运前专程送到企业、工地、工业园区、长途客车站等农民工相对集中的地方。

在北京市闽龙陶瓷总部基地、福建石狮市民营企业大帝集团园区、山西太原汽车站、山东济南西客站、宁夏回族自治区银川火车站、浙江万事

贵州绥阳县支中心开展“文化年货送回家”服务活动

利集团、广东佛山新媒体产业园区、重庆市北碚区公园村旧城改造工地、贵州印江特色工业园区、吉林梨树县客运站、贵州省六盘水市六枝特区那平路休闲广场、湖南芷江县新店坪镇……都可以看到农民工朋友手捧共享工程资源礼包、笑逐颜开的样子。不仅如此，各地共享工程还联合当地相关部门，为农民工送去了文化器材、电脑、图书、文化讲座、文艺演出等丰厚的“文化年货”，并邀请到当地知名书画家和民间艺人，为农民工现场书写春联、作画、剪纸，让参与活动的农民工个个都兴高采烈、满载而归，受到了他们的热烈欢迎。

网上购票莫犯愁，公共电子阅览室帮你忙

随着网络实名制成为今年春运购买火车票的一种新渠道，全国文化共享工程为了帮助广大农民工顺利返乡，依托工程在各市、县级中心已建的公共电子阅览室，面向农民工提供免费、安全、绿色的网上购票服务。

在新疆，文化共享工程新疆维吾尔自治区分中心工作人员从1月7日

至22日，每天早6点至晚23点，在公共电子阅览室协助前来寻求网上购票服务的农民工购买返乡车票。并通过腾讯、新浪微博开展“让爱凝聚送您回家”活动，把农民工朋友的购票需求发布到网上，动员全社会一起帮助他们顺利返乡。

在上海，上海社区公共电子阅览室与铁路上海站合作推出便民服务，通过遍及上海的300家社区公共电子阅览室开展“万名农民工网络直通车”活动，为上海外来务工人员提供免费网上购票服务，使许多到火车站排队都未买到票的农民工朋友在较短时间内就顺利完成了网上购票。

在重庆，“文化共享助团圆　一票难求我来帮”活动于春运前夕在重庆市38个文化共享工程分支中心全面启动，积极利用公共电子阅览室为返乡农民工提供网上购票服务。据不完全统计，重庆市共享工程各级中心目前已为农民工成功订票近300张，受到了农民工朋友的称赞。

在陕西，几乎覆盖陕西省大小市县的公共电子阅览室，成为了农民工朋友购买返乡车票的好助手。由于延安、榆林、汉中、渭南四地还未建文化共享工程市级支中心，同时，商洛市支中心由于网络问题带来的不便，陕西省分中心及时协调、通告这五地农民工可就近到工程延安市宝塔区、榆林市榆阳区、汉中市南郑县、渭南市临渭区支中心享受相应服务。

在江西，靖安县支中心在公共电子阅览室开通的网上订票服务，在春季前夕为返乡农民工成功网上订票286张，帮助很多为买不上火车票而犯愁的农民工实现了回家过年的愿望。在靖安县工业园务工的贵州籍农民工陆凤妹在县支中心成功上网订到火车票后，难掩欣喜之情，她说：“我自己又是排队又是求人忙活了好几天，这下我终于可以回家过年了！”

此外，各地文化共享工程基层网点在2012年春节期间还利用公共电子阅览室为农民工子弟提供了相应服务。在贵州，家住印江县天堂镇农村的六年级学生张羽倩，在印江县支中心通过视频对话向远在广东打工的父母通报了自己的学习成绩，并答应妈妈一定多关心爷爷奶奶身体，帮助他们做更多力所能及的家务；在吉林，长春市少儿支中心在公共电子阅览室

针对农民工子弟举办了单人单机的免费电脑基础知识培训，内容包括“中文 Word 基础知识”、“计算机硬件认知”、“PPT 使用教程”、“Excel 使用教程”、“E 时代，我们这样读书——电子图书的检索与阅读”、“网上冲浪”等，受到了农民工子弟及其家长的一致好评。

文化惠民服务的好时节

全国文化信息资源建设管理中心　李亚男

文化共享工程在基层服务中，针对节假日期间群众文化需求相对集中的特点，将春节作为发挥文化共享工程服务基层作用的良好契机。近十年来，文化共享工程秉承文化乐民、文化慰民、文化育民、文化富民的服务宗旨，在春节期间为广大基层群众欢度佳节奉上了一份份精彩的文化大礼。全国文化信息资源建设管理中心（简称管理中心）和各级分支中心精心策划，积极组织，开展了一系列喜庆多彩的文化服务活动，让各地群众度过一个个欢乐祥和的文化年。

响应国家文化发展战略，关注基层群众的切实需求

文化共享工程通过调研社会各阶层的实际文化需求，保持服务立意与时俱进，不断更新、创新服务内容，拓展服务对象，扩大服务范围。支持各地特别是西部地区开展节日服务活动，不仅丰富了基层群众的春节文化生活，而且也让他们尤其是农民朋友过上了文化年、知识年。

2005 年以来的每个春节，管理中心都结合中央有关政策，开展了“文化精品送下乡、双奖好戏送下乡”、“乡风文明好戏来”、“文化共享和谐风”、“文化共享新春乐”等活动，分别以服务农村、服务教育、服务军营等为侧重点，努力营造喜庆和谐的节日气氛。特别是 2010 年，“共享花开乐万家”活动不但把各种便民文化资源及时送到广大基层群众手中，更在四川、陕西等地的灾区服务点开展优秀文化资源播放系列活动，让灾区群众过上了一个欢乐祥和的春节。2012 年春节，开展的主题为“文货带回家”的活动，以服务进城务工人员为重点，向他们及其家庭提供适合的“文化年货”资源；设置现场服务，邀请农民工前往，对其进行计算机网络技术培训，引

导他们体验共享工程网站及公共电子阅览室等；向农民工公寓赠送文化器材、电脑以及文化共享工程视频光盘、图书；在北京还邀请了书法家和剪纸艺人向农民工赠送了春联和新春剪纸。

活动内容丰富、形式多彩，争取服务效益的最大化

在配合营造欢乐喜庆节日气氛的基础上，文化共享工程围绕建设数字文化资源、发展基层服务网络、构建先进实用技术体系、建设管理与技术骨干队伍、创新工作机制、开展试点工作等，努力拓展服务范围，使春节服务活动效益最大化。

每年春节期间，管理中心都要整合制作专题资源大礼箱下发各地，包括年俗、国内外优秀影视作品、各类知识讲座、舞台艺术精品、综艺晚会、卡通动漫、农业种植养殖技术、进城务工技能培训、农村政策法规、医疗卫生等各类视频资源，通过网络推送、卫星发包、镜像，偏远地区直接通过邮寄光盘等方式，使基层群众在节日期间都能欣赏到共享工程的优秀

管理中心为2005年春节系列服务活动准备的文化资源大礼包

文化资源。尤其是将农民工群体需要的实用资源作为新春文化礼品送予他们，为他们整体素质、职业技能和致富能力的提升提供了一定的教学资源。2012 年春节前，制作了“欢乐电影”、“开心动漫”、“彩虹英语”、“龙年民俗”、“节日美食”等深受农民朋友喜欢的主题资源箱，并于元旦前发至文化共享工程各级中心。管理中心积极发挥文化共享工程网络优势，提供互动性更高、更具时代个性的网上春节活动。如 2011 年春节前夕，开通了文化共享工程手机网站，在春节期间通过 3G 技术为手机用户开展了系列活动。再如通过共享工程“进村入户”平台，开展优秀文化视频展播活动；在工程主站开设迎新春的主题专栏，提供网上元宵灯会、网上写春联、网上猜灯谜、2012 话龙年等各种网络活动专栏。

活动覆盖面广，反响热烈，群众参与度高

文化共享工程的新春系列活动由管理中心重点打造，各级中心和基层点强力配合。服务范围从中央到各省市再到各乡镇，因地制宜，点面结合，走进农村、社区、军营、学校、企业、乡镇、村等基层地区，吸引了广大人民群众的踊跃参与，得到广泛好评，社会效果十分明显。2006 年春节前后，在贵州遵义举行“文化共享工程遵义新春服务行”活动，有近万名群众参加；2008 年，各地围绕北京奥运会、改革开放 30 周年等重大主题，组织开展春节活动，据不完全统计，有上万人次享受到文化共享工程服务；2010 年春节前夕，“共享花开乐万家”新春服务活动在西藏自治区拉萨市当巴乡居委会基层服务点开展时，受到了当地 2000 多名藏族群众的热烈响应。

利用服务宣传活动，展现共享工程服务成果

2008 年春节期间，由管理中心组织发起、共享工程各省级分中心共同组织的“文化共享奥运行”系列宣传活动在全国范围内有序展开。活动以巡展“五环旗下——文化共享奥运行”奥运展览为主要形式，辅以专题

讲座、视频播放、网站服务等形式，使奥运知识和奥运精神深入人心，通过这次活动，也对文化共享工程进行了一次集中宣传和展示。2010年春节期间，结合上海世博会主题，启动了“文化共享世博行”大型宣传活动，不仅通过互联网和巡展等多种形式宣传介绍世博文化，还与中国东方航空公司携手，把共享工程的优质文化资源带上蓝天，通过“文化共享东方万里行”活动，向国内外乘客展示中华文化，同时也展现了文化共享工程的工作成果。

文化共享工程各级中心通过多年携手努力，凝聚传统文化精髓、美好创意和爱心真情的新春系列服务活动已被打造成为文化共享工程一项优秀的文化服务品牌，有力地提升了文化共享工程基层文化服务水平，也在全社会营造了积极向上的和谐氛围，对维护经济发展、深化改革、促进社会稳定、推动文化建设与经济社会协调发展，发挥了积极作用。

童言稚语写真情　七彩小报绘心意

全国文化信息资源建设管理中心　刘红

在百度输入“电脑小报设计比赛”进行检索，相关结果 110000 条，而且前 20 条 100%、前 50 条 88% 与全国文化信息资源共享工程（以下简称“文化共享工程”）相关；若在“电脑小报设计比赛”后，增加关键词“共享工程”再进行检索，相关结果也高达 64300 条。文化共享工程先后在 2011 年、2012 年分别以“阳光少年热爱党”和“像雷锋那样……”为主题举办了第一、第二届全国中小学生电脑小报设计比赛，均达到预期目的。作为直接参与比赛策划、发动、组织、评选、宣传全过程的文化共享人，看到这样的检索结果，我深感欣慰，也进一步增强了将“全国中小学生电脑小报设计比赛”努力打造成文化共享工程惠民服务品牌的信心。

主题策划准确鲜明，紧扣学校德育重点话题

2011 年，为庆祝中国共产党建党 90 周年，文化部全国文化信息资源建设管理中心（以下简称“国家中心”）充分利用便捷的数字资源传输渠道和丰富的红色历史文化数字资源，策划了“阳光少年热爱党 · 全国中小学生电脑小报设计比赛”活动；2012 年，为响应党中央在全社会广泛深入开展学雷锋活动的号召，结合“六一”国际儿童节，又适时策划推出了“像雷锋那样……”第二届全国中小学生电脑小报设计比赛。这些活动将全国大的形势背景与学校德育有机结合，以少年儿童喜闻乐见的形式，结合学校电脑课程的安排，寓教于乐，对中小学生进行了很好的爱党爱国爱社会主义的红色主旋律教育。

活动组织上下联动，吸引学生热情参赛

电脑小报设计比赛自第一届开始，就得到了文化共享工程各级分支中心及基层服务点的热烈响应。活动期间，各省级分中心积极发挥各级支中心和基层服务点的阵地优势，并与当地青少年宫、青少年活动中心、中小学等机构开展合作，特别是充分发挥少儿图书馆的独特优势，深入学校发动广大少年儿童，组织有针对性的培训，吸引广大中小学生积极参与。两次比赛，各地经初评提交到国家中心的作品均多达4000幅。参赛的少年儿童既有来自北京、上海、天津、重庆等大城市的孩子，也有来自四川、广西、安徽、湖南、甘肃等西部地区和贫困山区的孩子；既有刚刚背起书包的小学一年级学生，也有即将备战中考的学生。令人惊喜的是，2012年，来自西藏、新疆、海南等边疆少数民族地区的孩子也开始参加比赛并在全国获得奖项。

结合参赛开展培训，电脑普及、作品质量双获丰收

西藏分中心举办2012年“像雷锋那样……”中小学生电脑小报设计比赛的培训

2012年，国家中心在组织开展电脑小报设计比赛时，借鉴2011年各地分支中心积累的宝贵经验，满足各地反馈的培训需求，发挥首都北京教育资源集中的优势，邀请中国儿童中心穆毅鸣老师，在文化共享工程网站直播网络平台播出了“学习制作电脑小报”远程教育课程。讲座内容包括电脑基

本操作与应用、以 office2007 版为例介绍使用 WORD 制作电脑小报的方法、图片格式的转换与生成、优秀小报作品展示四个部分，使很多对电脑小报设计望而却步的中小学生迈出了宝贵的第一步。各地也因地制宜利用公共电子阅览室，组织进一步的培训辅导，西藏分中心联合《小主人报》拉萨小记者站，把社区、学校的同学请进来，围绕“电脑小报相关知识”、“如何制作电脑小报”、“电脑小报之创意”等相关内容授课，帮助孩子们与时俱进，从“黑板报时代”、“手抄报时代”跨越到“电脑小报时代”。

评选过程客观公正，获奖作品精彩纷呈

为了体现比赛评审客观、公正的原则，管理中心精心设计了评选程序、规则、奖项，特邀儿童教育、信息技术、文化服务等方面的专家组成评审委员会，经过省级分中心初审、国家中心预审、评审委员会初评和终评四个步骤，评出个人奖项，并根据活动组织情况，推评出优秀组织奖。评委们纷纷表示，参加评审的过程，不仅是深入了解中小学生文学素养、科技素养、审美趋向、动手能力等综合素质的过程，而且也是接受红色主旋律再教育、感受美好幸福生活的过程，更是勾起自己青春年华热心设计手抄报、黑板报美好回忆的过程，获益匪浅。

多层面宣传，提高了文化共享工程社会认知度

在活动开展过程中，文化共享工程各级中心利用门户网站，同时借助中央媒体、地方媒体，广泛宣传开展电脑小报设计比赛的意义，及时报道活动的组织情况。通过开设网上展览、编发《中国文化报》彩色图文专版、编印文化共享工程《工作简报》彩色专刊多种渠道展示获奖作品，不仅让参赛学生享受成就感，也进一步激发了他们的学习创作的热情。连续两年电脑小报设计比赛的成功举办，让广大群众通过文化共享工程平台欣赏到孩子们应用现代技术，以独特的视角、充满童趣的版面、稚气而感人的语言，设计出的一幅幅主题突出、内容丰富、构思独特、结构合理、版面生

动、色彩协调的电脑小报作品，也使越来越多的学生、老师、家长记住了与时代同进步、与社会共成长，并给孩子们带来特殊快乐和成功喜悦的文化共享工程平台，从而进一步提高了工程的社会认知度。

推广优秀组织单位先进经验，努力打造活动品牌

江苏省南通市少儿图书馆在连续两年的电脑小报设计比赛活动中都取得了骄人成绩，根据该馆王美琴老师介绍，南通市少儿图书馆在组织开展活动中，与通师二附密切配合，将活动与学校的教育、教学有机结合，取得独特成效。在举办2011年“阳光少年热爱党”电脑小报设计赛中，他们利用共享工程的红色资源，组织同学们观看优秀红色电影，通过校园广播向同学们讲述优秀共产党员先进事迹，举办党史知识问答等，还将主题教育活动深入课堂：语文课上，朗诵爱国诗歌，给身边优秀的共产党员写信;音乐课上，教唱《小号手之歌》等优秀红色经典歌曲，让优美的旋律、感人的歌词激荡同学们的心房；美术课上，制作庆祝建党90周年纪念封，画优秀共产党员肖像；数学课上，欣赏党旗党徽图案，计算党旗的黄金比例；电脑课上，运用电脑知识制作党旗并设计“阳光少年热爱党”电脑小报。这些生动全面，立体形象的教育、教学活动使同学们耳濡目染，沉浸其中，也使党的伟大可感、可触、可观，爱党、爱国主旋律深入人心。

两届电脑小报设计比赛都得到了全国各级分支中心和基层服务点的积极响应，吸引近万名中小学生热情参赛，效果良好。今后我们要不断总结推广先进经验，进一步调动各地积极性，发挥广大文化共享人的聪明才智，努力打造“文化共享工程电脑小报设计比赛品牌”，使其成为伴随少年儿童快乐成长的美好记忆。

共享文化资源 见证活力社区

文化共享工程北京通州区新华街道基层服务点 何赛英

新华街道辖区多属于老旧小区，老年人居多，可是生活在这里的人们却非常惬意满足。如意社区的王大妈说："现在的老年人可真幸福啊，虽然自己的孩子不在身边，可是社区文化站天天有活动，能看电影，有健康培训，有文艺棋牌活动，自己生活得很充实，丝毫不觉得孤独。"天桥湾社区的年轻人小马感叹："以前觉得社区和我们没什么关系，现在有了共享工程，有了图书馆，有了多功能活动室，上网、借书、健身样样方便，时不时还有主题活动，让我们这些年轻人也从'宅男宅女'变成社区活动室的常客。"

的确，新华街道辖区的居民明显感受到了这几年文化生活方面的巨大变化，这不得不归功于政府加大文化投入，加强基层文化阵地建设，引入了文化共享工程，改善了文化活动场所环境，配备了多媒体、计算机、投影仪等设备，为基层文化活动的蓬勃开展创造了良好的条件。共享工程利用现代高新技术手段，将中华民族几千年来积淀的各种类型的文化信息资源精华以及贴近大众生活的现代社会文化信息资源，进行数字化加工处理与整合；通过互联网、有线电视、光盘等方式，实现优秀文化信息在全国范围内的共建共享。

文化共享工程的建立大大拉近了群众与优秀文化的距离，内涵更为丰富，手段也更为先进便利。新华街道自设立了文化共享服务站点，像似在社区吹起了一股文化春风，为居民带来了新鲜的渴望。街道以服务为根本，因地制宜，有针对性地开展了丰富多彩、形式多样的服务活动，进行了一系列的探索实践，取得良好的成效。

加强管理，增强服务的主动性

文化共享工程作用的发挥需要基层站点工作人员有服务大众的主动性。街道在认真开展共享工程基层站点骨干培训的同时，将文化共享工程负责人员与社区文化活动负责人员、社区图书室管理人员有机结合起来，充分发挥他们组织文化活动的积极性，达到一举多得的效果。街道按照一月一次活动的要求进行考核，强化负责人的责任感，同时街道对文体活动进行经费支持，保障了共享工程活动的顺利开展。

统筹资源，进一步扩大服务阵地

文化活动必须要有场所和阵地，城市的各项设施比农村方便许多，但是文化资源的获取方式存在着不均等的现象，很多居民迫切需要有组织性的文体活动，提升他们的生活品位。街道结合各社区的实际情况，将多媒体活动室、文体活动室、图书室等社区公共资源完全对居民开放，并将各文化场所的开放时间和注意事项印制在便民手册里，散发给居民广为知晓。如今，社区文化站周一至周五全部安排了不同的文化活动，适合不同群体、不同爱好的居民的对文化活动的需求，让大家共享了社区公共文化资源。

文化的磁场魅力，让居民聚集在这里（通州区新华街道）

民需我做，服务方式更加多样化

文化共享工程实施初期，社区文化资源的传播方式只是依靠光盘等方式进行，手段单一、服务面窄、内容滞后。随着计算机网络的普及，传统的宣传传播模式已经不能满足需要。对此，街道特别作了一次全面的摸底调查，弄清了辖区居民的需求。根据需求，工作人员有针对性地开展工作，服务方式拓展到了大众阅读、播放节目、图片展览、动手展示、知识竞赛、讲座培训等。街道先后开展了“电脑知识培训”、“文化共享之科技展览”、“青少年早晨营养搭配大赛”、“书画传情送温暖”、“快乐童心粽情端午”等系列活动，以及合理用药、穴位保健、糖尿病的预防与治疗、关爱女性关注健康、婚姻法、继承法、就业指导等为主题讲座 20 余次。

培育队伍，打造文化共享特色品牌

文化共享的目标是让广大人民共享文化惠民的成果，但是单靠政府主导的文化传播方式范围毕竟有限，每次参加活动的人员毕竟是少部分，为了达到深层次、广覆盖的文化惠民的效果，街道积极培养及扶持社区各文体队伍，引导他们自发组织活动，不断带动、吸引居民参与到社区文化活动中来。社区多功能厅张贴活动安排，为居民创作、排练提供场地设施，并充分利用共享工程的资源将有关秧歌、太极的培训视频为文体队伍播放。同时，定期组织文艺骨干参加技巧培训，提高其专业水平。如今，各社区文体队伍已经发展壮大，吸引更多群众参与，社区文化活动呈现勃勃生机。

共享共建，打造文化共享开放式格局

近年来，新华街道社区文化服务坚持多方参与的运行机制，打造文化共享开放式服务格局。依托共享工程的资源设施优势，充分发挥社区社会组织联合会中文体队伍的作用，结合一刻钟社区文化圈平台，实现了文化共享工程进机关、进企业、进社区的目标；辖区内的行政机关、企事业单

位、社区自治与民间组织、社区居民共同参与到社区的文化建设中来，由政府和社区独自提供社区文化服务的传统格局已有所改变。一个共建共享、富有生机与活力的新型文化社区正在形成。

永不闭馆的“网上公益图书馆”

文化共享工程河北分中心　宋建增

2007 年 11 月至 2008 年 11 月期间，河北省图书馆、文化共享工程河北省级分中心经历了馆址改扩建，导致暂时闭馆的特殊时期。读者服务如何开展，自改扩建启动之初就一直是省图、省中心领导班子萦绕于怀的大问题。

在对开展公共文化服务、保障群众基本文化权益的责任和作用深刻认识和充分调研、统筹考虑各种条件因素的基础上，省图、共享工程分中心领导班子慎重作出了“馆可以闭，服务不能停”的决定，同时解放思想、创新思路，确定了“发挥公共图书馆、文化共享工程资源优势，以网络技术为依托延伸公益服务范围，让读者足不出户免费浏览和查阅省图书馆和文化共享工程海量文献信息，充分满足闭馆期间广大读者的阅读需求”。于是，一项为期一年的“数字阅读，共享文化”网上公益阅读系列活动应运而生。

按照这一思路，省图、分中心从组织、资源、宣传等方面对“数字阅读，共享文化”活动进行了精心策划。首先，加强组织领导。领导班子多次研究部署该项活动，分管领导直接参与各个环节的具体工作，并成立了由宣传、咨询、技术人员组成的活动服务组。经过两个多月的筹备，从活动名称、主题、形式、内容、保障、宣传等方面，制定了一整套方案。就在省图书馆对外公告闭馆的同时，网上公益阅读系列活动随即拉开了序幕，一座无地域、时间限制，服务方便、快捷、优质、共享的永不闭馆的“网上公益省图书馆”向广大读者敞开了大门。

其次，备足服务资源。此次活动组织的数字资源内容丰富，数量宏大，而且完全免费提供，无论读者在哪里，只要一键轻点登录河北省图书馆、

文化信息资源共享中心网，涵盖方正阿帕比、CNKI、万方数据等权威数据库在内的 20 万册电子图书，上亿篇电子期刊、报纸和学位、会议、论文，9 大类 100 余个实用大型数据库，1000 余小时财经、文艺视频资源任意取用，此外，还有省图、省中心通过购买、自建、整合的总量达 10TB 的上千万条数据和视频资源。

第三，创新活动形式。在为期一年的活动中，读者可以参加“金秋网上读书节 · 万种图书免费读”活动，20 万册图书随意选读；参加“权威全文数据库开放查询”活动，大型全文数据库免费下载；参加“助力决策者财经资讯、视频网上大联播”活动，观看高层决策者精彩讲座；在“网上代查信息服务月”，发一个邮件就能获得省图的专利、标准资料；“迎新春，精彩文化节目送到家”活动，则为春节期间的百姓生活送去精彩的文化大餐。

第四，广泛争取支持。经反复协商，争取到了省中心多年建立的伙伴关系北大方正、CNKI、万方数据等 10 个权威数据商的支持，提供了免费的试用资源；凭借省中心的资源优势，争取到了网通公司的经费和网络支持，在银河网首页建立了链接，与银河网站按照互惠互利的原则共同进行宣传推广；加强媒体宣传，在河北电视台、河北日报、燕赵晚报、河北青年报等省内主流媒体按计划、分系列发布消息 10 余次，使活动广为人知，一经推出，随即升温。

为期一年的“数字阅读，共享文化”网上公益阅读系列活动持续时间之长、数字资源之丰富、受欢迎程度之高前所未有，好评如潮。活动期间，河北省图书馆、文化信息资源共享中心网站年上网点击率达 2000 余万次，检索下载文献 1000 余万篇，为读者节约费用 2500 余万元，收到读者表示肯定和感谢的反馈信息 2000 多条。活动标志着河北省图书馆在传统服务基础上，正在实现网络信息服务的新突破，也标志着河北省文化信息资源共享工程在服务范围、质量和效果上迈上了一个新台阶。

从读者反馈来看，这项活动之所以深受欢迎，一是，体现了共享的理

念。知识共享、信息共享、文化共享是公共文化服务的最高境界，也是共享工程服务的终极目标，更是读者的渴望和需求。“服务读者二十年，新馆整修展新颜。网上读书真叫好，鼠标指处乐无言。海量资料为民众，人人共享信息源。足不出户知天下，赏心悦目也欣然。”这是一读者在网上公益阅读开通后，特意写来的赞扬诗。科研工作者李春敏说：“长期以来，由于单位较小，买不起资料数据库，为获取科研工作所需的参考文献到处奔波、求助。自从得到你们提供的上网账号后，坐在家中就可以获得本领域在国内研究的进展情况，这一切都显得太简单了。”滦县油榨镇张则林更是代表了广大基层农村群众对知识的渴望，他说：“本人从事基层农业推广工作，深感技术资料的重要，我们这里却十分匮乏。自费订阅了几种报刊，但无法满足技术推广的大量需求，通过网络查询效果也不理想，你们的活动为我解决了这个难题。”

二是，体现了高效服务的理念。“数字阅读，共享文化”活动与传统读者服务相比，更加体现了方便、快捷、高效的特点和优势。它采取最简便的参加办法，读者只要发一个“申请账号”的邮件申请到密码，即可登录网站进行免费阅读和观赏。活动期间，分中心还将5000张免费阅读卡通过各市县支中心和基层服务点送到了基层群众手中，最大限度地方便了读者。为保证快捷登录和下载，省中心采取了一系列保障措施，组织专门技术力量设计了活动页面，开通了与数据提供商的热线，建立了每日检测网路运行情况制度，明确专人负责维护，确保线路畅通。

三是，体现了人性化服务理念。“数字阅读，共享文化”活动实现了优秀文化资源与先进技术手段的最佳结合，适应了现代社会人们交流信息的需求和特点，也体现了对广大读者的人性化服务。在服务活动过程中，馆里安排了一组值班服务人员，跟踪回复读者邮件，解答和解决活动中的各种问题，并根据读者意见及时进行调整完善；“网上代查信息服务月”，则为读者提供个性化的专门服务。这些以读者为核心的服务理念和服务举措，赢得读者广泛赞誉，热情洋溢的反馈信息纷至沓来，遍布全省的工人、

农民、学生、科研工作者、学者等，以他们朴实、真诚的语言表达对活动的感谢和支持，也使我们工作人员倍感欣慰，更坚定了做好服务工作的信心。

河北图书馆新馆

书香丰南“动车组”

文化共享工程河北唐山市丰南区支中心　刘志大

在河北省唐山市丰南区有这样一个“动车组”，一辆经改装的经济适用且功能完备厢式货车，载着桌椅、移动存储播放和投影设备，携带着文化信息资源，冬春季节下农村、赶大集，夏秋季节入社区、进广场，为基层群众提供公共文化服务，这就是文化共享工程丰南支中心的流动服务车。“动车组”在丰南支中心诠释为流动和组合之意，即文化共享工程数字信息服务与传统图书馆流动借阅相结合的组合服务模式。

“书香丰南动车组”发轫于 1983 年，当年的丰南图书馆流动服务车是一辆加重自行车，图书馆人骑着它送科技、送知识，走遍了全区所有乡镇和大部分村庄；1993 年，丰南馆拥有了第一辆松花江牌微型面包车，馆里将它改造成了流动服务车，“走出去”的条件大为改善。2009 年，流动服务车换成了 6 座的全顺面包车，其服务功能也从单一的图书借阅，扩展为具有文化共享工程视频播放与电子阅览的数字信息服务功能，“书香丰南动车组”正式命名；2010 年采用厢式货车改造的新型流动服务车，极大地减轻了工作人员的搬运之劳，成为较为方便经济且结构成熟的流动服务设施，丰南支中心因此还获得了国家专利；2011 年，“书香丰南动车组”，继续对流动车及配置进行改进完善，车上采用适应集群管理的管理软件，应用 3G 网络与馆内服务器连接，配载小型自助借还设备，实现了户外流动服务的智能化。服务模式的不断创新，“书香丰南动车组”受到业界和媒体关注，先后被文化共享工程工作简报、省文化厅简报、《河北日报》《燕赵都市报》《图书馆报》等报道。

流动服务车“走出去服务宣传”、“走出去培训”、“走出去播放影片”的服务形式，范围广、功能强、便捷高效，特别适合距文化设施偏远的农村、

市民在“丰南动车组”前挑灯夜读

乡镇和露天广场等能够较好组织群众的地方开展活动。2012年5月底以来，丰南支中心大幅增加流动服务次数，每周出车4次下社区开展服务，且选择在群众休闲的晚间时段，最大限度地方便大家，每次社区流动服务的受众可达1000多人次，同时，有计划地组织进农村、进企业。全年总计流动服务近100次，服务人次可达10万余。

——“书香丰南动车组”的设备配置：厢式货车改造新型流动服务车；笔记本电脑2台配3G无线上网；DVD、投影机及幕布、音箱，或46—55寸数字电视机；可拼装书架4组（自主设计制作，类似五节柜，每组5层，每层单体，通过工具扣连为一体，装书1200册）；折叠桌6个，可套摞小凳20个；2000瓦发电机、照明灯具、电源线、工作包；流动服务宣传条幅及支架。

——“书香丰南动车组”的资源配置及服务功能：馆藏书刊资源（3000

册）；文化共享工程数字资源，讲座视频资源的磁盘、光盘；文化共享工程河北分中心所有数字资源使用卡，通过 3G 网络共享；管理软件为适应网络化集群管理的广州图创软件。服务功能：图书借阅、馆藏检索、数字资源查阅、视频播放；通过 3G 网络办理借阅证和借阅手续。

——“书香丰南动车组”的运行模式：①提前选好人流密集易于疏散场所的边缘地带，城区中心广场一角、公园入口处的开阔地、社区中心广场、农村集市、村镇文体活动广场、企业厂区人流必经之路。②针对不同区域读者群作出需求分析，有的放矢地携带书刊、影片、讲座资源和其他数字资源。③有针对性地选择服务时间，城市社区公众纳凉休闲的夏秋晚间／农村冬春农闲时或集日／企业上下班时间段。④有序安排服务现场，拼装书架并依托书架挂放宣传条幅／摆放桌凳／连接笔记本电脑，一台用于办理外借手续，一台用于资源检索和演示，并连通 3G 网络／在适宜位置安装放映设备／借阅区域安装照明设备／晚间服务要供电并维护设施及线路安全。⑤合理配置服务人员，一般 4—6 人（含司机和设备维护人员）。2 人负责咨询、借阅、办证、资源检索；1 人负责放映，以及保障供电设备和放映设备的安全；1—3 人负责答复咨询，维护秩序和现场安全，机动协助，摄录像。

从流动服务自行车到“书香丰南动车组”，丰南图书馆、文化共享工程支中心坚持流动服务将近 30 年，“动车组”在丰南区家喻户晓，广受欢迎，成为当地群众文化生活中不可或缺的一部分，也成为丰南图书馆、支中心创新服务的品牌。“书香丰南动车组”将传统图书流动服务与文化共享工程流动服务有机结合，通过现代化设施和先进技术手段，形成了方便、直观、亲和、现代的流动文化服务设施，获得了各级领导和业界的重视，尤其在文化共享惠民工程实施初期其宣传推广作用超乎寻常。作为主动服务、延伸服务、深化服务的有益实践，“书香丰南动车组”彰显了公共文化事业的社会责任、核心价值和核心竞争力，体现了政府对国计民生的关注，保障了更多群众的文化权益，为构建公共文化服务体系、推进社会信息化进

步、提升民众素质、建设和谐社会作出了积极的贡献，也成为提升地区文明形象和文化品位，展现文化大繁荣、大发展的一道亮丽风景线。

燕赵少年网上行 长征精神代代传

文化共享工程河北分中心　吕鹏

为纪念中国工农红军长征胜利70周年，丰富和活跃基层群众的精神文化生活，2006年下半年，文化共享工程河北分中心、河北省图书馆、河北省图书馆学会，在全省联合组织开展了“读史诗、颂长征 · 我的数字生活”燕赵少年读书活动，得到全省广大青少年和基层群众的热烈响应和积极参与，展现了公共文化服务单位在引导全社会开展未成年人思想道德教育方面积极而显著的社会作用，成为河北文化共享工程的经典服务案例。

20世纪30年代的中国工农红军长征，是人类历史上的伟大壮举，利用纪念长征胜利70周年良好契机，开展“读史诗、颂长征·我的数字生活”主题读书活动，对于继承发扬优良革命传统，弘扬艰苦奋斗精神，引导青少年树立正确的世界观、人生观和价值观，推进思想道德建设，有着十分重要的现实意义。

燕赵少年读书系列活动在河北省已实施多年，一直得到各级宣传、文化、教育、共青团部门的高度重视与支持，活动深入市、县、乡、镇和学校，形成了良好的组织体系。这次开展“读史诗、颂长征·我的数字生活”主题读书活动，全省11个地市、县级公共图书馆和文化共享工程支中心、基层服务点继续利用这一组织体系，深入学校、社区广泛动员，争取党团组织、教育管理部门和学校的支持配合，同时以共享工程基层网点为主阵地，设立宣传栏，发放推荐目录，利用网站发布公告，大力营造活动氛围，扩展受众辐射面，使本次燕赵少年读书活动在前两届的基础上轰轰烈烈地开展起来。

“读史诗、颂长征 · 我的数字生活”主题读书活动，适应少年儿童的学习兴趣和阅读特点，把数字阅读、在线活动、视频观赏作为活动的主要

“读史诗、颂长征 · 我的数字生活”主题读书活动

载体，同时突出了长征主题和数字文化特色。活动精选100部爱国主义、长征英雄人物、传统美德、科普常识等题材图书，以“读长征壮丽史诗”荐读百部图书为目制成光盘发放并放入网站，指导少年儿童阅读浏览；开展“追忆长征历史”百题知识竞赛，由省图学会组织专家出题，通过省图、省中心网站和省会新闻媒体，向社会发布知识竞赛题和答题卡，让青少年了解那段历史，在网上重走长征路；各共享工程支中心、公共馆还创造性地开展了“长征精神代代传”主题演讲比赛、“纪念长征壮举”征文活动、“雪山草地”书法创作专题展、播放长征题材视频和影片等一系列富有特色的活动。

张家口市把纪念长征胜利70周年活动作为打造文化品牌的重大举措，筹划开展了“我的网上阅读生活”、“网上跟我唱”、“我眼中的八荣八耻”、“张垣少年摄影书法比赛”、“家庭百科知识竞赛”、“老年书法绘画展”、“弘扬长征精神主题演讲”、“社会主义新农村文化建设论坛”等7项活动；唐山市及时下发通知、张贴海报，宣传活动的目的、意义，吸引来馆小读者从心动到行动；廊坊市支中心在市委宣传部、市关工委、市文化局、教育局的大力支持下，走进学校，联合举办了“纪念长征胜利70周年”演讲比赛，受到媒体的广泛关注；承德市支中心联合广播、电视、报社、华文书店等单位共同开展活动，扩大影响；沧州市将“读史诗、颂长征·我的数字生活”纳入该市读书节活动，推动学习型城市的建设；石家庄市首次将活动范围

扩展到正定、辛集、新乐等扩权县，使参加的学生人数成倍增加；秦皇岛、邯郸、邢台、保定、衡水等纷纷走进社区、学校，开展纪念红军长征胜利 70 周年活动，推动读书融入市民文化生活，形成奋发向上的社会氛围。全省包括城市和农村在内的 160 余所学校，50 000 余青少年参加了此次主题读书系列活动。其中 15000 余人参加了征文活动，1000 余人参加了书法活动，28000 余人参加了知识竞赛活动。孩子们真情投入，通过演讲、征文、书法等形式将一幕幕红军长征中感人的故事展现得淋漓尽致，从不同侧面歌颂了红军、歌颂了长征精神。各地对活动中的知识竞赛、演讲比赛、征文活动、书法摄影展示进行了精细组织，并进行了评比和嘉奖，评选出的优秀征文、书法和摄影作品，又参加了全省的评比。经过专家反复审评、严格筛选，最终有 2100 篇优秀征文、350 幅优秀书法作品和 150 幅摄影作品在全省获奖，同时，评出了“追忆长征历史”百题知识竞赛一、二、三等奖，优秀奖和组织奖。

借力打开工作局面

文化共享工程山西隰县支中心　冯永宁

2010年12月14日中午，隰县龙泉镇泉泉村的一座梨园里，在县支中心和县如意果业合作社联合举办的果树冬剪培训会上，40多名当地果农正在果树专家手把手的指导下学习梨树修剪技术。

2011年12月8日上午，隰县寨子乡去延村村委会议室里，50余名来自附近各个自然村的村民在县支中心和县农机培训学校合作举办的农业机械技术培训会上一起观看“拖拉机维修技术”视频。

2011年12月12日，隰县农业综合开发办在县城怡泽园大酒店四楼会议室开始了为期3天的农业技术科技项目和农村土地治理项目培训，县支中心为培训提供了投影设备和部分视频资料，80余名农民集中学习了测土配方、园土治理等实用农业新技术。

2011年12月15日中午，隰县城南乡刘家堡村的一个农户院子里，30多名村民参加了“农机操作手”培训课程，这是今年入冬以来县支中心和县农广校利用农闲举办的第4次农村实用技术培训。

以上这些是近两年来文化共享工程隰县支中心联合本地涉农培训单位利用农闲季节开展农村实用新技术培训的一些场景。隰县支中心通过和这些培训单位建立合作关系，借助国家给予的优惠政策和资金支持，共同开展了内容丰富、形式多样的农村科技培训，使县支中心工作局面逐渐打开，文化共享工程的影响力也得到了很大的提升，我们形象地称之为“借灯读书，借力发展”。

说到“借力”，不能不简单交代一下当地的实际情况，隰县地处山西中南部，农业人口占到全县总人口的70%以上，农村经济发展以粮食、果品、畜牧为主。支中心虽然根据本地农村产业特色和农民的需求接收下

载了几百G的农业科技信息和数字视频资料，但能做的只是利用农闲或节假日去附近的村子里播放一下科教片或者发些刻录下来的资料光盘让农民自己去看，由于影响力较小，辐射范围不大又缺乏必要的实际操作指导，很难激发农民参与的热情，社会效应并不明显。

文化共享工程隰县农民培训班开班

2010年9月的一天，一个名叫杨临祥的人来到图书馆，他的身份是县如意果业合作社的技术员，是来图书馆查找果树种植管理的相关资料的，在看了我们的数字资料库后他很是激动，这里的很多资源是他跑了外地许多书店、音像店都没买到的，都是他们在给农民授课时急需的东西。临走时他向支中心工作人员提出：能不能把你们的投影和光盘借我用一用，现在我们是用电视机放资料，人离得远点就看不见了，用投影就像放电影一样，讲课的效果肯定要好多了。听他这么一说，中心工作人员也仔细琢磨，对呀！如果利用共享工程的设备和数字资源，借用合作社在农民中已经建立起的互助关系和影响力一起在农村开展实用技术培训，我们的资源就能够得到充分的利用，文化资源共享工程的影响力也就相应会得到提高，无疑是对共享工程进一步发展是有力促进，而这也是有技术、有专家但又缺资源、缺设备的农技推广组织求之不得的啊！

2010年11月，支中心和果业合作社签订了合作协议，协议规定：县支中心提供设备并负责整理收集资源，合作社负责现场培训具体事宜，培训会场悬挂双方宣传条幅并在视频教学时首先播放中心提供的文化共享工程宣传片。2010年冬天，双方合作在全县6个果品产业村举办培训13个

场次，播放视频20余部，内容涉及果树施肥、修剪、测土配方等很多内容，结合果树专家的现场讲解和指导，这种通俗易懂、便于互动的培训方式深受当地村民的喜欢。虽然天气很冷，但不管课堂设在哪里，哪里的屋子总会被果农挤得满满当当。合作社的专家还冒着寒风在果园中实地传授果树冬剪技术，这时候，我们中心的工作人员就会在园间空地挂上宣传横幅并配合发一些共享工程简介、农村实用技术推广等方面的宣传资料，让村民对共享工程有更加直接和深入的了解。和果业合作社的合作使支中心的工作逐渐得到了本地老百姓的认可，资源也得到了合理的利用，同时国家文化惠民利民的好政策也得到了体现，"借力"使县支中心终于打开了被动的工作局面，中心工作人员的服务意识和服务热情有了很大的提高，于是，我们决心要把"借力行动"进行到底！

2011年4月，县支中心听说农业局下属的农广校在国家惠农政策的支持下开展了农民技能培训示范项目——"阳光工程"，于是主动邀请农业局分管该项目的副局长、农广校校长、农业机械培训学校的校长来到支中心，在听取了对全国文化信息资源共享工程的详细情况介绍和看了中心展示的农业科技方面的各种资源，他们非常兴奋，连声感叹：共享工程我们知道得太晚了，早知道你们这里有这么多实用的好东西，我们的培训工作就好干多了。农业机械培训学校的解校长拿着国家中心下发的一套关于农机具维修的光盘告诉我们：这样的资料很不好找，即使有卖的价格也挺贵，这下可是好了，下次培训时就能用得上了。

与农广校和农机校建立合作关系后，他们利用支中心的科教设备和丰富的各类数字资源开展培训教学工作，中心则通过培训过程的反馈情况及时下载接收适合本地农业生产的实用信息，涉农项目有国家政策的支持和资金保障，使得信息资源的利用更加广泛，支中心服务范围可以辐射到更多的农村，能使更多的尤其是相对闭塞地方的老百姓受益。在适应本地农业生产的发展特别是新一代农民转型发展方面起到了很明显的推动作用。农机技术学校还把培训和办理职业上岗证书结合起来，做到即时培训，即

时考核，考核合格就可发放证书，为本地农村培养和造就了一批新型的农业人才。

借助外界的力量，通过互相合作来使双方达到共同发展的目的，让共享工程的海量信息资源得到充分利用，使国家的惠民利民政策得以造福百姓，让当地的农民得到更多的实惠，从而促进农村文化的更加繁荣，这是我们隰县支中心所做的一点点尝试和得到的一些体会。

文化共享搭“桥”助团圆

文化共享工程山西分中心　岳慧艳

“海上生明月，天涯共此时”、“今夜月明人尽望，不知秋思落谁家”……古往今来，文人墨客在中秋节留下诸多祈盼团圆的名言锦句，中秋团圆早已成为一个厚重的情结烙在炎黄子孙内心深处。于是，月到中秋分外明，人到中秋盼团圆。然而，囿于各种原因，时下还是有不少人在中秋节无法实现与亲人团圆的愿望，在外打工的农民工和他们留守在家乡的父母、子女就是这样的一个群体。

2010 年，胡锦涛总书记在深圳罗湖区南湖街道渔民村社区文化广场考察时提出了“让生活更富裕、更文明、更安宁、更幸福”的美好祝愿。之后，文化部全国文化信息资源建设管理中心下发通知，要求“充分发挥共享工程各级中心网络、资源和设备优势，满足人民群众基本网络文化需求。在中秋节和国庆节期间组织开展形式多样、主体鲜明、内容丰富的文化服务活动。”山西省分中心积极予以响应，认真调研、协调、筹备，于 2010 年、2011 年中秋国庆期间，连续两年举办主题活动，帮助农民工和留守儿童与家人团聚并共享文化资源。

2010 年，“共度中秋佳节，共享文化资源”

2010 年 9 月 22 日，山西省分中心邀请太原南站建设工地中铁建工集团 30 名农民工来到省分中心共度中秋佳节。省分中心工作人员带领他们参观了图书、报刊阅览室、数字阅览室，观赏了油画作品展。在多功能厅，山西省分中心准备了月饼、水果和茶水，为农民工兄弟们播放电影，大家一起感受节日氛围。为了让农民工兄弟在工作之余享受文化生活，省分中心向他们每人赠送一张阅览证、一本《居民日常生活健康指南》。

最让农民工兄弟激动的是：他们中的一些人和远在家乡的亲人见面了。原来，山西省分中心已和曲沃县支中心、忻府区支中心、祁县支中心联系，邀请这些县籍农民工的家属来各县支中心，通过文化共享工程视频设备与他们在网上团圆。曲沃县东昌镇的王洪涛与妻子、儿子、父母见面了。曲沃县支中心利用投仪影将王洪涛的画面映射到墙上，王洪涛两岁半的儿子看到了，指着墙说："妈妈，爸爸怎么在墙上呢？快下来抱我呀！"小家伙一句话逗笑了全场。看着儿子胖嘟嘟的小脸，看到辛勤抚育孩子的妻子和苍白头发的父母，王洪涛连连说："忙完这阵我就回一趟家。"在场的其他工友、省分中心的工作人员都被这浓厚的亲情感染。大家静静地围在他们周围，听他们在视频中尽情地送上节日祝福，吐露浓浓亲情。

王洪涛的工友、忻州市忻府区董村的刘有根，祁县西六支乡刘家堡的李银望也通过视频和家人团圆了。他们对山西省分中心工作人员说："我们 30 名工友来自全国 22 个省，大多是第一次出门打工。非常感谢你们对农民工的关怀。中秋节能与家人在视频中见面，文化共享工程圆了我们的团圆梦！"

2011 年，"同乡同龄同梦想，共学共享共月圆"

2011 年 9 月 12 日中秋佳节，山西省分中心举办了"同乡同龄同梦想，共学共享共月圆"服务新生代农民工中秋节活动。

山西省分中心提前与河北省分中心、安徽省分中心、云南省分中心、河北省丰宁县支中心、安徽省界首县支中心以及山西省临猗县支中心联系好，邀请更多的农民工和留守儿童通过视频与家人团圆。上午九时，省分中心的多功能厅几十台电脑视频同时开通。通过网络视频，来自河北省承德市丰宁满族自治县的小伙许阳洋与妈妈宋淑平见面了；临猗县樊丽娟与她的爸爸和老公、儿子见面了；9 岁的李毅和在安徽的姐姐见面了；马梦宇、马文宇兄弟俩，与远在云南昆明的爸爸妈妈见面了……他们与亲人聊起了热乎的家乡话，或讲述着工作生活情况，或嘱咐好好工作、学习，或互道

节日问候。李毅和姐姐聊得很开心，同是9岁的马梦宇看见爸爸妈妈，却流下了思念的泪水。毕竟同龄的孩子还在父母怀里撒娇，他见到爸爸妈妈喜极而泣的心情，令现场许多人为之动容。

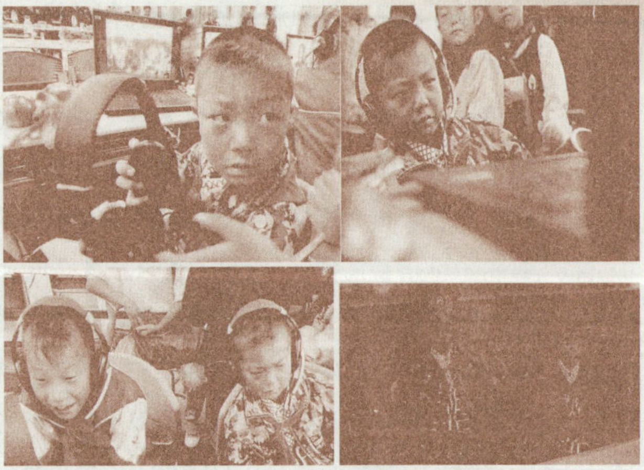

中秋时，在山西分中心，留守的孩子与在城里打工的父母网上团聚

除了与亲人视频对话外，参加此次活动的农民工及留守儿童还在多功能厅品尝月饼、水果，观看资源共享优秀电影《硬汉》，参与中秋文化游艺活动（包括中秋知识竞猜、中秋诗词诵读、中秋歌曲演唱、月饼制作竞赛等）。山西省分中心还组织他们参观了少儿部、报刊部、借阅部、24小时街区自助图书馆和主楼展厅。同日，山西省分中心在太原南站项目部设立图书流动站，举行挂牌仪式并现场赠送期刊1000册，赠送农民工读者证，以方便他们阅读。作为城市的建设者，农民工为美化城市付出了辛勤的劳动，作为祖国的花朵，留守儿童应该得到社会更多的关爱。

山西省分中心的中秋主题活动得到社会的广泛认可，多家新闻媒体予以报道。今后，分中心将继续举办类似活动，并拓展活动范围，增加活动内容，为农民工和留守儿童提供更多的文化服务，让我们的社会更加文明、和谐、美好。

电波传百里　共享到万家

文化共享工程内蒙古赤峰市元宝山区支中心　宋文凯

每当回家打开电视，我首先选择观看的频道既不是权威的中央一套，也不是大片云集的CCTV—6，而是我们元宝山区远程教育频道，之所以钟爱这个频道，是因为我的工作、我的心思都在那里，这就是元宝山支中心在远程教育频道开办着每天4小时的文化信息资源共享工程栏目。

元宝山区是1983年建立的赤峰市市辖区，总面积952.64平方公里，辖5镇6个街道办事处，总人口32.5万人，其中农业人口14.4万人。境内资源丰富，工业发达，城市化水平较高。

元宝山区在公共文化建设方面，已完成了广播电视“村村通”工程、“农家书屋”工程、农村电影放映工程、乡镇文化站建设，2008年11月，随着文化共享工程在本区落户，“煤电名城”逐步形成了文化资源共建共享的局面，推动了全区公共文化服务网络的形成。

文化广电强强联手，文化资源进村入户

在元宝山区政府机构序列上文化和广电是“一家”，这样的设置，本身便于整合资源、发挥合力。因此，从共享工程实施伊始，区里就确立了利用广电“村村通”工程广泛覆盖的优势，以电视为主要的传播媒体，开展文化共享工程资源服务的工作思路。

随着终端设备安装完成，服务器开始接收卫星信号，修葺一新的公共电子阅览室对外开放，支中心将中心机房与电视台光缆接通，区广播电视台节目编辑室可直接浏览支中心的局域网，下载、编辑并播放所需资源。由于电视信号覆盖率是98%，每天播出的节目可覆盖到全区30多万群众，方便快捷，效果非常突出。在节目编排中，主要播放的是国家中心下发的

群众喜闻乐见的小品、相声、戏剧、电影等，还有根据北方特点和本地特色选择的各类技术培训节目，如，奶牛、生猪养殖业、蔬菜大棚种植业等，收到了很好的效果。我们还通过下乡，调研哪类问题普遍和急于解决，就播放哪类节目，想群众所想，及时满足需求，受到基层群众的欢迎，也提高了资源的利用率和节目收视率。

其次，为农村党员远程教育频道提供优秀资源。支中心在区党员远程教育频道开辟了文化共享工程专栏，每天播出 4 小时节目。根据节日、季节、主旋律的不同，相应编排了不同内容：春节期间播放历届春节联欢晚会节目、节庆餐饮制作；春耕时节播放养殖种植节目；七一前后，是开展农村党员远程教育的重要时期，播放党建节目等，受到广大党员和基层群众的喜爱。

阵地、流动双管齐下，共享惠及各方

几年来，在利用广播电视“村村通”平台开展文化共享资源服务的同时，我们支中心也十分重视依托电子阅览室开展阵地服务和流动服务，满足基层群众多方面的数字文化信息需求。

支中心利用公共电子阅览室积极开展电脑培训、读者导航、特色资源提供等常规服务。同时，联合的文化管理部门举办“开辟绿色上网通道，请登录文化共享网”活动，印制彩色宣传画，张贴在社会网吧的显要位置，扩大共享工程的影响。支中心与辖区中小学联系，定时面向中小学生开放公共电子阅览室，为他们创造绿色上网空间。为发挥电子图书作用，定期向学校，以及 50 多个村农家书屋提供电子书光盘，使有电脑的村民足不出户就能看到多种电子书刊。为方便向基层群众发放资源光盘，支中心专门购置了光盘塔、光盘封面打印机，截至目前，已向农村文化活动中心和广大种养殖户提供资源光盘近千张。

为了整理收藏本地特色数字资源，只要有大型文化活动，支中心就主动去录制，制作完成后上传到局域网网站，现已保存了 20 多个本地特色

节目。支中心还不定时地用移动硬盘播放机到广场、社区活动中心、村委会开展放映活动。当辛苦奔波的劳苦赢得百姓开心的微笑时，我们也感觉到了工作的充实。

宣传推广贴近群众，文化活动助推服务

通过开展基层群众性文化活动，推动文化共享工程的宣传推广工作，是我们支中心近两年颇有收获的一方面工作，最让我震撼的是 2011 年举办《颂歌献给党》群众歌咏活动所亲身经历的点点滴滴。

2011 年 5 月—8 月，为庆祝伟大的中国共产党成立 90 周年，发挥文化共享工程在开展基层群众文化活动中的积极作用，国家中心在系统内组织开展了“颂歌献给党——全国文化信息资源共享工程迎接建党 90 周年群众歌咏活动”。元宝山支中心积极组织参与了这项活动。活动之初，我们有两个方案，一是集中力量，做 1 到 2 个精品节目参赛；二是全面铺开，广泛开展群众歌咏活动，在此基础上选出节目参赛。第二种方案投入精力大，时间久，但是贴近群众，对宣传文化共享工程有着积极的现实意义，同时更能体现党和人民水乳交融的关系。于是，我们选择了第二套方案。

元宝山区支中心颂歌献给党歌咏活动

我们首先创作了《文化共享工程之歌》，请北京著名作曲家谱曲，下发到请每个参赛队伍作为必唱曲目。《文化共享工程之歌》分别在内蒙古文化信息网和文化共享工程国家中心网站入选并

播出。接着发动全区五个镇、六个街道文化站组织辖区内企业、学校、村委会、居委会群众参加，参赛选手从小学生到 70 多岁的老党员，从镇街干部到农村村民，得到积极响应。

比赛过程中，有些村条件好，找最好的影剧院去排练录制节目，找最好的乐队伴奏，找最有名气的指挥辅导合唱；有些村条件差一些，请不了现代电声乐队，老百姓拿出传统的二胡、笛子等民族乐器来伴奏，同电子琴、吉他、贝斯等组合一样的精神，还透着淳朴和对党的炽热情感。最终，全区选送了 37 首歌曲。经过精心的后期制作，然后送到电视台播放，最后根据群众点评和专家评审，排出名次给予表彰。

这次群众性文化活动，加强了与各镇文化站间的合作，也深度调动了基层群众参与文化共享工程的积极性。一分耕耘一分收获，支中心的工作不仅得到了本地群众的好评，2011 年，在内蒙古自治区文化信息资源共享工程示范县级评选表彰活动中，我们支中心荣获三等奖。

以上三个案例，从不同侧面反映了元宝山区文化共享工程“电波覆盖、光盘传播、网络宣传、活动推动”的立体模式和工作现状。我们体会，实施文化共享工程除了依托自身优势外，更要注意五大文化工程的合力作用，这样工作左右逢源，发挥优势，能收到更好效果。十二五期间，我们支中心将进一步加强电子阅览室建设，提高公益性服务能力和社会影响力，让“电波传百里，共享到万家”，在基层公共文化建设中发挥更大的作用。

编织多层次的惠民服务网络

文化共享工程内蒙古武川县支中心　张树青

内蒙古自治区文化信息资源共享工程武川县支中心于 2008 年 11 月挂牌成立。几年来，支中心紧密结合武川县的实际情况，在实践中不断创新工作思路，充分发挥文化信息资源共享工程的资源优势，编织多层次的惠民服务网络，积极开展颇具特色的服务活动，受到基层群众的欢迎和好评。

推动“文化下乡”，助力新农村建设

2009 年 4 月，县支中心开展了“实践科学发展观，送‘文化下乡’活动”。支中心的工作人员为了在农忙季节到来前及时把相关的科技信息送到农民手中，做了大量前期准备工作，他们从众多的文化信息共享资源科教片里精心选出了适合在当地农村巡回播放推广的科教片《科学养牛》。

用移动播放器放映在天力木图村来说是第一次，村民们怀着好奇心，扶老携幼来到活动现场观看影片，高清的视频，通俗易懂的解说，让在场的农民大开眼界，有一位年过七旬的老大伯感慨地说：“老汉我养了一辈子牛，今天才知道养牛还有这么大的学问！这回我可长了见识！你们以后要多来几次！”

此次活动，开阔了农民朋友的视野，丰富了他们的科技知识，切实解决了农民朋友在养殖上的一些问题，受到了广泛欢迎。

举办“电影展播”，农民工尽展欢颜

在广场为基层群众、特别是农民工播放精彩的影视节目，是支中心服务工作的重要内容。在庆祝建党 90 周年、纪念辛亥革命 100 周年日子里，武川县支中心在县文化广场举办了为期一周的“电影展播”活动。为了让

群众有个舒适、干净的观看环境，工作人员用扫帚、铁锹，把观影现场整理得干干净净；椅子有限，他们因陋就简，借来木板，搭成座位，方便观众就座。夜幕伴随着大家忙碌的身影悄悄降临了，和着开场音乐，广场附近的居民和农民工带着好奇和喜乐，从四面八方聚集过来。

《解放大西南》《女刺客》《狮王争霸》……一部部扣人心弦的影片精彩纷呈，掌声、欢笑声、赞扬声不时地回荡在广场上空，成为夏日人们休闲娱乐的一道亮丽风景。放映活动也使大家对文化共享工程有了零距离的接触，一位来自四川的农民工由衷地对工作人员说："这个活动太好了！这回我有事可做了，不用整晚都待在寝室里望着天花板想家了，谢谢共享工程！"短短的话语，不仅说出了农民工的感受，也道出了文化共享惠民服务的意义。

基层群众正在观看电影

方便"志愿填报"，高考生口碑颇佳

高考志愿填报是高考学生和家长的头等大事，每年那些家住农村、在县城上学的高考生都非常需要一个网络环境，来完成网报志愿的填报。"文化共享，服务考生"是武川县支中心开展的有着良好社会口碑的服务活动。每年六、七月份，支中心都利用公共电子阅览室举办网报志愿服务活动，为全县高考学生提供服务。活动期间，工作人员从早上 8 点上岗，中午取消午休，一直坚持到晚上 19 点网报结束，平均每天接待考生和家长 30 多名。同时尽可能地为考生提供便捷服务，如：提供免费开水、义务代买方

便食品等。

一次，一位家住农村的考生，由于连日高度紧张，没有休息好，加上长时间在电脑前浏览，突然出现了眩晕现象，当时身边又没有亲人。为了不耽误网报志愿，支中心工作人员在咨询大夫后，及时地予以处置，并自己花钱买回了葡萄糖为这位考生补充体力。由于突发事件处理及时，没有耽误网报时机，这位考生顺利地被心仪的大学录取。像这样默默无闻，不计个人得失，真诚地、自觉自愿地为考生着想、为考生服务的故事，几乎天天都在发生。

服务“走进警营”，鱼水情再续新篇

文化是民族的血脉，是人民的精神家园，是连接军民情感的纽带。武川县武警中队和县看守所，地理位置偏僻，交通不便，再加不能使用手机、不能上网等严格的工作纪律，使得官兵们的业余文化生活相对枯燥。为了丰富驻县武警官兵和公安干警的文化生活，2011 年 9 月以来，武川县支中心不间断地开展了“文化共享走进警营”活动，为驻地武警官兵和公安干警送去了丰富的精神食粮。支中心深入武警武川县中队、县看守所设立“流动图书室”，捐赠价值 3000 余元的新书和 40 张“红色记忆　振奋中国”DVD 光盘，并为他们拷贝了 500GB 的文化共享工程资源。

武警中队官兵和公安干警在驻地可以通过图书、光盘和文化共享资源充实自己的文化生活，还可以从中学到许多知识技能。武警武川中队指导员由衷地说:“文化共享走进警营，战士们有了机会多学习文化知识，这样，退伍之后，他们就能从事其他工作，这是实实在在看得见的实惠。”一位刚入伍的小战士高兴地说：“两年以后我想报考军校，‘流动图书’及时地解决了我找复习资料难的问题，真是太感谢了！”

今后武川县支中心全体工作人员，将进一步以科学发展观和党的十七届六中全会精神为指针，在工作中不断解放思想，创新理念，开拓进取，在开展文化共享工程惠民服务工作中，为全县的经济建设、文化建设的健

康快速发展作出新的贡献！

文化共享工程“进村入户”服务小记

文化共享工程辽宁分中心　王芳

2012年除夕这一天的上午，辽宁省文化信息资源建设服务中心的值班人员和往常一样按部就班地来到资源编辑间，开始了一天繁忙的工作。这已经是全国文化信息资源共享工程辽宁平台模拟频道和点播式机顶盒频道开播以来的第四个春节了，四年来，共享工程辽宁平台没有一天间断播出，至今已经安全播出1125天，把将近6500小时的农业、医疗、文化、教育等资源送进全省1.1万个行政村、6万个自然屯、226万户。

转变建设方式，实现新的突破

辽宁省文化共享工程2003年正式启动，2008年，辽宁文化共享工程以“广电模式”为主要传输方式实施进村入户。文化共享工程辽宁平台模拟频道和点播式机顶盒频道开播，对于辽宁文化共享工程实现全省范围内的信息资源共建共享是新的突破。没有电视台从业经验，没有任何先例可循，从辽宁图书馆网络数字中心抽调的23位同志投入了这项全新的工作。

白手起家，从零做起，加班加点，克服重重困难。分中心聘请专业老师辅导工作人员学习资源采集加工、非线编系统使用、电视节目制作编排。历经数月的人员和资源的准备工作，辽宁平台在预定的时间顺利开播。虽然初期的节目制作编排都不专业，却得到了农民群众潮水般反馈信息，超出了预料，观众热线电话，一天到晚铃声不断。大家深感辽宁平台的开播不仅是文化共享工程传输方式的转变，也是共享工作人员服务意识的转变，更是广大群众对共享工程的重新认识。

节目开播之后，国家中心和省文化厅先后组织人员开展调研。2009年2月，国家中心、省文化厅、省分中心联合赴抚顺清原县甘井子村和

大北岔村、铁岭调兵山市项荒地村和索龙沟村对节目资源情况进行调研；2009 年 7 月省文化厅对全省 14 个市文化共享工程进村入户工作开展督查，并与当地农民座谈。在调研中，基层群众提出了不少改进建议：在节目资源方面，希望种养殖技术和其他农业技术节目多一些、细一些，多播几次；增加学前教育内容；增加医疗卫生保健节目；还有群众建议增加农村关注的法律知识。关于节目播出时间，希望在农民早晚饭时间段，能播放农业技术、科技致富等节目；晚饭后时段，播放文艺、娱乐类节目。调研后，我们及时对建议和意见进行分析，提出改进计划。

辽宁共享工程“广电模式进村入户”从无到有，从有到大，这里有省分中心人员的齐心协力，广大基层群众的积极参与，更有上级领导的高度重视和关心，省委宣传部部长张江同志从提出辽宁省文化共享工程通过有线电视“村村通”进村入户的设想，到推动工程全面实施，给予了方方面面的支持；省人民政府 2010 年将文化共享工程经费纳入财政预算，当年下达专项资金 1048 万元，用于资源采集、平台扩容、人员培训等，这些为进村入户的顺利实施提供了重要保障。

完善资源建设，推动持续发展

随着模拟频道、机顶盒频道两个频道的开播运行，一些资源支持问题逐渐显现了出来：模拟频道每天播出 18 个小时的节目，其中 7 个半小时节目是首播节目，为了保证每日有更新，资源存量成了大难题；国家中心提供的部分资源适用于网络展示，保存质量不符合电视播出要求；全国范围征集的资源，有些资源内容不符合辽宁本地收视需求；先期国家中心专门制作符合播放标准的节目数量有限，只能短时间支持频道的运行。从长远考虑，想方设法从更多渠道整合资源势在必行。

在文化部、教育部、农业部的帮助下，中心与人民教育出版社签订协议，由人教社提供国家农村中小学远程教育工程视频节目，内容涉及中小学各个学科；在国家中心支持下，与中央农业广播学校建立协作关系，得

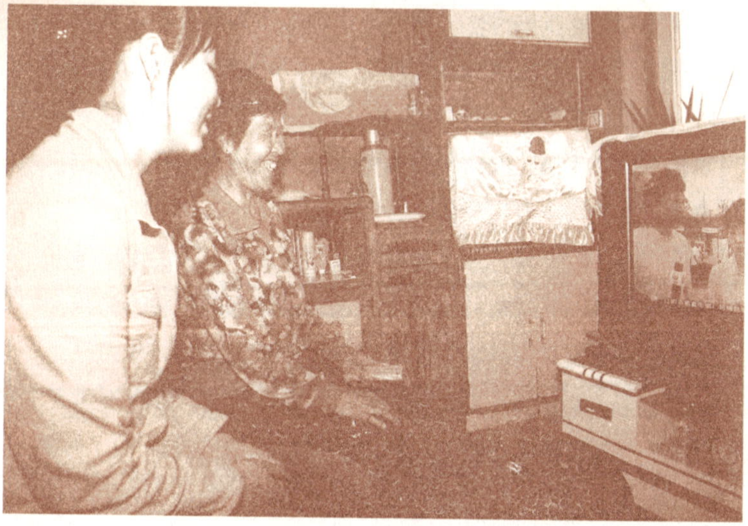

通过广播电视“进村入户”，辽宁已有226万农户可以在家收看文化共享工程的各类信息

到400多部农民实用技术和务工培训专题片；辽宁省教育厅对此项工作也给予大力支持，组织实施拍摄涉及中小学各学科的精品课例1000余个，这些优秀资源的加入，为辽宁平台的持续播出奠定了重要的资源基础。

自己动手想方案，搞策划，培养采编播队伍，制作具有辽宁共享工程特色的资源。2011年，中心与辽宁省农科院合作，协助农业技术推广，将优秀农业科研成果采编播一体化。2011年8月，农业部下发了东三省重点防治稻瘟病通知，中心与农科院水稻研究所共同拍摄了稻瘟病防治讲座，及时在平台播出，有效地指导了全省水稻种植户的稻瘟病防治。我们还挖掘有辽宁特色的文化资源，如反映辽宁传统文化的优秀民族民间艺术，代表辽宁文化特色的优秀戏剧、曲艺、舞台剧目、综艺节目，具有辽宁地域特色的文博资源等。

设立热线电话，及时根据基层群众的反馈意见调整补充资源内容。如农业种植养殖技术信息和专业技能培训信息需求量较大，经常有人询问可

否重播某期节目，或希望得到某期节目中的技术资料等。接收到这些反馈后，中心整合辽宁电视台的《黑土地》、沈阳市科协的《科普进农家》、辽宁省科协的《科技致富》、沈阳市农委信息中心的《金农热线》等时效性、季节性强的致富、农技、农业信息类节目，另外还专门制作了供求信息栏目，免费为广大农民观众搭建信息咨询平台。

从2009年至2011年，为了适应观众收视需求及资源分配情况，模拟频道先后改版四次，机顶盒频道两次改版，从最初的资源罗列播发到能按农时、因地制宜地编排有针对性的节目。两个频道的编排思路在工作深化过程中不断清晰，以农业＋教育＋娱乐的节目形式，极大地满足了各类观众的需求，逐渐得到基层群众特别是农民群众的广泛认可。

文化“进村入户”，服务任重道远

“请问这里是辽宁省信息资源共享工程中心吗，我是盘锦的观众，想询问一下我家附近的地区哪里可以学习到养泥鳅鱼的技术？”如今，不管是遇到了农业技术难题或是有农业物资方面的需求和供应或者是想学习专业技术知识，农民朋友首先想到的就是共享工程的电话，文化共享工程惠农服务已在全省深入人心，辽宁文化共享工程频道成了许多农民家中必看的节目。

2009年12月，在文化共享工程全系统开展的推选活动中，根据网络投票结果，“辽宁文化共享工程进村入户”入选“2009年度文化共享工程十件大事”。

2010年5月，文化共享工程2010年度全国技术交流会在沈阳举行，现场交流推广辽宁文化共享工程资源传输及服务的先进模式、即“进村入户”的工作经验。

2010年9月，在辽宁举办的“文化共享工程进村入户成就回顾展”，以图文并茂形式展示了“辽宁进村入户”的主要模式、作用和给广大群众带来的实际收益。

2010 年 12 月，“共享花开”——辽宁首届文化共享工程征文比赛和进村入户成果电视报告会，征文演讲者以真实感受畅谈了文化共享工程给农村、农民带来的福音。

在开展惠农服务的同时，省中心十分注重工作人员的培训。除积极参与国家中心组织的共享工程人员培训班外，还自行组织各种各样的培训活动，组织员工参加电视台专家培训、索贝公司非线性编辑系统培训、索尼公司摄像录像技术培训；以各支中心、基层服务点技术骨干为对象，组织 5 期机顶盒技术原理等实用技能培训。2011 年 10 月，在“第二届文化共享杯——全国文化信息资源共享工程知识与技能”竞赛中，辽宁代表队通过预算、复赛、半决赛、决赛，最终荣获大赛第一名。

辽宁文化共享工程“广电模式进村入户”运行四年来，为基层送去了便捷丰富的信息服务，带来了实实在在的好处，学科技难、获信息难、看电影难、找市场难，这些困扰农民多年的问题得到了有效破解，广大基层群众对此给予了高度评价，认为这是党和政府为农民做的好事实事。今后辽宁文化共享工程要继续深化和拓宽共享工程服务渠道，持续推动良性发展，为和谐辽宁建设、为社会公共文化服务体系构建不断添砖加瓦。

吉林省文化信息网建设

文化共享工程吉林分中心　陈思义　杨春雷

中国互联网络信息中心（CNNIC）发布的《第29次中国互联网络发展状况统计报告》显示，截至2011年12月，我国网民规模突破5亿，达到5.13亿，位居全球首位，互联网普及率达到38.3%。中国出版科学研究所《第八次全国国民阅读调查》显示，我国数字阅读强劲增长，18—70周岁国民数字化阅读方式的接触率32.8%，18.1%的国民通过网络在线阅读，识字国民人均每天上网时长为42.73分钟。由此可见，在社会信息化突飞猛进的今天，数字化、网络化阅读方式已成为大众阅读多元化的重要发展趋势，做好网站建设和服务也成为信息服务单位保持竞争优势和实现社会职能的重要工作。

吉林省网民数为966万人，普及率为35.2%，在全国排名第18位。吉林省文化信息网是文化共享工程吉林省分中心的门户网站，也是网上服务的主要阵地。近年来，文化共享工程吉林分中心着力打造的吉林省文化信息网，在开展文化共享工程以及数字资源提供服务中发挥了重要作用。

吉林省文化信息网发展现状

吉林省文化信息网于2003年正式开通。建站伊始，互联网出口带宽为10M，硬件仅有一台用于主页发布的服务器，操作系统为Windows2000server，利用其内置的IIS组件发布主页，功能比较单一，基本以静态页面为主，利用主页制作软件FrontPage或Dreamweaver制作或修改html页面，以FTP的方式对网站进行管理、更新和维护。

随着业务的深入开展和工作内容的不断增加，省中心对原有网络和软硬件设备进行了升级，互联网出口带宽提升至100M，配备了专门的FTP服务器和资源加工服务器，操作系统更换为较为稳定和先进的Windows2003server，同时配备了硬件防火墙，添置了防病毒软件；更新了主交换机和部分分支交换机，增加了资源存储空间，充分保障了网站的稳定性和数据的安全性。

网站内容也不断得到丰富，对外增加了FTP、音视频点播、电子图书等多种服务项目。在技术支撑方面，选用TRS的内容协作平台WCM（WebContentManagement）软件作为主页的建立和更新系统，它是基于Java和浏览器技术的网络内容管理，支持Web2.0式的服务扩展，管理配置较为灵活，代替原来的手工操作，节省了人力和时间。选用昂克科技与汇文软件共同开发的非纸质资源管理系统作为音频、视频和图片的数字化加工与发布软件，具备光盘资源、视频资源、音频资源、电子书、教学课件、精美图集、网络日志、RSS新闻等功能模块，并与原有的汇文图书馆管理系统进行了无缝结合，融合成为一个有机的整体。

吉林省文化信息网主页

吉林省文化信息网的主要内容

吉林省文化信息网的主要栏目包括吉林快讯、民风民俗、吉林美食、风景览胜、文博天地、农业科普、艺苑名人、地方戏曲、文化机构、本地媒介等。其中“吉林快讯”主要发布一些文化共享工程工作最新活动和工作动态；“民风民俗”介绍吉林省的民间艺术；“吉林美食”介绍吉菜和美食名店；“风景览胜”介绍吉林省各地的名胜美景；“文博天地”介绍了珍贵的文物古籍。同时，还将省分中心自建的多个数据库整合在网站中，全部免费检索和访问，有《吉林省地方文献提要》《吉林省旅游资源》《吉林二人转》《长白山动植菌物》《吉林省非物质文化遗产》《东北抗联》《萨满文化资源》《吉林省种植业实用技术》等。

吉林省文化信息网不同于其他信息服务机构，本身就具有公益性和稳定性的特点。针对互联网上信息杂乱无章，垃圾信息和重复信息过多的现状，网站能够保证所提供的信息具有严肃性、准确性和权威性。网站内容和信息是吸引网民访问和利用网站的基础，所以网站一直不断充实、丰富和更新自身的内容，把满足网民的合理需求作为网站建设的首要任务，同时保证信息的多样性和时效性。

吉林省文化信息网在设计风格上成熟稳重，浅色背景配以深色字体符合阅读习惯，版面设计清晰合理，栏目设置一目了然。数字资源的内部管理比较复杂，网站对外的服务界面能够做到简单友好，检索功能方便快捷，用户不需要在多个系统之间切换，从一个入口，一站式就可以检索到其所需的信息。

吉林省文化信息网的延伸服务

吉林省分中心依托网站开展了多种多样的活动，如网上讲座、网上展览和网上培训。以前，省分中心举办的一些公益性讲座、展览和培训等现场活动，受场地等限制只能持续很短时间，不能保证读者及时参与。通过

数字设备将讲座、培训或报告等现场活动录制下来，用非线性编辑处理为可保存的数字视频资源，转换为在线视频形式在网上供点播；用数码相机将展览拍摄下来，处理为网页形式在网上供读者浏览。此举既丰富了数字资源，又发挥了网站服务范围广、时间长、速度快、成本低的特长，可持续不断地提供服务。如省馆举办的“爱我家乡、振兴吉林”——农民美术、书法作品系列展览的全部作品，现已收录网站中；吉林省文化共享工程网上图片展已举办二期，通过图文并茂的形式，捕捉了吉林省文化共享工程工作人员们工作和生活中的点点滴滴，生动地再现了吉林文化共享工程的建设历程，取得了良好成效。

吉林省文化信息网的未来规划

丰富门户网站内容，发挥信息导航作用。以现有网站为基础，联合文化机构、新闻出版单位、广电、教育、科协系统等相关部门建立“吉林省公共文化服务体系协作网”，将现有数字资源进行整合和传播。通过该数字化平台的搭建为广大群众开辟一个新的享受文化权利的便捷通道。除了建设原有的资源数据库，还可拓展成当地的“公共信息中心”或“信息枢纽”，提供如天气预报、航班查询、公交路线、列车时刻表、电子地图、当地知名企业网址、常用工具软件下载、互联网站导航等信息，既方便网民，又可提高主页的访问量，获取良好的社会效益，提升吉林省分中心的整体形象。同时，加强全省各支中心和基层站点网站之间的联系，形成互通有无，取长补短，资源共享的系统。

增强网站的互动性，培养固定的网络用户群。网站访问量是检验网上服务利用率的重要尺度，没有访问量，一切服务工作无从谈起，只有吸引网民关注网站、利用网站，才能发挥网站的作用。提高网站的互动性可以增强网民的参与热情。Web2.0 技术为快速搭建免费网络论坛、网上留言板或博客等提供了可能。通过这些网络平台能够了解用户的意见、建议和对数字资源的要求，及其对服务体系是否满意，从而通过与网民的互动来

不断改进和完善网站的服务工作。

总之吉林省文化信息网站将立足本省，不断扩大文化信息资源的存储、传播、利用，发挥不可替代的重要作用，实现优秀文化信息为大众服务的目标。

公益服务的文化品牌：松花江文化讲坛

文化共享工程吉林市支中心　张雪岩

文化共享工程吉林市支中心（图书馆）从 2008 年 1 月起，创办了《松花江文化讲坛》大型公益讲座。该项活动采取“非商业化运作，市民免费参与”模式，每周日下午开讲，开办几年来，在百姓当中赢得良好口碑，形成了较强的影响力，已逐渐成为群众周末休闲学习的时尚文化活动，也成为本市文化共享工程建设的创意栏目和基层文化工作的一大亮点。

开办市民文化讲座，在现代大、中城市群众文化生活中已不鲜见，而这种大规模、系列化的公益文化讲坛对于吉林市还是第一次。吉林市是历史文化名城，近年来随着经济建设步伐的加快，江城百姓对文化产品和文化服务的需求也越来越迫切。为了更好地满足广大市民日益增长的多样化文化需求，同时不断地提高文化共享工程的服务能力、引领能力和创新能力，为基层群众提供一个再教育、再培训的平台。经过精心设计和缜密筹划，吉林市支中心于 2008 年 1 月 6 日，正式推出以“贴近生活、贴近实际、贴近群众”为原则，以传播科学文化知识、提高广大市民综合素养为宗旨，以弘扬中华传统文化、普及人文教育、建设较完善的公共文化服务体系为目标，以建设魅力吉林、打造和谐吉林为中心的大型公益活动——《松花江文化讲坛》。有六个特点：

周密策划，有序运作

在“讲坛”创办之初，支中心成立了《松花江文化讲坛》公益讲座项目工作组，制定讲座工作的整套策划方案，做到有计划、有安排、有组织。通过定期召开专题工作会议，对讲座工作进行研讨，最终确立的思路是以依托市图书馆在文献资源方面的优势，以群众需求为出发点，在专家学者

与市民、读者之间搭建一个独特的沟通平台，将讲座办成吉林市有社会影响力的市民课堂。

贴近大众，精心选题

富有内涵和吸引力的选题是吸引听众的前提，也最能体现组织者的思想水平和业务素质。为了做到主题系列化，根据群众需求的热点、难点和与百姓生活息息相关的话题，《松花江文化讲坛》内容分为“传统文化”、“时事·热点”、“养生·保健知识”、“青少年心理健康咨询”、“科普知识”、“金融·理财知识”、“综合性类别”七大系列，力争做到普及性与专业性相结合，欣赏性与应用性相结合，雅俗共赏，满足不同人群不同的知识需求和生活需要。

《松花江文化讲坛》现场

注重社会影响力

在《松花江文化讲坛》开篇讲座中，我们邀请到了吉林地区著名文史学家、书法家刘廼中先生作了题为《漫谈文字和文化》讲座，之后陆续邀请了孟宪实、马瑞芳、孙立群、鲍日新、徐恩存、刘宏毅、商晓娜、丁建明、姚家余、金海峰、由兴波、曹胜高、张振昌等国家和省级知名专家、教授、学者。他们从各自擅长的领域精心选题，严谨的科学精神，精深的学术造诣和生动活泼、贴近生活的形式，受到广大读者和听众的热烈响应和欢迎，大家体会到收获知识的乐趣。可以说，讲座自创办以来，市民学习热情高涨，基本场场爆满，社会效果不同凡响。

重点发挥公益性

《松花江文化讲坛》是专门针对广大市民举办的公益知识传播活动，不分年龄、行业、阶层，只要有兴趣，任何人都可以免费到图书馆四楼学术报告厅听讲。因此，在整个活动中，所有的专家学者均是无偿授课，市民可自愿选择参加，在每期讲座开始前三天，到图书馆免费领取入场券，在双休日、节假日，寻找到了新的学习机会和途径。凭借传播信息量大、时效性强、互动性好、收效显著等特点，《松花江文化讲坛》被公众誉为吉林市的“百家讲坛”。

充分彰显人文性

一方面市支中心依托现有的学术报告厅，利用先进的多媒体设备，以固定讲座形式推出系列专题讲座；另一方面兼顾不同类型、不同年龄、不同层次的社会群体需要，利用文化共享工程数字资源和馆内丰富的文献资源走出去，将流动讲座送到基层、送到百姓身边，使讲座的辐射力日益增强。2008年3月起，陆续开展了《松花江文化讲坛》走进小学校园、大中专院校、绿色军营、百姓社区和党政机关活动。3月21日，我们邀请了近年来在国内深受小读者喜爱的儿童文学作家商晓娜，在昌邑区第一实验小学，作了《从阅读开始的童年》专场讲座，拉开了《松花江文化讲坛》走进小学校园的序幕。6月2日，《松花江文化讲坛》首次走进军营，65313部队能够容纳2000余名官兵的礼堂座无虚席，并设置了两个分会场。如今，《松花江文化讲坛》的知名度已深入到各个层面。

引领地域文化和城市文化发展潮流

《松花江文化讲坛》自开办之初就立足于公益性、先进性，其形成品牌和可持续发展的后劲在于地域性。吉林市图书馆拥有馆藏古籍线装图书12万册，文献信息资源以地方文献见长，还有吉林老照片数据库近2000张、

方志馆地方文献、满铁文献等特色资源，曾为东北亚边疆历史的研究提供过大量的文献资料。“讲坛”充分发掘和利用本地的地域文化资源，例如何新生主讲的《吉林市非物质文化遗产保护与文化名城建设》、北华大学历史文化学院陈陶然教授主讲的《吉林市古代历史文化》，深受广大听众的欢迎，也引领了地域文化和城市文化的发展潮流。

《松花江文化讲坛》创办至今已经成功举办近百场，受益听众达 4 万余人次，成为深受江城广大市民群众欢迎和社会各界的好评的文化品牌。市民们说 ：“《松花江文化讲坛》办得有深度、有厚度，为我们搭建了一座与专家学者近距离接触的桥梁。”《松花江文化讲坛》也得到了省、市各大媒体的广泛关注和赞誉,《中国文化报》的“松花江文化讲坛每周惠民”、《吉林日报》的“松花江文化讲坛火江城”、《江城日报》的“松花江文化讲坛为江城文化插上腾飞的翅膀”等深度报道，都给予了高度评价。吉林省人民政府网站、吉林电视台、吉林省文化信息网、吉林省广播电台，以及《江城日报》《江城晚报》《城市晚报》《新文化报》等近 20 家新闻媒体对活动进跟踪报道已达数百次，取得了较好的品牌效应。

文化共享工程吉林市支中心对每期讲座都进行了全程摄制，对所有讲坛主讲人，均建立起规范的专家学者档案，并根据国家标准加工制作成视频课件，丰富了文化共享工程的讲座信息资源。为扩大受众群体，市支中心还创办了松花江文化讲坛网站，将讲座视频与近期讲座内容预告公布在网站上，便于与读者的沟通，也能让不在现场的市民群众和身在外地的江城人，以及对讲坛感兴趣的所有网民，都可以共享讲座资源。

乡村田野里的报春花

文化共享工程吉林长春市支中心　阚立民　王嘉雷

吉林省德惠市达家沟镇后窑屯地处镇区北一公里处，是一个有着 700 多人口的小村屯，地方虽小，但文化活动却开展得有滋有味。

2006 年 9 月，为支持社会主义新农村建设，更好地服务于社会主义新农民，文化共享工程长春市支中心联合德惠市支中心共同在达家沟镇后窑屯建立了基层服务点，使后窑屯的文化活动更上一层楼。建成后的基层服务点人来人往，他们有的来看书查资料，有的来收看文化共享工程资源；在节假日、读书日、艺术节、农闲时节，基层服务点还组织开展了一系列大型读书活动和文娱活动，每次活动参加人数都超过五六十人，深受广大村民的喜爱。

后窑屯基层服务点成立以来，长春市支中心已经先后四次为后窑屯配送了 2000 余册图书、1000 余册期刊、100 余件文化共享工程农业光盘，还赠送了书架等设备，使这里的设施条件得到较大的改善；此外长春市支中心与德惠市支中心还经常对后窑屯基层服务点的业务工作进行指导，并帮助制定了工作制度等，使后窑屯基层服务点的管理更加科学化。现在后窑屯基层服务点已经成为村民眼中的知识殿堂。

以前村民种植、养殖基本都靠经验，自从文化共享工程基层服务点建在后窑屯，村民们在生产、生活中遇到问题都会首先想到去基层服务点里查找资料。比如庄稼出现病虫害，大家就会去基层服务点看看有没有这方面的图书和光盘；再如村民进城打工遇到一些法律纠纷不知道怎么处理，也会来基层服务点查看法律方面的图书和光盘，利用其中的法律资源来保障自己的权益。另外，随着生活水平的不断提高，一些养生保健的资源也越来越受到村民的欢迎。

村民王树和是基层服务点的受益者之一。王大爷和老伴都是闲不住的人，退休后总琢磨着干点什么，在经过一段时间的思考后决定种植葡萄，这样既可以消磨时间还可以挣些钱。退休前王大爷是个会计，老伴张淑芬在医院药房工作，可以说二老对葡萄的种植一窍不通。虽然种植葡萄是门外汉，但王大爷懂得一个理儿，那就是知识就是力量。当2006年葡萄遇到病虫害的时候，王大爷做的第一件事就是到基层服务点里去找解决问题的办法。王大爷说如果不是从基层点找到有关葡萄病虫害防治的办法的话，他的损失可就大了。葡萄发生霜霉病全部砍掉的话，光树苗1000棵就1500元，再加上产量、人工、肥，最低得损失5000元。

欢乐的基层服务点

晚饭过后，是后窑屯基层服务点文化大院最热闹的时候，院内唢呐声声、锣鼓喧天，秧歌队摆开了阵势。室内卡拉OK歌声此起彼伏，前面所说的王树和夫妇每晚必演，老两口表演的器乐合奏，村民们人人爱听，人人爱看；文艺骨干邢佳春也是文化大院的常客，他的笛子独奏、唢呐，声声悦耳；能歌善舞的中年妇女车洪每天组织、排练农民喜闻乐见的东北大秧歌、二人转小曲小调。在这里，他们自编自演，吹拉弹唱，自娱自乐。你方唱罢我登场，从傍晚一直持续到九、十点钟，才心满意足地散去，大院内外一片欢天喜地。

达家沟镇后窑屯树和文化大院

魅力的基层服务点

文化共享工程长春市支中心和德惠市支中心重点扶持创建的后窑屯基层网点，产生了无穷的魅力。现如今，基层服务点文化大院不但是文艺骨干活动的场所，对周边村屯也产生了强大的辐射力，他们也常来大院助阵，有的家庭主妇虽然不会唱、不会跳，但把家务活动拿到大院来做，她们说听到了歌声干活就不累了。种地大户张书文说：“我虽然不会唱，但我可以看文化共享工程的资源光盘，干完活后看一看，觉得浑身轻松，精神愉快，觉也睡得香。”银行退休主任邵先生为大院出谋划策，街道干部、学校教师下班后也总要光顾一下大院，并亲自为村民们编写演唱材料。这里产生了一种凝聚力，忙碌一天的村民们在大院里听着歌、唱着曲、跳着自编的舞蹈，感到日子过得从没有过的充实。

和谐的基层服务点

后窑屯居住人员成分复杂，有农民、工人、商人、干部、教师、退休职工等。以前，没有一条“正经”路可走，雨天一脚泥，晴天一身灰，丢东西的事经常发生，打架斗殴也是屡见不鲜。自基层服务点成立后，不仅丰富了村民的文化生活，也使村里的气氛更加安宁祥和。这里不仅是农民的文化活动场所，更成为社会主义精神文明建设的平台。几年来，参加活动的人数逐年增加。基层点在开展活动的同时，还举办一些有利于精神文明建设、农民科技致富的活动，如：科普知识讲座、读书交流会、致富信息发布会。后窑屯通过基层服务点这个平台，潜移默化地改变着村民的“品位”，使后窑屯的村容村貌焕然一新，小偷小摸、赌博、封建迷信等现象都消失了。全屯男女老少团结一致，屯风正，环境美，共同致富奔小康。后窑屯的大事小情，基层点文化大院的人都去帮忙。郑某家庭生活困难，病故后无人料理后事，正在大院活动的村民听说后，马上分头找人帮助处理。村民们不无感慨地说：“是基层服务点文化大院让后窑屯的人们拥有

了一个和谐温暖、其乐融融的集体。”

现如今，村民们文化参与意识越来越强，活动的积极性越来越高，后窑屯正向着“生产发展、生活富裕、乡风文明、村容整洁、管理民主”的目标前进。在吉林省文化厅组织的“农村文化活动月”中，后窑屯表演的文艺节目受到好评，省市电视台和各大新闻媒体作了报道；在德惠市举办的首届农民文艺汇演中，后窑屯基层服务点文化大院排演的锣鼓快板荣获一等奖，并代表德惠市参加长春市农民文艺汇演；2008 年 5 月，中央电视台《焦点访谈》栏目到这里录制节目，产生热烈反响。在这里，我们衷心祝愿后窑屯这支田野里的报春花枝繁叶茂，永远生机盎然。

引文化甘霖 浇农村绿洲

文化共享工程吉林桦甸市二道甸子镇基层服务点 黄强 国博鸣

吉林省桦甸市二道甸子镇位于长白山脚下、松花江上游，山清水秀，是东北的鱼米之乡。全镇面积 672 平方公里，辖 11 个村、54 个自然屯，总人口 22600 人，其中农业人口占 91%。二道甸子镇文化基础比较好，20 世纪 80 年代就是全国 100 个先进文化镇之一。随着社会主义新农村建设的不断深入，广大农民群众对科技文化的需求日益增长，“说说唱唱，蹦蹦跳跳”的单一文化活动已满足不了广大农民的需求。

从 2005 年起，随着全国文化共享工程的实施，二道甸子镇结合本地经济社会发展的实际，创新服务模式，拓展服务内容，利用镇有线电视覆盖面广、收视率高优势，开办文化共享工程频道，把最先进的科技成果、最优秀的文化资源方便快捷地传送到千家万户，促进了全镇政治、经济、文化、社会的协调发展，提升了农民的科技素质和文化水平，推动了农民增收致富和社会主义新农村建设，深受农民的欢迎。

二道甸子镇文化共享工程建设伊始，按照省分中心和桦甸市支中心的要求，加强了对基层服务点的科学规划和重点建设，政府制定了《二道甸子镇文化共享工程实施方案》，配备了服务设施和 2 名专职工作人员，筹资购置计算机、数码摄像机、照相机、非线性编辑系统、刻录机、影碟机、电视机等设备和图书、期刊光碟等数字资源，从制度、组织、人力、财力、硬件建设上保证了工程的顺利实施。

开展工作之初，基层服务点的工作人员充分利用省市提供的资源，走村入户送光盘、图书，巡回播放移动播放器中的资源。经过半年多的运行，取得了一定的服务成效，但在实践中也发现了一些问题：首先在内容上国

家提供的资源由于受地域和时间的限制，农民反映不适应本地实际情况，学后用不上；其次挨村挨户的巡回服务时间拖得比较长，人手不够，下乡一次也只能服务十几个人，受益面窄，有的地方群众组织起来也非易事。

经过调研，基层点了解到广播电视的“村村通”工程，覆盖面广、收视率高，充分利用镇有线电视网络优势，开设文化共享工程频道，是加大服务力度、实现文化信息资源广泛利用的有效途径。2005 年下半年，在镇政府的支持下，又筹资 50 万元，购买接收机、设置器、放大器等必需设备，全力以赴地在各村布杆、架线。对那些地处偏远、经济落后，但百姓积极性高的山村，则加大了传送有线电视信号的力度。现如今，全镇 11 个村实现了“村村通”，共享工程入户率达 96%，4000 多用户在收视 56 套精彩电视节目的同时还能收视到文化共享工程频道传播的优秀文化信息资源，为文化共享工程通过有线电视传播打下了坚实的基础。

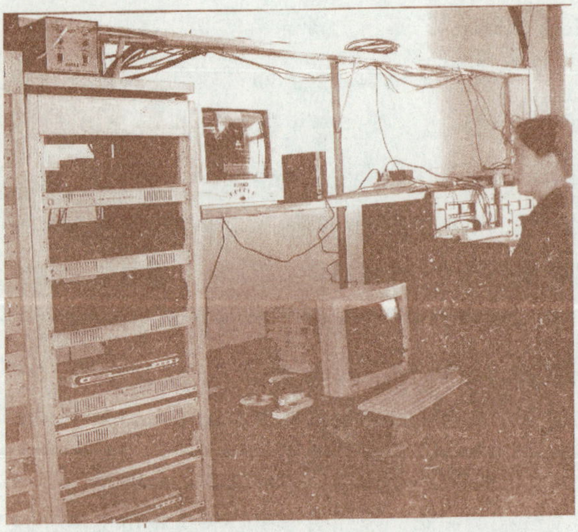

工作人员正在播放文化共享工程自办节目

二道甸子镇文化共享工程有线电视频道开通后，服务内容和资源建设是支持频道运行的首要工作，基层服务点是通过以下方面工作实现的。

一是，播放国家中心提供的各类优秀数字文化资源。2005 年，国家中心给基层点配备了文化共享工程移动播放器。内存 200 个 GB，包括农村养殖技术、种植技术、医疗保健、务工技术、农业科普、实用讲座等

14 个方面内容，共计 300 个小时的各类信息资源。我们从中选择适合当地的资源进行播放。此后，凡国家中心、省分支中心下发的资源都是文化共享工程频道播放的主力资源。

二是，收集制作本地的信息资源播放。镇文化共享工程基层服务点与镇文化站、广播站、有线电视插转台、科技推广中心是一个机构，合署办公，在镇政府的领导下，负责全镇的文化科技推广服务工作。我们充分利用管理上的这一优势，整合各方面的优秀资源进行编辑，利用移动播放器播放。为了节省资金，还从网络上将一些适用于当地群众，又不涉及知识产权的政策法规、防疫保健、科普知识下载下来，通过编辑后播出，做到了每天都会有新的内容呈现在百姓面前。

三是，宣传推广本镇勤劳致富的典型。通过上门采访，把致富典型事迹制作成专题节目在文化共享工程频道播放，发挥引领作用。我们先后播出了荒沟庙村老党员钟庆堂搞山参培植，年收入百万元，并带领荒沟庙村 85% 的村民搞起山参培植，该村年收入增加 500 万元；离岗创业的付学文发展塑料袋地栽木耳、中药材种植等产业，带动全镇 30 余户农民种植五味子，100 余农户培植木耳；“全国十大杰出青年农民”、桦甸市劳动模范潘淑红成功发展黄牛育肥项目，带动全镇 460 户发展黄牛产业，从业人数达到 910 人；金龙村墙缝社农民刘志国养狐、新风村李士金夫妇葡萄栽培成功经验等。通过宣传发生在农民身边的、走在致富前沿的人和事，开拓了农民的思路，激发了他们的创业热情。

四是，邀请省市专家现场讲座。2005 年至今，二道甸子镇文化共享工程频道邀请了吉视《乡村栏目》组专家李成良，省阳光办主任王立文，桦甸市农广校、科技局相关专家讲授农村实用技术；邀请了桦甸市司法局，镇法律服务所，交通、农业等部门讲解处理土地纠纷、劳动法、合同法、交通法等知识。把专家讲座编辑整理后，在文化共享工程频道中巡回播出。截至目前，已举办和播出各类讲座近百次。

在运作方式上，有线电视文化共享工程自办频道，每天下午 13：

00—16：00，晚 18：00—20：00 播放。我们把文化共享工程频道服务热线以流动字幕的形式公布，告知群众喜欢看什么、渴望哪些知识、有什么好的想法，可随时拨打服务热线提出建议，工作人员会及时调整节目内容，尽量满足群众的需求。同时严把播出质量关，对于群众渴望的资源可反复播，不适应本地实际的资源不播，电视剧、优秀影片每天必须更新。正是由于基层服务点开展的工作贴近农民、贴近生活、贴近实际，所以经常能收到群众打来的提出表扬的热线电话。

截至目前，桦甸市二道甸子镇基层服务点利用自办节目，播放文化共享工程资源 20 多种，3000 多个小时，其中自行采编制作的资源 2000 多个小时，收视率达 98%，近 2 万基层群众从中受益。通过扎实而有效的工作，文化共享工程真正走进了千家万户。

全新的文化惠民路径

上海东方网　王洪

上海公共文化服务体系，在数字化时代，如何走出引领市民百姓运用电子阅读的新路子，满足普通大众数字阅读的文化需求，适应智慧城市和学习型家庭的需要，现今有了破解的方法，开辟了一条全新的路径，市民想要体验数字阅读，只要走进自己社区文化中心的东方社区信息苑，在公共电子阅览室中就可以网览天下，查看网络讯息和视频，享受高速便捷的数字阅读服务。

上海已建成的公共电子阅览室，统一的标示，统一的配置，统一的管理，每个公共文化电子阅览室，装备 50 台电脑，终端里“装”着 10 万册正版电子图书、5000 部百科视频讲座、500 种电子报刊和 1 万部电影、电视剧，以就近、便捷为原则，依托东方社区信息苑，在上海所有的社区文化活动中心实现全覆盖，申城社区数字阅读公共服务已构建成完整的网络体系。

全覆盖的公共电子阅览室，2011 年服务人次已超过 1400 万，举办各类培训活动 1.3 万期，培训人次近 20 万；开展各类网上活动 1.7 万场，参与人次逾 100 万。普通的退休市民，家里没有条件上网的居民群众，许多社区居委会里的老伯伯、老妈妈，还有众多的外来务工人员，纷纷走进了东方信息苑，在公共电子阅览室学会了电脑操作，懂得了发邮件、玩起了微博，每天阅读网上信息，看网上视频影视，和异国他乡的朋友交流聊天，和家乡的亲人互通信息和联系，有的居民每天必到，进公共电子阅览室成为生活习惯。公共电子阅览室成为沪上市民文化活动新去处，日常文化生活的一个新场所。

以东方社区信息苑为主体，社区全覆盖、服务普及化、内容整合化、管理连锁化的公共电子阅览室网络，彰显智慧城市公共电子阅读普及运用

外来务工人员在东方信息苑排队办卡

的基础性功能，让最普通的市民借助社区传播数字阅读的新载体，提升城市普通人群数字阅读的品位和水平。作为市民的数字课堂，家门口的学习加油站，宽敞亮丽的阅读空间，统一规范的管理模式，公共电子阅览室已成为最受上海市民欢迎的基层公共文化服务项目之一，无论的居委社区乡镇的退休人员，还是外来建设者、众多的白领一族，在这里都能够通过网络和视频，尽情浏览，体验数字阅读的乐趣，公共电子阅览室成为市民共享数字阅读的一个“家”。

创新服务是公共电子阅览室建设的最大特点，实名免费办卡，未成年人办卡需家长陪同，每天累计上网超过 3 小时自动关机，启用中央管理平台，强化网络的多层监管功能；工作人员辅导不会上网的老人，排除误操作等造成的故障，规劝不良的上网和操作行为。

所有的社区公共电子阅览室，以政府购买服务方式，委托东方数字社区发展有限公司统一运营管理，每年由市文化资金拨款运营管理服务和设备维护。上海东方信息苑建设 8 年多来，目前已建成覆盖全市 18 个区(县)、182 个街镇的 379 家东方社区信息苑和 1669 家东方农村信息苑，创造了上海公益性数字阅读的最大平台。

不仅仅是在市民居住的社区文化活动中心，公共电子阅览室建设的触角已延伸拓展到外来建设者集中居住的地方，比如在闵行莘庄工业区为外来建设者建造的 4 万多平方米面积的鑫泽阳光公寓，东方社区信息苑也登堂进驻，满足居住其间的 6000 多位居民。公共电子阅览室建设现在已覆盖到城市外来建设者较多的浦东、闵行、嘉定、松江、崇明等区县，建造了 8 个农民工公共电子阅览室，把数字资源配送给外来务工人员群体，满

足外来建设者数字阅读需求。

在建设规模化的文化信息数字化资源过程中，上海打造形成了文化共享工程资源“接收→自建→整合→下发→上传”的资源传输和服务模式。2011 年文化共享工程上海市分中心通过政务外网接收国家中心下发数字资源共 495G，接收下发的资源及时通过技术转换处理下发至各公共电子阅览室提供服务；与此同时，不遗余力地丰富自建数字化资源库，形成了一大批规模化的数字化内容平台。截至 2011 年，新版上海市文化共享工程门户网站“上海数字文化网”80GB 和镜像网站 150GB 的资源挑选、目录整理和网站制作工作完成，共计新添加 625 部（集）视频资源，新增容量达到近 50GB，上海数字文化网可供服务的视频资源总量增至 607G。

文化共享工程作为一项繁荣社会主义先进文化的公益性文化工程，是利用现代技术手段，对优秀文化信息资源进行数字化整合，利用覆盖全国的网络服务系统，为广大基层群众提供优秀的文化信息服务，促进文化信息资源的共建共享。上海建设公共电子阅览室，能够很好地加强社区文化基础设施建设，让群众广泛享有基本公共文化服务，形成覆盖城乡、层次分明、互联互通、多种方式并用的全方位公共数字文化服务传播网络。

按照上海市委要求，上海要率先建设成全国一流的公共文化服务体系，数字阅读就是一个很好的突破口，建造公共电子阅览室这个文化惠民工程，是市民家门口的文化超市，是农民，尤其是弱势群体的“数字文化新天地”。在公共文化服务方兴未艾的申城，构建覆盖城乡的公共数字文化服务传播体系，在“全国文化信息资源共享工程”中创造了“上海实践”，在满足高品质市民文化需求的同时，引领城市人群适应科学信息发达的态势，适应智慧城市和学习型城市的需要，运用互联网的优势和网络阅读的便利，开阔市民的眼界，提升阅读的广度，也是公益性、普惠性、均等化和便利性的文化追求。

市民信息素养教育的创新发展

文化共享工程上海青浦区支中心　张毅红

文化共享工程是由政府主导的文化知识技术普及的社会网络工程，在广泛应用计算机、网络、通讯和多媒体等高新技术传播先进文化的同时，对全社会信息素养的提升发挥着越来越重要的作用。文化共享工程青浦支中心建成7年来，利用现代化信息技术手段，加强数字资源建设，拓展服务网络，努力提高信息服务能力，在数字化资源的承载下，走入千家万户，促进了市民信息素养教育的创新发展。

利用文化共享工程促进市民信息素养教育环境建设

2004年，文化信息共享工程青浦支中心成立，按照全国文化信息资源共享工程关于《县级支中心系统配置标准》，陆续投入设备、设施建设经费500万元，对网络主控硬件、电子阅览室及多媒体室、资源加工设备、机房安全及配套设备、软件等进行安装配置，建成拥有网络机房机架式服务器13台，集中备份存储设备3台，存储总容量达15T。

青浦支中心在推动文化共享工程建设中，与数字图书馆建设发展相结合，不断加快数字资源建设步伐，逐步建设了18个包括学术论文库、科技论文库、商业资讯库、时事新闻库、中国标准全文等大型数据库，增加了教育视频、在线考试学习系统、英语网校等寓教于乐的学习资源，还有广受读者欢迎的电子图书，电子期刊、电子报纸、电子动漫、音乐数据库。提供方式由原来单一的影视资源提供，发展为讲座、戏曲、电子书刊多种类型的资源平台；信息载体由纸质文献和单一的光盘资源提供，转变为多样的网络资源；信息访问形式也由单机浏览，发展为局域网访问，并拓展为远程网络访问方式。截至2001年数字资源访问量达到105986人次。文

化共享工程建设项目的实施，为促进市民信息素养教育打下了良好的信息环境基础。

利用文化共享工程促进市民信息素养教育网点建设

青浦支中心利用文化共享工程建设契机，认真实施信息化建设，以点带面，积极推进，彰显特色，共建共享，不断创新服务手段，面向全区市民提供数字化文献信息服务，促进青浦区市民信息素养教育网点建设。2006 年 6 月，在赵巷镇金葫芦社区，青浦首家文化信息资源共享工程村级服务点建成，农民们在基层读书辅导员指导下，可以轻松上网查书。这是文化共享工程在促进基层信息素养教育中的一个崭新起点，也为全区“文化共享工程”基层服务点信息素养教育的全面铺开提供了宝贵经验。截至目前，全区已建成 1 个区级支中心、9 个乡镇（街道）基层中心、184 个农村（社区）基层服务点，实现了基本全区覆盖。

利用文化共享工程促进市民信息素养教育方式创新

2009 年以来，青浦支中心促进市民信息素养教育的方式和手段，进行了以下几个方面的探索和创新。

一是，在线信息素养教育。2009 年，青浦图书馆、文化共享工程支中心，以建设提供市民在线信息素养教育的“服务主导型”网络平台为目标，推出新版 2.0 网站。网站设置的“青溪学苑”信息素养教学及交流平台、书目检索、点书台、图书馆论坛、在线咨询、常见问题 FAQ、数字资源使用指南、社区还书箱、平面楼层 Flash 路线导引、网络资源导航等在线内容，强调以读者为中心，鼓励群众的参与。2011 年，网站访问人数（绑定 IP）20779，常见问题 FAQ 点击次数 2049 次，论坛解答咨询 147 条，QQ 在线解答咨询 143 条。

二是，阵地信息素养教育。除了在线教育，支中心以电子阅览室为阵地，积极开展公众信息技能指导与培训活动，其中全国文化共享工程——“青

溪学苑”信息资源使用系列培训，就是每月至少举办一次的信息素养培训项目。“青溪学苑”信息资源使用培训，内容涉及信息检索、计算机应用、图书馆使用、绿色上网、多媒体制作、语言学习等内容，邀请行业专家担任教师，将网络演示与阵地互动相结合，授课方式活泼、生动，受到读者欢迎。2010年“青溪学苑”开展信息素养培训11场，活动参与613人次；2011年开展培训9场，参与人数512人。

三是，特色信息素养教育。“青溪学苑”是青浦支中心重点打造的信息素养教育品牌，除开展丰富的阵地培训，还通过网站平台，提供培训预告、教师介绍、课件下载、授课视频点播等服务，并开通了论坛版块，读者可预先在网上报名、咨询，活动结束后还可到论坛参与讨论、发表意见、知识交流；“我的数字图书馆”远程访问服务开通，使读者足不出户即可免费使用图书馆海量的数字资源；2011年推出的“手机阅览室”移动阅读服务，突破了传统纸质文献借阅的限制，让读者体验了电子阅读的新潮流。

四是，文化共享的宣传推广。2009年，为庆祝青浦支中心成立5周年，开展了“图书馆进社区，文化共享千万家”大型社区宣传活动。通过举办青浦文化共享工程建设成展、发放多种宣传手册、宣传页，青浦地方特色的文献实物展示，让群众对青浦的文化、历史有了更切身的感受。活动还开设了现场办理读者证、文化共享工程知识问答、问卷调查等环节。2010年世博年期间，支中心响应开展了“文化共享世博行”——青浦世博主题作品征集活动。4个月中，共征集文字、书画、摄影作品600件，得到了区摄影协会、老干部局、社区书画站和9个基层服务点群众的参与和支持。2010年，支中心联合上图读者服务中心，举办了“从甲骨文到电纸书——‘一卡通’数字阅读体验周”活动，面向广大市民读者展示了手持式阅读器、多点触摸导航设备、盲用听读器、RFID自助借还书系统等新技术在读者服务中的应用，通过展览、讲座和培训等形式，宣传展示了数字文化建设及数字阅读服务的发展历程，以及一个文字传播与阅读习惯变换时代的到来。一系列宣传推广活动，不仅活跃了基层群众的文化生活，提高了读者信息

化应用意识的提升，也扩大了文化共享工程在基层的影响力，同时促进了市民信息素养教育方式和手段的不断创新。

青浦支中心将继续以文化共享工程建设为契机，推动市民信息素养教育的创新和发展，努力把支中心建设成为服务全区的文化中心、学习中心、信息中心，使最基层的公民享受到信息时代的文明成果，推进我区的社会文化建设。

“快乐六一，文明世博”宣传活动，小读者们个个神情专注

共享工程“1+1”数字资源配送记

文化共享工程江苏分中心　周小平

共享工程“1+1”数字资源配送的提出

2011 年 10 月，在南京图书馆业务工作例会上，文化厅党组成员、南京图书馆党委书记方标军，将酝酿已久的全省公共图书馆 1T 数字资源配送方案，又称共享工程“1+1”数字资源配送工程，再次提上会议议程。

什么是共享工程“1+1”数字资源配送工程？2010 年，文化部实施了“县级数字图书馆推广计划”，将国家数字图书馆 1T 的数字资源，通过文化共享工程平台，配送到全国各地县级公共图书馆和文化共享工程支中心。南京图书馆组织实施的“1+1”数字资源配送方案，是与国家图书馆和文化共享工程国家中心共同推动的“县级数字图书馆推广计划”相配套的方案。

实施共享工程“1+1”数字资源配送意义在于：将南京图书馆的优秀数字文化资源，通过文化共享工程的服务平台推送到全省市县公共图书馆和共享工程支中心，进一步充实各地的数字资源；随着省中心数字资源配送方案的到位，全省的市、县级公共图书馆、支中心将成为南京图书馆数字服务的延伸点，与南图一起构成全省数字图书馆服务网络。

到会的同志，很快达成共识：在第二届南京图书馆阅读节开幕式上举行赠送仪式，将精心准备的 1T 共享工程“1+1”数字资源，首批赠送 28 个公共图书馆和支中心。

共享工程“1+1”数字资源的组成

1T 的数字资源如何组成？中层干部们展开了热烈的讨论，要将南图

最优秀的、最具吸引力的资源推荐给各公共图书馆、支中心，人们将目光锁定到：南图讲座、南图展览这两个具有自主知识产权的品牌数字资源。经过多年的积累，南图讲座、南图展览已打造成具有一定社会美誉度、影响力的数字资源。著名专家、学者王蒙、余秋雨、余光中、吴为山、陶思炎、钮汉章、翟晓敏、刘光陵、黄孝慈、梁白泉等都曾作客南图讲座，纵论世界风云、解读社会热点、传承历史文化。

南图展览有：墨海遗珍 书翰撷英——香书轩秘藏名人手迹展，中外文学名著插图展、老商标展、世纪中山——纪念孙中山先生奉安 80 周年文献图片展等。这些展览资源，是根据南图百年馆藏创意制作的各类专题 160 个展览。即可网上观展，又可以使用展览资源举办各类主题展览。

电子图书、电子期刊是当今网络世界的热门读物。采编部的同志紧急邀约了国内著名数字资源供应商，启动了一万种电子图书、800 种电子期刊采购招标流程。

江苏省分中心要求：电子读物资源要新、使用方便。电子读物使用无需下载任何插件，即可以在线翻页阅读，又提供文本版、语音版等多种阅读形式。

共享工程“1+1”数字资源的制作

2011 年 11 月 12 日，采购的电子图书、电子期刊陆续到馆。然而，如何快速制作数据母盘，在短时间内，实现拷贝硬盘的数量几何级数增长，成为新的难题。要将分散的、各种类型 1T 的数字资源整合到一块硬盘上，谁也没做过？是做硬盘镜像快，还是按常规拷贝？江苏省分中心的同志已经没有选择时间。

在软件筛选比较各类拷贝软件后，省分中心的工作人员，开始了集中拷贝硬盘的工作。复制一块 1TB 数据硬盘需要 72 小时，可是时间不等人，怎么办？等是不现实的，省中心的同志动脑筋，想办法：提高网速、使用服务器，多台计算机同时拷贝……在仔细分析 1BT 数字资源文件结构、文

件总量情况后，工作人员意识到：电子图书、电子期刊图片多、文件小而数量巨多，复制用时较多而且传输慢，讲座视频文件大，整体传输快。针对不同类型的数字资源，工作人员采取了不同的复制策略，大大提高了复制效率。

你见过 40 多块硬盘同时拷贝的场景吗？省中心的工作人员昼夜加班，有的同志 40 多小时没有离开机房，不间断地巡视，关注每一台机器的拷贝状态，及时排除故障、更换硬盘。首批准备赠送的 28 块移动硬盘的拷贝，终于在 11 月 30 日晚全部完成。江苏省分中心同志连夜包装，为硬盘贴上精心设计的精美标签和使用说明。

12 月 1 日，第二届南京图书馆阅读节开幕。开幕式上，南京图书馆、共享工程江苏省分中心如期将装有“1+1”数字资源配送工程资源的移动硬盘，赠送给 28 个市、县图书馆、共享工程支中心代表。

12 月 19 日，江苏省分中心举办了全省共享工程技术培训班。期间，省中心向全省各市县区图书馆、支中心，赠送了“1+1”数字资源。培训班还针对“1+1”数字资源硬盘的使用，进行了专题培训。至此，江苏省

江苏共享工程“1+1”数字资源配送平台

共享工程“1+1”数字资源配送工程，实现了全省公共图书馆、支中心的全覆盖，“1+1”数字资源配送工程顺利完成。

吴越大地上飘扬的“数字文化讲师团”旗帜

文化共享工程浙江分中心　詹利华

2012年7月19日上午，在浙江温岭大溪镇会议中心，上百人的会场座无虚席，主席台背景墙上映着清晰的会标“浙江省数字文化讲师团成立暨数字文化讲师团下基层启动仪式。”浙江省首批“数字文化讲师团”成员在这里整装待发，文化共享工程国家中心、省文化厅领导，温岭市大溪镇、村干部群众，温岭电视台、报社等媒体，共同见证了这浙江文化共享工程进程中令人注目的一刻。

文化共享工程国家中心主任李宏为“浙江数字文化讲师团”授旗，并同省文化厅副厅长陈瑶一起为讲师团成员颁发证书和提出殷切期望。讲师团的队旗迎风飘扬，映红了团员们一张张年轻的脸庞，在这特殊的时刻，大家坚定信念：必将完成使命，充当传播优秀数字文化的先锋，让文化共享工程惠泽更多的基层群众。

“数字文化讲师团”启动仪式

“数字文化讲师团”缘起

自 2002 年启动以来，全国文化信息资源共享工程走过了十年的建设历程，遍及全国的服务网络基本形成，数字文化资源和基础传输平台初具规模，具备了更加贴近群众、便捷实用的服务手段，正在向基层群众最喜爱的信息中心、学习中心和数字文化中心转变。面向十二五建设发展，对文化共享工程的工作定位、工作重心、服务对象、服务方式、工作人员提出了一系列更新更高的要求。

浙江是文化大省，十一五时期取得了文化共享惠民服务的显著成效。2006 年，启动“数字文化乡村行”活动，每年送优秀数字文化资源进乡入村；2007 年，省分中心先后在硬骨头六连所在部队——宁波大榭海军基地、舟山 92118 部队建立了基层服务点；2008 年，“数字文化乡村行”发展为春季篇、夏季篇、秋季篇和冬季篇系列活动；2009 年，文化共享工程走进企业，将数字文化资源推及企业员工；2010 年，文化共享工程资源向省委组织部浙江领导干部网络学院全面开放，助力学习型党组织建设；2011 年，文化共享工程走进体育运动基地，丰富了体育健儿业余文化生活。尤其资源建设方面，在省财政支持下，实现了文化共享工程与公共图书馆馆藏资源的有机整合，截至 2011 年底，省中心文化数字资源量已达 31.7TB，视频类资源 2 万多部。2012 年，汇聚文化经典和地方特色的影视文化空间——浙江网络图书馆影视频道开通，进一步丰富了全省数字文化传播形式、内容和基层群众的文化生活。目前，影视频道已有 8000 多部（集）6000 多小时的视频节目。

浙江文化共享工程在数字资源建设和服务方面，虽然取得了一定的成绩，但在广度和深度方面距离基层群众的实际需求仍有不小差距，单纯的数字资源推广利用影响力和作用的显现度也都不够。为此，面向十二五，浙江省分中心积极谋划，创新思路，提出了组织文化共享工程“数字文化讲师团”的想法并于 2012 年开始实施。

“数字文化讲师团”的特色

数字文化讲师团是把原来分散的、各自为政开展的数字资源推广利用的培训，转变为自上而下有组织、有统一形象设计、有整体策划地开展，业内、业外有机结合的系统培训行动。这是浙江省文化共享工程建设的一件大事，标志着十二五期间浙江文化共享工程的建设重点从设施建设向理念传播、资源使用、作用发挥的转变。

（一）成员组成。“数字文化讲师团”的成员为来自全省支中心和基层服务点的业务骨干，大部分是 80 后。他们或有技术专长，或有演讲天赋，或擅长课件制作，均有原基层培训的基础。讲师团成员经过有针对性的集中培训，包括资源基础、信息素养、授课方法、演讲技巧等，再回到市、县、乡，面向系统内员工和基层群众宣讲公共数字文化的共建共享。

（二）培训课件。由省分中心牵头建立“数字文化讲师团”下基层课件库，并不断完善更新。在课件库群制作过程中，根据受众群体的特点，分设基层推广版、企业服务版、走进机关版等不同板块。讲师团成员下基层开展培训时，可结合当地实际，选取主题制作具体 PPT 课件，同时将其在数字文化推广过程中形成的优秀课件创意回馈省分中心，提供交流并丰富课件库群。

（三）激励机制。每位讲师团成员在完成本职工作的同时，都有下基层推广数字文化的任务。每年根据讲师团成员下基层讲课次数、覆盖人群范围以及基层培训的反馈情况，对每位讲师进行考评，对优秀者给予奖励。浙江省历来重视培训工作，省分中心每年组织 1—2 次全省培训，各市县也会结合实际开展相应培训，“数字文化讲师团”成立以来，培训的范围更广，力度更大，绍兴、海宁等地已连续为企业、学校送去全新的数字阅读理念。

“数字文化讲师团”的创新

“浙江数字文化下基层”的第一课，是在启动仪式的当天，由讲师团成员阮力主讲的，题目是“数字文化淘宝会”。阮力结合温岭实际，讲解如何有效利用数字文化资源服务当地社会经济文化发展，指导大溪镇基层群众从众多数字资源中去“淘宝”，找到自己喜爱的内容，受到了现场干部群众的热烈欢迎。浙江省“数字文化讲师团”，从一定意义上讲是全国文化共享工程领域的创新之举。这项工作，从基层来，到基层中去，在实施过程中没有借鉴，只有不断地探索和完善。

（一）讲课形式的探索。将文化共享工程内容，以海报形式表现，针对不同对象，如外来务工人员、未成年人，老年人等，设计不同的海报。讲师以海报为依托，用老百姓的话来讲述文化共享工程与他们的关系，讲授一两种资源的简单使用方法，关联出更多的资源，提升受众的关注点和对资源的兴趣，让大家听得进，用得了。

（二）培训组织的探索。数字文化讲师团，改变了先前零散培训的状况，使人力资源、数字资源得到有效整合。讲师团进行了统一的形象设计、包括讲师团旗帜、徽章、宣传品，授予证书，形成了内容统一、操作规范、师资优良、有一定声势的系统培训行动。

（三）团员培养的探索。在实践中关注讲师团成员的培养，建立讲师团下基层文化宣讲激励机制，同时注重对讲师团成员的培训。例如，讲师团成员每次讲课时间控制在40分钟之内，以演讲的方式进行，单这一点的培训就下了许多功夫。通过强化培训和课堂实践，团员们担当起浙江省数字文化传播大使的素质能力不断提升。

（四）关注外来务工群体。2012年，数字文化讲师团的服务重点是外来务工人员相对聚集的工业园区。省分中心协同省开发区协会前往嘉兴、余姚、绍兴等经济开发区开展调研，实地考察部分企业的公共电子阅览室，针对企业对电子阅览室认识不全面，建设率不高，员工对文化需求强烈，

渴望在工作之余能有知识提升的实际情况，制定讲师团的工作计划。

建立农村实用人才培训的长效机制

文化共享工程浙江分中心　沈丽丹

浙江省自实施文化共享工程以来，始终重视培训工作。根据文化部的要求，在文化共享工程国家中心的指导下，结合实际，认真部署，采取分级、分类的方式，在开展文化共享工程专兼职服务队伍培训的同时，积极开展农村实用人才的培训，取得了一定的成效。

分级分类培训，形成长效机制

以属地管理为原则，在全省建立分级培训体系，开展分类培训。省分中心每年固定开展对市、县级支中心专业技术和管理人员队伍的集中培训；市、县支中心加强对农村基层服务点的技术指导和人才培养，重点培养乡镇骨干型人员，对村基层服务人员进行辅导。根据浙江省农村配备大学生村官的优势，在村基层点，充分发挥大学生村官作用，从省市县到基层点形成人才培训的机制。如绍兴嵊州在开展培训时注重分级分类，先对20多个相关部门的分管领导和信息管理员进行文化共享工程业务培训，再对全市630个文化共享工程基础服务点管理员进行业务操作技能轮训，并编印《电脑硬件基础知识教材》，人手一份发给站点管理员。同时，整合人力资源，发挥大学生村官电脑操作维修优势，为各村管理员提供指导和帮助。在工作中，共享工程支中心积极与教育局、团市委等部门联合，开展青年志愿者结对帮扶活动，培训基层点志愿者管理员，扩大了共享工程的服务范围，壮大了服务人员队伍。

积极开拓思路，强化实用特色

浙江各地支中心在开展农村实用人才培训中，积极开拓思路，注重学

用结合，结合本地实际，开展实用特色培训。舟山市针对渔农民群众的需求特点，通过阅读渔农业各类实用技术的电子书籍和期刊，点播各类文化讲座视频，有计划地开展技能培训。杭州淳安县制定了《农村实用技术培训方案》，每月组织两次培训，内容以大棚蔬菜、养殖、种植、法规、新农村建设为主，重在提高农民素质、促进农民增收。2009年春耕期间，衢州市支中心将农业科技资料送到田间地头，在柯城区姜家山村，不到5分钟，农民群众就把文化共享工程赠送的200余册科技书籍及500余份资料一抢而空。舟山普陀区浦东社区组织3期果木栽培、车工和木工培训班，培训人数100多人，有96人取得了相关技能等级资格证书。宁波北仑小港街道在开展文化共享工程服务过程中，紧密配合当地服务“三农”的工作要求，举办了茭白、葡萄、瓜果类等农技培训，让农民群众学科学、学技术，提高市场经济竞争能力，推动了小港街道特色经济的发展。实践证明，通过文化共享工程的实用特色培训，有力地提高了农产品品牌效应，对农民增产增收给予了实际的帮助。

创新培训方法，搞活培训形式

一是将农村实用人才培训纳入公共文化人才培训体系。为构建全市公共文化人才体系，嘉兴市文化广电新闻出版局推出了“千人公益培训计划”，培训目标是以提高社会文化

衢州市支中心送农业科技资料到田头

从业员素质为基础，以提高各类人才学习能力、实践能力和创新能力为重点，系统地培训市、县、镇、村四级文化机构各门类文化干部职工及业余文艺骨干，构建覆盖全市的公共文化人才体系。培训项目包括文化活动策划、文化共享工程操作与管理、非物质文化遗产普查、音乐、舞蹈、戏曲、曲艺、美术、书法、摄影、图书管理、群文调研与论文写作十多个门类。“千人培训计划”，在农村以丰富农民文化生活、提高农民文明素质为目标，以培养农村文艺骨干、培育农民文艺团队为重点，为社会主义新农村文化建设培养生力军。

二是在基层点开展手把手指导、一对一定向培训服务。衢州市针对基层点和农村图书室的需求编制了《农村图书室管理员工作手册》，介绍了文化共享工程、服务方式以及各种数字资源的使用说明；在每个基层点安排人员开展上门指导服务。在嘉兴市，村民可以根据自己所需要的农技知识，去基层服务点请工作人员一对一指导，为了浏览文化共享工程网络内容，很多村民养成了每天到基层服务点转一转的习惯。

三是组织适宜农民接受的视频培训。文化共享工程视频资源量丰富，涵盖各方面的内容。各地利用视频资源开展文化辅导、实用技术培训，收效良好。嘉兴市根据每个乡镇、村不同的情况，不同季节适合种植的不同作物，挑选一些在该村经济中占主要地位的种植业或养殖业农技视频，提前预告并按时在共享工程基层服务点给村民们免费播放，各基层点每月定期播放视频不少于 10 部，丰富了村民种植养殖技术的知识。舟山定海区环南街道广场舞队，利用文艺类教学视频资源进行创作排练，在全省比赛中获奖。

四是联合培训，扩大实用人才培训范围。浙江文化共享工程与省委农村党员远程教育工程合作共建以来，共享工程基层服务点已遍及全省乡镇、行政村。共享工程各级分支中心、基层服务店积极主动对接组织部门，联合开展培训工作。温州瓯海区在全区 200 个行政村党员干部现代远程教育中心和文化共享工程基层点布点结束后，联合举办培训班，分 5 批次对行

政村基层点操作员进行了计算机基础知识、文化共享工程平台使用、各类数据库设置和查询、基层服务点设备使用和维护的培训。湖州党员干部现代远程教育和文化共享工程联合推出品牌活动——“远教红色影院建设工程”，每个月推出两部以上红色经典和爱国主义教育影片，播映之前，加播根据本地实际精选的农村实用技术和科普视频。

江东区文化共享工程宣传队

文化共享工程浙江宁波市江东区支中心　胡桂桂　徐瑜

江东区是宁波市三大中心区之一，共辖 7 个街道、61 个社区、人口 37 万。2005 年，江东区将文化信息资源共享工程建设纳入了全区信息化建设的总体规划，建立了文化共享工程区级支中心，至今服务人数已达到 180 万余人次。在文化共享工程江东区支中心，活跃着一支由共青团员组成的文化信息共享工程宣传服务队，其服务群众的人数已达 8 万余人次，受到了社会各界的广泛关注和好评，多家新闻媒体先后对其作过深度报道。

思路与做法

多年来，江东区支中心在文化共享工程服务中，始终坚持“以人为本”、“服务优先”、“共建共享”的理念。在开展基层文化服务中发现，由于这样或那样的原因，工程延伸服务的覆盖面会受到一些局限，为了克服服务辐射半径受限问题，支中心专门成立了共享工程服务宣传队。几年来，宣传队围绕中心工作，走机关、社区、校园、工地、军营、企业，让服务网络无法触及的基层群众普遍共享到了丰富的文化信息资源和文化共享工程的惠民服务。

——推动一卡通联网服务工作。“一卡通”网络服务，是实现区域文献资源共建共享根本性工作。2008 年起江东区推行了“一卡通”服务，宣传队把它作为开展服务工作的主阵地和重要平台，利用网站开辟了共享工程专栏，深入宣传“一卡通”服务；同时将相关信息刻录成光碟，带到各基层点播放，推动“一卡通”图书馆的联网。

——与基层点文化活动相结合。随着文化共享工作的拓展，服务方式呈现出多元化趋势。宣传队创新服务意识，利用共享工程电脑、投影仪等

设备，依托基层服务点，积极开展科普知识竞赛，法律和政策宣传，优秀影视节目播放等一系列文化活动，走进机关、社区、校园、工地、军营、企业，不断拓宽服务受众面，受到普遍欢迎。

——走近弱势群体的身边。宣传队从文化共享工程资源库下载优秀的文化信息资源，制作成宣传版面、幻灯片和电影，带着播放器和投影仪，到民工子弟学校放映，给学生发放文化共享工程的宣传资料及爱心宣传卡。在宣传过程中，开展“爱心传真情”活动，组织社区居民、企业慰问农民工子弟学校学生，联系市民与贫困学生结对帮扶。

江东区文化共享工程宣传队走进学校开展服务

——组织开展各类业务培训。宣传队依托区支中心的技术力量和软硬件设备，开展对基层服务点设备安装、维护操作人员技术培训工作。截至目前，培训基层业务、技术人员达 180 人次，加深了服务人员对文化共享工程资源分布、技术平台、服务方式的理解与掌握，增强了责任心与主动性，为实现辖区文化共享工程全覆盖奠定坚实的基础。

成效与评价

——实现了文化共享工程宣传最广化。为了让更多的群众了解文化共享工程的资源，江东区文化共享工程服务宣传队在社区、企业、军营、学校、

工地等开展了文化共享工程进基层点宣传活动 120 余场次。奥运、世博期间，服务宣传队进行了奥运知识学校行、奥运知识社区行、世博知识基层行等大型宣传活动；庆祝建党 90 周年，服务宣传队组织了党史教育宣传展览巡展。这些活动彰显了文化信息共享工程服务宣传队宣传、教育、信息传播功能的特色，成为基层群众了解文化共享工程及其服务的重要平台。

——实现了文化共享工程服务个性化。文化共享工程宣传队将常规服务难以触及到的弱势群体放在宣传服务的首位。针对老年人较多的辖区，宣传队专门从网络上下载戏曲、小品类节目定期上门播放，并为视力弱的老人准备了电子图书播放器，方便他们读书读报；针对未成年人较多的辖区，开展文化信息知识竞赛、情景剧表演等活动，并在“四点钟学校”设立了图书流动站，在农民工子弟学校，放映孩子们喜爱的电影，组织各类文化活动；宣传队将杂志、图书送进工地，丰富民工兄弟文化生活，并经常性地开展安全建设视频播映。

——实现了文化共享工程队伍最优化。支中心除建立服务宣传队外，在每个基层服务点都配有一个宣传员。各宣传员除了履行基层点的工作职责外，还要及时向区支中心汇报基层群众对于文化共享工程资源的需求，以便有针对性地提供服务。近年来，支中心不断采取措施壮大宣传员队伍，吸收社会文化志愿者加入到宣传服务中来，已吸收老年大学教师学员、高校学生、社区、企业、军营等社会各界的志愿力量，形成了固定工作人员与流动志愿者相结合的服务宣传队伍，有中、青、老不同年龄层次，为服务不同的群体提供了坚实的基础。

——实现了文化共享工程服务效益最大化。江东区文化信息工程服务卓有成效，服务人数达到 180 万人次，江东区文化信息共享工程宣传服务队也引起媒体的极大关注，《今日江东》以“传播文化：共建共享”为题；《宁波日报》以《文化共享工程惠及千家万户》为题分别对宣传队作了报道。省文化信息共享工程分中心在对江东区支中心考核中，给出了“江东区支中心服务能力很强，能提供较好的文化信息共享服务，推进工作有思

路，活动内容丰富，服务案例值得推广”的高度评价。

创新与亮点

——服务模式创新。文化共享工程宣传队的服务克服了信息服务静态、被动的不足，以灵活、动态的模式为市民提供上门服务。宣传队经常性地组织集知识性、趣味性为一体的各类活动，吸引居民和学生的参与，将文化资源内容巧妙地融进活动之中，使信息服务变得有声有色，更加符合不同群体的需求，增强了信息服务的针对性、互动性和参与性。

——服务群体创新。扩大服务领域，深入服务基层，是文化共享工程宣传队的工作重点，他们选择服务半径辐射难以达到的民工子弟学校、工地、企业、军营等，把文化共享工程服务节点有效地向下延伸、不断扩大服务的领域。他们先后在辖区内 4 个民工子弟学校和 6 个社区设立了定点服务，每季度上门宣传一次，并在网站上公布了文化信息共享工程宣传队的服务和联系方式。

——服务管理创新。文化信息资源共享工程是一项长久的民生工程，它需要有科学完善的管理机制来保证正常运作。江东区文化共享工程形成了以支中心为轴心，基层服务点为辅助的运作管理体系。对内定期开展业务学习培训，对外开展交流，拓展视野。通过文化信息共享工程宣传队将规范、要求传达给基层服务点，经常发现和推广好的经验和做法，不断加强和完善基层服务管理。

从农村到城市，不一样的一条路

文化共享工程福建分中心　黄瑾

这里是福建省武夷山星村村。每天，一位叫吴玉萍的女士都要走过一条普通的乡村小路，再到九曲溪划上一趟竹排，来到村里的信息站工作。

这个信息站，实际上是一个将村级的文化中心、信息站、科技服务中心整合起来三位一体的为农民服务的文化场所。

在这里，村民们可以看书、看电影、听戏曲，学电脑、上网，也可以通过信息站的LED显示屏了解村里的大小事，还可以通过电脑触摸屏了解村务公开以及外部的各种最新信息，甚至可以在自建的村级网站上发布经营、招商引资等商业信息，而这一切全都是免费。于是，无论是在农闲休息，还是在茶余饭后，这里成了星村村村民常来的地方。

吴玉萍是这个信息站的一名文化协管员。为了加强农村基层文化队伍的建设，2006年开始，福建省委、省政府在全省近1.5万个行政村设立了村级文化协管员。他们的主要职责是负责文化共享工程基层点的日常运营，组织开展文艺、体育、节庆民俗及电影放映等活动，配合当地政府和文化主管部门做好文化市场管理工作等。

福建省每年都要举办数期村级文化协管员培训班，主要课程有《农村文化市场监管》《农村文化信息资源共享工程》《农村文化活动的组织与开展》《农村非物质文化遗产保护》等。十一五期间，已对全省1.5万个村级文化协管员进行了普遍轮训。共享工程福建省分中心积极创新培训途径，将文化共享工程业务培训纳入村级文化协管员培训必修课，内容涉及文化共享工程概览，村级文化协管员如何利用文化共享工程开展文化活动等，大大提升了文化协管员的自身素质。

吴玉萍告诉笔者，作为一名村级文化信息管理员（文化协管员），首

武夷山农民朋友参加电脑培训

先，必须经过武夷山文体局统一培训，取得《全国计算机高新技术等级考试》中级证书。其次，必须确保信息站每天有八小时的开放时间，教村里的农民朋友们学会使用电脑，而信息管理员每教会一名农民使用电脑，就能得到政府30元的奖励。

在政府的支持下，吴玉萍积极地工作。很难想象在她的指导下，只有小学文化的村民吴碧珍，也学会了电脑，还经常在村信息站利用文化共享工程平台与远方的亲戚朋友免费视频通话。

那年3月，正是农忙季节，村民周水生却为稻田里发现泛滥的福寿螺正在吞噬秧苗而一筹莫展，他跑到信息站找到了吴玉萍。在了解情况后，吴玉萍通过文化共享工程的平台和资源，为周水生找到了有关“福寿螺防治”的技术知识，并打印出来让他带回去，周水生抱着试一试看的心理，照着资料上教的方法试着做，经过一段时间的处理以后，情况渐渐有了好转。

同年，星村村九曲精致茶厂承包合同到期，村长让吴玉萍把招标消息公布在星村村网站的“招商引资”栏目中，引来了各地众多的投标者。最

终太阳电缆有限公司以每年 81 万元的最高标价中标承包茶厂，这一结果比标的高出了 41 万元，村里通过这一方式得到了实实在在的实惠。

随着武夷山新农村信息化建设重点项目“数字武夷”平台的搭建，通过“数字武夷”中心接通政务网，接收了来自文化共享工程、国家图书馆的数字视频资源、16 万册电子图书、1 万册电子期刊 IP 访问权限，1000 个电子图书访问账户，成功地开创“中国农民网络图书馆”，通过统一的门户网站，为广大农民提供了更加贴身的文化服务。

为了使农村信息化建设有效推进，数字资源得到更充分的利用，星村村文化共享工程基层点目标培训一批农民学会上网。经过不懈的努力，越来越多星村村村民不但学会了网上查询资料，还学会了网上销售，效果很不错，比店面销售好得多，客源也来得更广。星村村的文化共享工程信息化建设模式，迅速地在武夷山地区遍地开花。

2009 年，为进一步推广“数字武夷”新农村信息化项目建设成果，培养和造就一批有文化、懂技术、会经营的新型农民，结合 2008 年农民电脑培训工作积累的经验，武夷山市启动了更大规模的“百村万民电脑培训”工程，全市 115 个行政村全部建立了信息站，安装了电脑，接入了宽带网络，以乡村集中培训、管理员个别指导等方式进行分期分批培训，两年时间培训了适龄农民两万余人，为农村信息化项目的应用和普及起到了积极的推动作用。村民们说起在家门口举办农民电脑培训活动，个个都表示欢迎和支持。

武夷山市农村信息化普及了，广大农民利用电脑和互联网来解决生产、生活方面问题，特别是进行再次创业的需求越来越迫切。2010 年，武夷山市文化共享工程启动了“百村千家开网店”创业培训项目。这个培训项目的目标是在武夷山市 115 个行政村完成 1000 户村民在互联网上开自家网店，指导村民通过互联网实现再次创业；同时，建立独立的面向互联网的农村农产品电子商务平台，促进武夷山市农产品的统一对外宣传和交易，从而促进农民发展生产、增加收入。

为了推动武夷山市农民创业培训项目的实施，满足学习需求，提高培训质量，共享工程福建省分中心采取“送教下乡”的方式，给各基层点增配电脑、多媒体设备、教材等，最大程度支持当地开展工作。

如今，在城里已司空见惯的信息化建设之路，已辐射到农村，并深深地影响和改变着他们的生活。“数字武夷”项目的建设，解决了城市资源导入农村，农村资源通过信息化建设这样的平台，寻找市场，变现农村的资源。从 2001 年开始到现在，投资了不到 1500 万，用最小的投入，却能实现最大的产出。1500 万是什么概念，半公里高速公路的建设都没有。而如今，1500 万元建设了山城文化共享农村信息化高速公路，一条致富之路。一个又一个 30 元，让一位又一位的农民学会了电脑，这是新世纪党和政府为农民朋友们打造的一项希望工程。

文化共享情满燕城

文化共享工程福建分中心　林颖彦

永安，别称燕城，福建省三明市西南山区的一个县级市。永安的经济发展水平在福建省县域经济排名中不在前列，文化设施建设水平与部分沿海城市相比也并不领先，然而，从2006年被列为福建省文化共享工程试点县到2009年举办的福建省文化共享工程建设工作会议，短短的三年时间里，永安市支中心就作为福建县级支中心建设的优秀代表，向来自全省各地的与会代表展示这项工作中取得的成绩，分享经验。那么，她是如何在这样短的时间内，取得如此有效的成果呢，这还要从2002年的那个夏天说起。

软硬件建设初具规模

2002年4月，全国文化信息资源共享工程在全国范围内正式启动实施。永安市图书馆馆长李维福第一次听说了“文化信息资源共享工程”这一名词，当他了解到该工程是文化部和财政部联合实施的一项利用现代信息技术，依托网络，以数字方式传播信息，使社会公众以前所未有的便利享用文化信息资源的工程时，便感觉到这肯定是件好事，于是向主管局领导汇报，并要求申报试点县。同时还利用上级拨下来的4万元经费，购买了6台电脑，建立了最初的电子阅览室。

2006年，永安市被列为福建省文化信息共享工程试点县。在永安市政府的大力支持下，永安市支中心按照“高起点谋划、高标准建设、高效益学用”的指导思想，规划了支中心的建设方案。新建成的永安市图书馆四楼，有一个面积500多平方米的电子阅览室，50台用户电脑，40兆的光纤专线，独立的官方网站，语音广播系统、视频系统、监控系统等设备

一应俱全。支中心依托市图书馆和部分乡镇，积极构建共享网络体系，在市政府先后投入300多万元后，陆续购置了服务器、存储器、交换机等计算机网络设备，建设了公共电子阅览室、多功能厅、报告厅等服务场所，又购入图书馆自动化管理系统、视频点播系统和电子图书25万册，电子期刊、报纸1万多种。同时，支中心建设了永安文史资料、地方戏及非物质文化遗产地方特色资源库，自建地方特色资源量达到2GB，数据总量达到2.7TB。

特色服务面向基层

“青少年网上家园”是永安市支中心专门针对少年儿童开展的一项服务，孩子们可以借助网络平台查阅学习资料，扩展兴趣爱好。尤其是到了寒暑假的时候，前来“网上冲浪”的孩子更是络绎不绝。为了引导孩子们健康上网，技术人员屏蔽了一些游戏网站以及不良网站，并且制定了一项规定：凡是来上网的学生必须要有家长的意向书，要家长签字后才能进入电子阅览室，同时实行限时上网，在学生上网达到一定时间后，电脑自动屏蔽，让学生下线休息，合理控制孩子们的上网时间。这样既丰富了孩子们的课余生活，又预防了他们因为长时间上网而带来的不良影响。

为了更好地服务于新农村建设，永安支中心的工作人员一次又一次深入农村调研，在具备条件的乡镇和行政村设立文化共享工程基层服务点，发挥共知、共建、共享的网络优势，以信息收集、信息储存、信息发布等形式，服务于农民家禽饲养、农产品种植、花卉栽培等广泛需求。在技术人员辅导下，村民们学会了通过文化共享工程平台查阅农业实用种养殖技术，也能从各大农网上查阅各种农产品的供求信息，甚至可以在村里自建的村级网站上发布经营、招商引资等商业信息，大家都亲切地称之为发家致富的好“帮手”。

除了查阅农业实用技术，丰富的文化大餐也深受村民们的喜爱。走进一处处“书屋”，就能看到人们三三两两坐在阅览桌前，专心地翻书品读，

书架上，政治、经济、农业等专业书籍琳琅满目、一应俱全。不知从什么时候开始，农家书屋、读书俱乐部成为了大伙农闲休息、茶余饭后最常光顾的地方。支中心的同志经常下乡指导各基层服务点开展文化服务活动，每个基层服务点也根据自身的服务对象需求，开办各种类型的讲座、举行电影放映，开展“三农”服务。龙岭基层服务点在中秋节举办社区视频茶话会，组织空巢老人与外地务工子女视频对话，礤溪村基层服务利用共享工程资源，组织留守儿童到电子阅览室上网学习，针对留守老人开展山歌比赛活动，丰富活跃老年人的文化生活。

克服困难勤练内功

永安市支中心工作的开展并非一帆风顺。从 2006 年被定为试点县以后，也遇到了资金不足、技术人员紧缺的问题。在馆长李维福的带领下，支中心工作人员一面积极地争取政府的支持，一面在经费不足的情况下，在新馆中腾出两个小房间，给福建恩特永安分公司作办公场所，请他们进行日常网络维护，解决文化共享工程网络维护的难题，成功地保障了网络设备的正常运行。

借助外力暂时解决了支中心运行保障经费和技术力量不足的问题，但是支中心自身技术力量没有提高，这项长期的文化惠民工程建设就很难得到持续发展。于是，李维福馆长一方面带头学习数字信息技术专业知识，同时加强了对支中心技术骨干人员的培养。从 2006 年至今，永安市支中心多次派出技术人员到省分中心参加培训，收看国家中心每个月组织的远程讲座，还相继开展了农村文化协管员网络技术培训，提高整体队伍的业务水平，提高服务质量。 如今，在永安市委、市政府高度重视下，永安市文化共享工程建设取得了长足发展。支中心同志们力求以文化共享工程为载体，以电子阅览室为阵地，充分利用文化资源在春节、国庆、服务宣传周、读书日及重要纪念日活动中，举办优秀电影周播放、各种文化讲座，免费为市民们提供文化信息服务，并组织青少年特别是留守儿童到电子阅

永安市支中心组织开展的文化协管员网络技术培训班

览室上网，为他们的学习提供信息服务，积极吸引群众参与到各项文化活动中来。2010 年，中心公共电子阅览室被三明市精神文明建设指导委员会办公室授予“三明市地区‘绿色网吧’建设示范点”称号。正是大家的共同努力，自上而下形成合力，使得文化共享工程这一事业得到蓬勃发展。

我们有理由相信，高速公路在改变中国的同时，也改变着这座小城，我们更有理由相信，文化共享的信息高速公路在改变一代人的同时，也在悄然地改变着另一代人。

威海市公共电子阅览室建设

文化共享工程山东威海市支中心　苗永威

2010年9月，文化部、财政部在北京、山东等9省（市）启动“公共电子阅览室计划”试点工作。威海市于2011年全面推开公共电子阅览室建设，各级政府把公共电子建设计划列为“文化惠民工程实事之一”，通过深入调研，形成了思路清晰的建设发展方针，即坚持以政府为主导，坚持用先进文化占领网络文化阵地，坚持公益性原则，坚持共建共享，坚持建设与管理并重，以保障人民群众基本文化权益为目标，以基层、社区基本群众为服务对象，以促进群众参与公共文化活动、共享文化发展成果为主要内容。在实施公共电子阅览室建设计划中，威海市创新工作思路，多种措施并举，形成了覆盖全区的公共电子阅览室服务网络，公共文化服务的乐民、育民、富民效益不断彰显，为推动当地的经济社会发展，发挥了文化的特殊功能。威海市公共电子阅览室建设主要经验如下。

多元化组织形式

威海市在公共电子阅览室建设工作中确立了以各级政府为主导，发动学校、社区、企业等各界参与，形成协调合作、共建共享、互惠互利的多元化组织形式，实现齐抓共管的发展思路。特别是企业公共电子阅览室建设，以企业为主体，文化部门定规范，各级财政奖补跟进，服务外来务工人员、兼顾周边群众，形成了特色和亮点。威海企业公共电子阅览室建设，坚持因地制宜、分类指导，根据不同企业的特点、经济条件、工作性质，逐步形成了三种模式：

一是，基本功能型公共电子阅览室。海马集团是一外贸企业，职工人数多，外地人口多。集团一次性投入60台电脑，解决职工上网培训问

题。阅览室每天开放时间按三班倒安排，每班业余时间两小时，节假日开放 12 小时。荣成恒茂集团 90% 为外来务工女职工，针对女性心理特点，电子阅览室所有电脑都配有摄像头，职工可以通过视频聊天，及时了解家中孩子情况，进而安心工作。该集团连续工作三年以上固定职工比例高达 80%，是同类企业中的佼佼者。

二是，综合应用型公共电子阅览室。威高集团是威海大型上市公司，配有 120 台电脑的公共电子阅览室，主要服务本集团职工，其特色是通过公共电子阅览室开展丰富多彩的活动。在公共电子阅览室功能拓展方面，通过整合、优化项目，为职工提供读书阅览、团体活动、教育培训、科普、普法、健身、娱乐等各类文化服务，并以企业职工为参与主体，开展各类形式新颖、内容丰富、各具特色的文化活动，做到月月有主题、周周有活动。

三是，辐射带动型公共电子阅览室。威海寻山水产集团与青鱼滩村社区服务中心共建了公共电子阅览室。因周边村子多，居民密集，公共文化设施不足，企业在满足自己职工文化需求的同时，在工作日将电子阅览室免费向周边村民开放，解决他们获取文化信息资源、农业科技资源的需求。村民通过免费学习农作物种植、病虫害防治，特种动物养殖等知识，解决了不少生产生活中问题，为农民增产增收提供了智力支持，也带动了企业周边村落的经济发展。

威海恒茂集团的公共电子阅览室

规范化管理机制

为确保公共电子阅览室规范有序运行，威海市从制度、技术、资源、培训多个层面对公共电子阅览室加强管理。威海各级公共电

子阅览室的开放，均需按照市文化广电新闻出版局《威海市图书馆集群网络服务体系服务规范》要求，统一管理、统一标识、统一技术支持，各种管理制度上墙，做好上网记录。每天开放时间不少于6个小时，节假日不少于10个小时。各基层站点还根据实际情况，配套制定了一系列管理规定，包括《信息网络用户须知》《信息网络管理员职责》《读者阅览须知》《演播室管理规则》等。社区居民进入公共电子阅览室，要实名办理《电子阅览室开放出入证》。对未成年人的上网管理，要求首次上机需由监护人陪同并签署《未成年人公共电子阅览室上网家长知情同意书》

各公共电子阅览室统一配备信息浏览监控软件和防病毒软件，确保资源内容传输与服务安全。特别是针对学校电子阅览室安全性要求高的特点，严格按照公安部、文化部要求，安装设置和随时更新技术防范设备和技术手段，安装绿色网吧系统，对黄色、反动、不健康网站进行屏蔽。为提高公共电子阅览室整体服务水平和系统保障能力，威海各公共阅览室终端统一使用山东省公共电子阅览室服务界面，投放的数字文化资源由国家中心传输提供或由省分中心和威海市支中心统一整合传输提供。

威海市支中心不定期地对各类电子阅览室管理人员进行专业培训，提高其业务素质，从根本上保障公共电子阅览室的规范化运行。同时，联合公安局、消防大队等，定期举办文化共享工程基层点和公共电子阅览室的安全管理、消防知识培训班。

公益化共建模式

威海市在文化共享工程和公共电子阅览室建设过程中，走出了政府投入为主、社会资金补充为辅的筹资新路，实现多渠道、公益化的投资和共建，破解了影响事业快速发展的资金难题。

荣成市由市级财政安排解决文化共享工程配套资金，各支中心乡镇、村级基层服务点运行经费纳入市级财政预算，目前已累计投资3000多万元。同时，挖掘潜力，积极引导社会公益资金参与共享工程建设。斥山街

道盛家村的美籍华人盛元海心系桑梓，相继资助50余万美元，修建了盛家戏楼、文体广场、老年文化活动中心、盛家村史纪念馆、文化共享工程基层点等多项公益文化设施；城西街道河西王家村支部书记徐元财自费200多万元，兴建了集戏楼、培训室、图书室、公共电子阅览室多功能于一体的“村级文化大院”；盛泉集团投资1100多万元，建成“文体活动中心”，每周利用共享工程资源放映电影，“到盛泉看红色电影”已经成为当地的一道文化风景线；恒茂集团投资800多万元，建成了拥有70多台微机、8000多册图书的文体活动中心（含公共电子阅览室），辐射带动周边村民开展健康向上的文体活动。截至目前，荣成市已建成800平方米以上企业文化共享工程示范站点50余处，不少建有公共电子阅览室的企业还自行承担运行经费，配有专人进行管理。

威海市环翠区采取学校与社区共建方式建设公共电子阅览室。双方各自发挥优势，由学校提供电子阅览室，街道办事处提供日常维护费用，公共电子阅览室周一至周五面向在校学生开放；节假日、寒暑假面向社区学生、家长、群众开放，加强家校互动，盘活公共电子阅览室的利用。同时组织具有各种特长的社区义工，以农民工子女为重点对象，利用公共电子阅览室进行课外拓展学习。该举措实施后，受到广泛欢迎和好评。

文化共享惠泽三湘

文化共享工程湖南分中心

2011 年 6 月至 10 月底，全国文化信息资源共享工程湖南省分中心联合全省地市、县支中心和乡镇、村基层服务点面向“三农”，开展了“文化共享、惠泽三湘”主题服务宣传活动。活动得到各地的积极响应，截至 10 月底，益阳、湘潭、怀化、澧县、攸县、辰溪、桂阳等市县支中心充分利用湖南特有的红色革命资源，因地制宜举办了 2000 多场内容丰富、形式多样、群众喜闻乐见活动，服务全省乡镇农村基层群众达 74 余万人次，活动取得圆满成功。

活动内容丰富，精彩纷呈

6 月，在省分中心举行的“庆祝中国共产党建党 90 周年”歌咏、诗歌朗诵比赛活动，以及与湖南省未成年劳动教养人员管理所共同举办的“庆建党、诵经典”主题文学作品朗诵会，为此次服务宣传活动拉开了序幕。紧接着全省各地积极行动起来，掀起了活动的高潮。各图书馆阅览室、社区文化中心、工地、企业、村委会办公室都成为了活动基地，以红歌会、科技讲座、红色电影展播、红色文化资源展览等形式让“文化共享，惠泽三湘”的活动

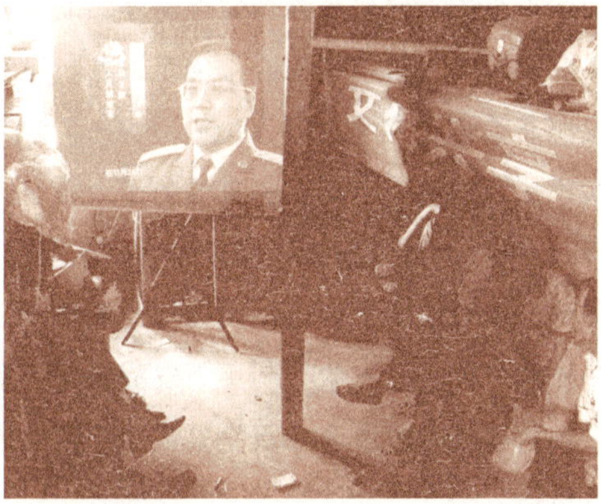

湖南省面向三农开展文化共享工程“文化共享惠泽三湘”主题服务宣传活动

化作缕缕春风，吹进基层群众的心中。

红色革命影片播放活动深受老年人和少年儿童的喜爱。长沙市、浏阳市支中心，资兴县、绥宁县、桃江县、通道县、城步县支中心等支中心和基层服务点在国家管理中心和省分中心下发的红色革命影片资源中，选取具有爱国主义、红色革命、伟人事迹等革命题材的影片，通过在电子（多媒体）阅览室集中播放，到文化广场上播放等形式开展服务活动，引导基层群众重温我党奋斗历程，激发广大民众爱国主义热情。

红色戏剧文艺展演、红色歌曲汇演是参与人数最多的活动形式。各支中心、基层服务点围绕建党 90 周年、辛亥革命 100 周年主题，走进社区、乡村、文化广场，开展红色戏剧文艺展演和红色歌曲汇演活动。省中心“月是故乡明”农民工歌咏比赛、津市、辰溪县、芷江县、临澧县、澧县等支中心举行的庆祝建党 90 周年的红歌会活动，都选取贴近群众生活实际，喜闻乐见的主题，用歌声与笑声歌颂党的光辉历程和伟大成就，表达人民群众对祖国的热爱，对党的拥护和爱戴之情。

作为农业大省，农村科技系列专题讲座最受农民兄弟欢迎。各支中心、基层服务点通过举办各种科普教育、农科信息服务、农科技术演示、实用技术讲座等农村科技系列专题讲座活动，满足农民群众对科学生产，科技兴农的需求。益阳市中心不但走进乡村送知识，还冒着酷暑来到工棚，为农民兄弟送“文化大餐”，该中心的“文化共享小汽车”开进了益阳市华凯机械有限责任公司，为进城务工人员送去农业机械化讲座；沅江市中心走进乡村，为百余名村民播放了《柑橘炭疽病的辨别与防治》等科普短片，邀请当地农技专家为村民现场排忧解难，并为村民送去农业科技书籍及相关资料；桂阳县支中心利用下发的文化共享工程资源光盘，为农民兄弟举办农村科技专题讲座；石门县支中心走上街头为农民工送去书刊和致富信息资料。

各支中心还积极想办法，丰富活动形式，深化活动内容。省中心举办的“第二届文化共享杯——湖南省文化共享知识与技能竞赛”面向基层培

训共享工程基层技术人才；永州市冷水滩区支中心以参观形式组织活动，来到中共一大代表，中国共产党重要创始人和早期领导人之一的李达纪念馆参观学习；株洲市攸县支中心通过与县税务局、县交通运输局等部门合作，举办了“学党史、知党情、感党恩、跟党走”党史知识抢答赛等活动；双峰县为庆祝建县60周年，对外开放双峰县革命老区陈列室的启动仪式在蔡畅图书馆举行；安化县、衡阳县、衡东县支中心举办了庆祝建党90周年红色书画摄影展；绥宁县、城步县开展了“红色经典”图书展读月活动；炎陵县支中心将“惠泽三湘”的活动触角延伸到军营，将几百册“红色”新书上送到炎陵县武警中队。此次活动开展期间正值暑假，关注少儿成为活动亮点之一，各分支中心利用电子阅览室等场地，对少儿进行革命传统、家庭亲情等方面的教育，株洲市支中心为进城务工农民子女举办暑期公益少儿计算机知识培训班；益阳市支中心邀请留守儿童来到电子阅览室，为他们准备了亲情聊天室。

活动效果良好反响热烈

文化共享工程湖南分中心面向“三农”组织开展的“文化共享、惠泽三湘”主题服务宣传活动，通过各市、县支中心和乡镇、村基层服务点的积极行动，取得了良好的社会效益。活动得到了社会各界人士的广泛关注与参与，得到了广大市民普遍好评和新闻媒体的广泛关注，扩大了文化共享工程的社会影响力。其中，益阳市支中心表现突出，该中心共举办十六项主题活动，参与面广，受到当地群众一致好评。

益阳市沧水铺镇黄藤岭的村支书说：“共享工程农村实用新技术，看得懂，用得上，形象直观，学技术就像看电视一样方便。这些技术确实让农民很快得到了实惠。”沅江市义和街的陈老爹看完红色电影后，连连询问：“什么时候再放，我还要来看。”一位孩子通过网络视频看到了妈妈，禁不住地哭了，虽然平时也与妈妈通电话，但是自从妈妈春节到广州打工后，面对面地相见还是第一次，妈妈的微笑让他更加珍惜生活，更加努力地学

习。

此外，各级中心高度重视，精心组织此次活动，力求活动的实效性。省中心下发了专项通知，并对“文化共享，惠泽三湘”活动进行了全面部署，各市、县支中心及时转发了省中心通知，并成立了相应的工作小组。活动以省中心为龙头，以市、县支中心为骨干，以基层服务为主体，在近半年的时间内，开展了各类传活动、科普活动、信息素养援助活动、知识技能竞赛活动，在弘扬爱国主义精神，宣传和展示优秀湖湘文化，提高农民群众的文化素质和科技致富本领，丰富基层文化生活方面发挥了积极作用。

为益阳文化共享工程增光添彩

文化共享工程湖南益阳市支中心　罗赛峰

我叫罗赛峰，在益阳市图书馆从事学会辅导部工作，兼任文化共享工程益阳支中心服务宣传活动。近年来，为推进先进文化，倡导益阳和谐文化共享，我积极创新工作思路，充分利用学会辅导部的人脉资源，开展文化共享工程服务推广工作，组织策划了形式多样的服务宣传活动 40 余次，在省馆《图情工作》、共享工程工作网、省公共图书馆通讯、益阳市文化网、益阳市政府网、益阳日报发表稿件 70 余篇。为组织策划好益阳文化共享工程服务宣传活动，我在开展工作中抓住三项要件：一是每项活动都要制订周密的活动方案供领导参考，争取领导的重视，并把该项工作放在支中心的重头；二是争取各部门支持，群策群力，分工明确，合作到位，扎扎实实地落实每项工作；三是在单位经费紧、人员少的情况下，创新思维、克服困难，大胆尝试，突破传统服务模式。几年来，支中心组织的共享工程服务宣传活动，内容丰富、形式多样，受众面广，助力支中心的整体服务工作，把丰富的数字文化资源，传播到农村、社区、学校、建筑工地、企业、机关等，不断满足公众的“求知识、求富裕、求健康、求快乐”的需求，赢得了广大群众的欢迎和好评。

关爱弱势群体，注重对特殊群体服务

作为一名女性，一位母亲，同时也作为父母的女儿，我深知爱能感动社会，爱能让弱势群体增强生活的热情与自信心。为了关爱弱势群体的生活与学习，我和同事们多次走进敬老院与老人们交流，把贴心的话、优质的精神食粮送给他们，为他们播放地方花鼓戏、开展健康讲座，给孤独寂寞的老人们带去了欢笑和快乐；还为学校的留守儿童，市特殊学校的残疾

艰难遮不住孩子渴求知识的眼睛

儿童，孤儿院的孩子们送书送——温暖，为他们播放丰富多彩的动画片和爱国主义宣传片，让这些孩子们感受到社会的温暖，生长出爱的情怀，阳光健康的成长。

走进学校，组织发动学生参与共享工程

2010年5月—11月，我不辞辛苦20多次走进十余所中、小学校，组织发动我市少年参加“全国文化信息共享工程少年网页培训和设计竞赛活动”。通过全面发动，有8000多名学生参加了这项既宣传文化共享工程，又有利于少年儿童身心健康的现代、益智活动。经过层层筛选，有20名学生被选拔参加市共享工程支中心的培训，并选拔出6幅作品参加全省比赛，其中，获二等奖1人、三等奖1人、优秀奖4人。特别是益师附小的彭紫荆同学获得了全国二等奖。2011年4月，又组织发动了全市各区（县）

市中、小学校近万名学生参加以“庆祝建党90周年”为主题的全国文化信息资源共享工程“阳光少年热爱党”“电脑小报设计比赛”，我市选送的小学组17幅、初中组9幅优秀作品参加全国评奖，其中，中学组一等奖1名，三等奖1名；小学生一等奖1名，二等奖1名，三等奖1名，优秀奖1名，本次活动我市获得的奖项在全省是最多的，也是全国获奖最多的。这些活动的开展，吸引了更多地少年儿童走近共享工程，走进知识的海洋去求知求乐，也充分发挥了图书馆第二课堂的重要作用。

面向社会，精心策划服务宣传活动

2011年6月—10月，省中心在全省组织开展了“文化共享、惠泽三湘”活动。5个月来，益阳市支中心和6个县支中心响应开展“三农”服务宣传活动60余场，参加人次近万，其中，益阳市支中心组织活动20余场，服务人次近5000余人。在本次活动中，我们广泛进行社会调查，深入了解群众真实的文化需求，精心策划组织好每次活动，做到周周有活动、月月有特色。我们的“文化共享幸福小车”载着共享工程的设施设备奔驰在社区、乡镇、建筑工地、企业等地方，“文化共享、惠泽三湘”活动，成为了益阳市提高广大市民科学文化素养和各种技能的亮丽风景线，深受广大市民和外来务工人员的喜爱。

处处留心，积极推广文化资源共享

“共享工程”是利用现代信息技术设备对文化信息资源进行数字文化加工的整合，通过网络这个平台最大限度地为社会服务。为了宣传文化共享，广泛传播数字文化资源，让广大市民和学生走进图书馆，走进公共电子阅览室，我主动与市教育局信息部、市电信网络公司等单位联系，把益阳市图书馆、文化共享工程的网站与他们友情链接，并且做到“送文化”送其所需，“种文化”种其所爱，真正把“共享工程”惠及到社会各个领域、各个层面，成为名副其实促进我市文化大繁荣的排头兵、先锋队。

回顾这些年来我所做的工作，虽然忙碌辛苦，但却感到充实快乐而有意义。因为这不仅是为文化事业尽我的微薄之力，也是对社会的责任和感恩。我乐意继续在平凡的岗位上扎实工作，为益阳基层文化共享工程增光添彩。

郴州电脑小报设计竞赛屡获佳绩

文化共享工程湖南郴州市支中心　李星　吴同兵

2010 年、2011 年，在全国文化信息资源共享工程组织的全国中小学生电脑小报设计竞赛活动中，湖南省分中心两次精心组织万余名青少年参与，连续两年获奖作品总数名列全国第一，两次荣获优秀组织奖。其中，郴州市支中心在组织开展本地区中小学生电脑小报设计竞赛活动中屡获佳绩，特别是 2011 年“像雷锋那样……”电脑小报设计竞赛，获得 5 个全国级奖项。郴州市支中心的主要经验与做法如下。

精心策划，营造氛围

今年 3 月，郴州支中心接到开展“像雷锋那样……”电脑小报设计竞赛活动通知后，中心领导班子非常重视，专门召集相关人员认真研究部署此项工作，制定了《文化共享工程郴州市支中心“像雷锋那样……”电脑小报设计比赛活动方案》和活动通知，下发到各县（市、区）支中心，并建立了专门的 QQ 群，通过电话、QQ 群等方式督促各基层中心落实方案。各单位通过积极走访学校、教育机构宣传动员参与竞赛，并通过播放光盘、图书馆网站、电子阅览室、QQ 群、宣传海报等载体发布竞赛活动消息，经过近一个月的强化宣传动员，在全市营造了良好的活动氛围。

协调合作，共建共赢

中小学生是国家和民族的未来，服务于未成年人的思想道德建设是文化共享工程的重要任务。郴州市支中心多年来始终注重与学校、共青团、妇联、志愿者协会等保持良好的交流合作，共同加强中小学生的思想道德培育工作。支中心工作人员经常深入学校、班级播放爱国主义教育影片；

节假日、暑期在电子阅览室、多功能报告厅为青少年读者播放德育教育数字资源等。

这次开展“像雷锋那样……”电脑小报设计比赛活动，郴州市支中心充分利用与各个学校多年建立的友好平台，深入开展宣传推广，技能培训，得到了教育部门、学校、读者的大力支持与配合。福城志愿者协会与支中心共同举办的学雷锋、城区学生为山区贫困学生捐书、音像光碟活动，更是延伸了本次电脑小报设计比赛活动的现实意义。通过联手开展电脑小报设计比赛活动，为加强未成年人的思想道德建设支中心与中小学的合作更加紧密。

重视技能，强化培训

在组织电脑小报设计比赛中，支中心认真总结去年组织参赛的经验，更加重视对青少年设计技能方面的培养。竞赛活动通知发布后，支中心在

《像雷锋那样》电脑小报作品 杨子轩（小学组一等奖）

公共电子阅览室组织了小读者电脑小报设计培训班，重点培训中小学生如何利用电子阅览室查找雷锋事迹、照片相关资料；组织专人走访各个学校，结合电脑学习课程的安排，组织学生开展 WORD、PHOTOSHOP 电脑应用技术等培训。在郴州市三完小，工作人员在学校多媒体电脑室为电脑兴趣小组的学生播放了《学雷锋讲座》《电脑小报制作大全》视频光盘；资兴市支中心、桂阳县支中心等都在电子阅览室组织小读者举办了电脑小报设计培训班。全郴州市共计 60 余所中小学校开展了专门的电脑小报设计和共享工程网络检索培训，受训中小学生达 1300 多名。

通过培训，大大地提高了中小学生的电脑设计能力和学习兴趣，为制作出优秀的电脑小报作品打下了良好的基础。这些活动也进一步提高了少年儿童利用文化共享工程资源的能力。同学们无不感叹，原来共享工程网络是一个巨大的知识宝库，只要掌握好方法，就能随心所欲地检索到自己需要的素材。

创新机制成效显著

郴州市电脑小报设计竞赛在加大宣传、强化培训的同时，还建立奖励机制，鼓励青少年学生踊跃参与。支中心在全市范围内举办了选拔赛，设立小学组、中学组、团体奖等多个奖项。对获奖学生给予精神和物质方面的奖励，对获奖作品的指导老师也授予荣誉证书。全市共有 700 多学生参与选拔赛，征集电脑小报作品 180 余幅，获市级奖励作品 30 幅。经过专家综合考评，从市级获奖作品中精选出 12 幅作品送国家管理中心参赛。郴州市三完小杨子轩创作的《雷锋伴我成长》获全国小学组一等奖；安仁排山小学李继炼创作的《学雷锋树新风》获全国小学组三等奖；郴州市三完小熊丰、汝城六中方奕轩、嘉禾五中义明分别获全国小、中学组优秀奖。

本次“像雷锋那样……”电脑小报设计竞赛活动，抒发了中小学生对新时代雷锋精神的解读、争做新时代雷锋的真挚情感，同时展现了当代少年儿童在文字、审美、独创、新技术应用等方面的综合素养。通过参加活

动，使同学们对雷锋的生平事迹了有一个全面的了解，对学习雷锋，争做好人好事有了更加深刻的认识，也使共享工程数字文化资源得到了有效的利用和推广。正如全国小学组一等奖获得者杨子轩小朋友说的：通过参加这次活动，让我更加喜爱信息技术课，更加爱上文化共享工程这个巨大的知识宝库，更加喜欢用这个新形式召唤大家以实际行动向雷锋学习。

“月是故乡明”农民工歌咏活动组织纪实

文化共享工程湖南分中心　王茜

2011 年中秋节前夕，举国上下都沉浸在欢度即将来临的传统佳节气氛之中，此时，文化共享工程湖南省分中心的办公室内正在进行着一场热烈而紧张的讨论。按照国家中心的统一部署，文化共享工程湖南省分中心在中秋节为农民工兄弟精心准备了一份文化佳肴，举办“月是故乡明”歌咏比赛活动，共度团圆佳节。

策划方案送到国家中心后很快得到了认可，在接下来的半个月时间内，必须实现从纸上到现场的转变，而承担这个活动的是刚组建起的一支年轻的团队。时间紧，任务急，队伍新，一切都是白手起家，一切都是从头开始，每位工作人员深知，农民工群体作为文化共享工程基层服务的重点对象，尊重和有效地保障他们的文化权益，是一项关乎国家长治久安、持续发展的战略举措，对提高国民素质、推动现代化城乡发展和全面建设小康社会\构建和谐社会，具有重要意义。困难是通向活动成功举办的一只拦路虎，这个年轻的团队拿出了初生牛犊不怕虎的“牛劲”。

9 月 1 日，长沙的天气依然闷热。在湖南省级分中心一间不足 15 平方米的办公室里，电话铃声此起彼伏，接待的客人来了一批又一批，忙碌的热情伴随着三十多度高温，就连空调吹出的凉风也无法冷却。这一天，原本是王国佼这位准妈妈做产检的日子，但她悄悄地把预约单放进包里来到办公室。“队长”蔡璐一声令下，7 个组员全部取消休假，投入到“月是故乡明”活动紧张筹备工作之中。

短短的半个月，到哪里找场地？到哪里组织人员？舞台音响、灯光设

备从哪里来又怎样运到现场并安装？怎样设计比赛环节才能吸引观众？一切的一切，对这支毫无组织大型户外活动经验可言的团队来说，是考验，更是挑战。此时，长沙市所有社区都在搞创建全国文明城市工作，几乎所有建筑工地都在日夜赶工期。一个又一个联系单位的名称被写在纸上，一次又一次被遗憾地划掉。

9月8日，离活动举办时间只有**4**天了。这天上午，蔡主任接到一个电话后，眉头紧锁，最后一个联系好的大型建筑企业，因为总公司要来检查工作而临时改变行程。一下子失去了合作单位与场地，也就意味着所有工作要从头开始。天气依然闷热,从办公室空调里吹出来的风却有些凉意。

老胡在省分中心属“元老”级人物，有着二十多年基层读者辅导工作经验，也是2004年湖南省级分中心建设之初的“功臣”之一．部门的困难他看在眼里急在心里，他走进办公室，来到年轻而又性急的蔡主任面前说：“你们这群年轻人啦，搞文化共享工程的活动眼光要放宽点，别只在城里的单位想办法动脑筋，去长沙县经济条件好的村办企业联系联系，他们肯定欢迎这样的文化活动！”一句话点播得大家工作思路豁然开朗，沉闷的工作气氛立即活跃了起来。

长沙县的黄龙新村，2005年省级分中心刚刚在此建立了基层点。该村是全国先进基层党组织、全国文明村、全国精神文明建设先进村、湖南省新农村建设示范村等，一直十分重视精神文明建设，利用文化共享工程的平台为村民提供丰富多彩的文化生活，在村民文化建设方面有着丰富的经验。这天上午，蔡主任亲自跑到黄龙新村联系开展“月是故乡明”农民工歌咏比赛事宜。听说省中心要到村里开展文化活动，身为全国人大代表的老支书十分欢迎。他认真地听过蔡主任介绍这次活动的意义及具体方案后，高兴地说：“这是件好事情！”老支书立刻叫来村委会负责宣传工作的小杨，把这项活动认真地布置了下去。

蔡主任回到办公室，带来了一个振奋军心的消息：我们有场地了，有两百多名观众了！9月12日，最后一次工作会议，大家再次确认每一个

细节。会议结束时已是晚上六点了。沙哑的声音，疲惫的神情，让主持会议的李书记情不自禁地说："这么短的时间，搞一场两百多名观众参加的活动不容易，你们辛苦了。"

9月14日一大早，湖南省文化共享工程办公室就出现了7个忙碌的身影。在晚上活动开始之前，这7个人靠着一辆面包车，把十大箱奖品、两台点唱机、两台摄像机、投影仪等活动用品一一运到现场并安装调试到位。7个人中，有一位明年就要退休的老同志，搬东西、摆奖品、调试音响设备、活动照相，台上台下地跑，没听他说过一个累字；七个人中，有一位刚新婚不久的小伙子，宴请完亲朋好友后，第二天就投入到了工作中，他一米八五的个头，为了安装背景喷绘，固定喷绘顶部的钉子，爬上了5米高用木头临时搭的架子上；七个人中，还有一位挺着大肚子的准妈妈，筹备活动期间，几次推迟产检，活动现场，她还是脚步如飞，接待媒体记者，向记者们介绍活动情况，安排观众接受采访。

晚上七点整，由文化共享工程湖南分中心举办的"月是故乡明"农民工歌咏比赛活动正式拉开帷幕。台上参赛选手歌声响亮，台下观众掌声热烈，笑声一片。农民兄弟踊跃登台，放声高歌，展现出当代农民健康向上的良好精神风貌。43岁的王军一曲《儿行千里母担忧》，唱出了农民工的思乡之情，感动了在场所有的人。文化共享工程湖南省分中心向黄龙新村赠送了资源礼包，让农民享受到优秀文化资源带来的快乐。比赛历时1个多小时，最终决出一等奖一名，二等奖两名，三等奖三名，上台参赛的队员都得到了鼓励，专业评委们进行了热情洋溢的点评。

舞台背景喷绘上"文化共享工程"标志鲜艳夺目，文化共享之花在民工兄弟们的心中盛开，面对两百多名观众，两百多双洋溢着幸福的眼神，作为从事文化共享工程的人，我振奋，我自豪，在民工兄弟的笑脸里，我看见了蔡主任为细化活动方案挑灯夜战，看见了周浪为安排场地日夜奔忙，我还看见了在我们心中分量最重的四个字是：人民群众。在这每逢佳节倍思亲的日子里，为农民工兄弟对文化生活的渴望与诉求做些什么，在我们

每个人的心里都是那么珍贵。

湖南分中心工作人员正在为黄龙新村中秋活动做准备

文化共享惠及百里瑶乡

文化共享工程广东乳源市支中心

必背镇位于广东省乳源瑶族自治县的西北部，总面积164平方公里，辖七个村委会和一个居委会，总人口7314人，其中瑶族5914人，是世界“过山瑶”的聚居地之一，也是粤北欠发达山区之一，主要经济收入以林业、种养业和劳务收入为主，农村人均年纯收入3012元。

2007年1月，中共中央政治局常委李长春冒着严寒深入瑶乡必背镇视察农村基层文化工作，指示要加快欠发达地区全国文化信息资源共享工程建设。在中央领导同志的亲切关怀下，在国家文化部和广东省的高度重视下，乳源县先后被列为全国、全省文化共享工程建设试点县，建成并开通了县、镇、村三级文化共享工程服务网络，覆盖率达100%。必背镇的1个镇文化站、7个行政村、1个社区居委会、1个村农民企业协会共10个基层服务点同时建成开通。文化共享工程建成后，必背镇充分利用共享工程信息资源量大、服务方式便捷、群众受惠面广等优势，大力开展形式多样、内容丰富的文化惠民活动，在丰富广大群众的精神文化生活、提高农民群众的科技素养、提升农村的文明程度、宣传推介必背文化旅游等方面发挥了积极的作用，使文化共享工程真正成为惠及瑶乡百姓的“民心工程”、“惠民工程”。

开展“文化入村”活动，促进乡风文明

文化信息资源共享工程为新时期开展乡村文明创建工作提供了便捷条件。必背镇充分利用这一平台，积极开展送电影、送戏、送书、送科技等送文化下乡活动，制定了“文化惠民，和谐瑶乡”活动方案，利用文化共享工程设备，实施“一二三四”工程，即每周在镇机关放一场电影，每月

进村放两场电影和科普片，每季度组织村干部和村民开展三次网上读书活动，每年举办四次农业科技培训班。从开通文化共享工程服务网络以来，共免费向群众播放露天电影100多场次、科教片60多部，服务群众近10000人次；结合农村党员远程教育，组织党员、群众、学生网上读书学习2000多次，参加人数达2000多人次；举办农科技术培训班12次，内容涉及养殖业、种植业、电脑技术、农产品加工、公共事件应急处理等内容。此外，利用文化共享工程资源培训农村文艺骨干，组织农村文艺爱好者上网学习舞蹈、演唱等文艺技巧，编排大量文艺节目，利用重大节庆日送文艺下乡。通过上网参与学习、模仿、创新，节目的质量有了很大的提高。必背镇文艺队在全县“解放思想”文艺调演和“安全生产月”文艺比赛中，分别获得一等奖。文化信息资源共享工程在必背镇的实施，有力地推动了全镇的农村精神文明建设。

开展全民读书活动，打造新型农民

瑶乡群众由于居住在边远山区;交通不便、信息不灵，过着日出而作、日落而息的生活，文化素质普遍较低。文化共享工程的开通，为广大农村群众创造了便捷的学习途径，开阔了眼界，大大转变了生活方式和思维方式。通过开展每周一天村“两委”干部集中网上读书，每季度三次群众网上咨询活动，逐步转变群众的生活习惯，让更多的农民通过网络摄取文化营养，提高文化素质。特别是在农村劳动力资源转移工作中，通过网络联系方式，拓宽转移就业渠道。据不完全统计，仅每年春节，通过网络查询外出就业的农村青年有200多人。由于农民素质得到提高，如今，上网学习、参加各种健康文化活动的村民多了，打牌消磨时光的少了，涌现出许多像牛围岭村一样无黄赌毒、无违反计划生育、无上访事件、无封建迷信、无脏乱差、无治安纠纷案件的“六无”文明村，农村呈现出一翻新气象。

开展“科技兴农”活动，促进经济发展

乳源瑶族自治县群众在基层服务点学习农机知识

文化信息资源共享工程不仅给农村精神文明建设带来质的变化，也有力地推动了当地经济的快速发展。必背镇是养猪专业镇，农村家家户户都养猪，养猪业是镇农村经济的主导产业。必背镇在镇养猪协会设立了文化共享工程基层服务点，经常性组织协会会员集中培训养猪的各种技术，引导农民学用科技知识发展生产。有一段时期生猪市场波动大，市场价格不一，通过基层服务点的网络服务，生猪销往了收购价格较高的县市，大大提高了经济效益。2008年的冰冻灾害期间，生猪管理遇到了严峻的生存问题。为抗冰救灾，确保猪仔安全渡灾，把灾害影响降到最低限度，基层服务点组织农民上网学习防冻知识，开展生产自救。猪仔安全渡过寒期后，受灾最重的养殖户盘良发动情地说：“以前没遇过这么冷，而且持续时间这么长的天气，多亏了文化共享工程这个电脑网络，不然，我们损失就大了。”

开展网络宣传推广活动，促进旅游发展

必背镇是乳源旅游发展重镇。他们充分发挥文化共享工程的网络优势，

借助本县开发的中国南岭瑶乡文化网和政府公众信息网、山区信息网等，不断上传更新必背的文化旅游信息，大力宣传推介必背镇旖旎的自然风光、丰厚的瑶族人文旅游资源、特色的瑶族文化以及日趋完善的良好的旅游投资环境，吸引众多的客商、游客前来必背观光旅游、投资置业。网络宣传推广活动，推动了必备镇旅游业迅猛发展，继而带动了全镇饮食、娱乐、运输业等相关行业的发展。

必背镇文化共享工程在宣传推介必背、提高必背知名度，推动农民科技种养，提高农村经济科技含量和倡导乡风文明建设当中发挥的作用越来越大，瑶乡的百姓对文化共享工程的认同感和赞扬也越来越高。在上级党委、政府和文化部门的重视和帮助下，必背镇将继续加强对文化共享工程的管理，加大对农村的服务力度，让其的作用发挥得更全面、更好，加快推进瑶乡社会主义新农村建设步伐。

打造精品“文化美食”丰富群众节庆文化生活

文化共享工程广东佛山市支中心　卢艺生

近年来，文化共享工程佛山市支中心在推动城市文化建设，丰富市民节庆文化生活中，不断探索特色服务，创新服务模式，2012 年 1 至 2 月支中心组织的春节系列专题服务活动，就是一个重点面向进城务工人员和弱势群体，营造欢乐和谐社会氛围的优秀服务案例。

“文化年货带回家”——进城务工人员专题资源服务

2012 年春节前夕，国家中心在工程系统内推出开展“文化年货带回家”——进城务工人员专题资源服务的活动，佛山市支中心在省分中心的支持下积极响应并参与，以进城务工人员为服务重点，开展了一系列专题资源服务活动。

1 月 14 日，由广东省分中心、佛山市支中心、禅城区支中心及张槎街道办事处联合举办“文化年货带回家”系列服务活动启动仪式，开启佛山市文化共享工程 2012 年新春系列服务活动的序幕。启动仪式上，主办方向进城务工人员代表赠送了文化资源光盘和漂流图书的新年文化大礼包。资源光盘涵盖欢乐电影、开心动漫、彩虹英语、龙年民俗、节日美食五个部分，得到了进城务工人员的热烈追捧；文化系列的漂流图书甚至供不应求。进城务工人员代表赵吉田在活动现场用“问渠哪得清如许，为有源头活水来”来形容他的心情。他说，这些文化资源适合他们的家庭、子女，可以拓宽视野，也为他今后的工作打下文化基础，这是共享工程最诚挚的问候和美好祝愿！

春节期间，“文化年货”资源礼箱中“精彩电影”、“现代戏曲”、“优秀综艺节目”、“新生代农民工专题片”等资源光盘，在佛山市图书馆总服务台、少儿部、报刊部等业务窗口免费派发，为来馆读者送上新年文化之礼。支中心还精选了“文化年货”资源中的电影、综艺、民俗等视频内容在图书馆的电视墙、网站和馆内局域网（公共电子阅览室）持续播放，营造节日气氛，也深受读者的欢迎。

“欢乐共享榣龙年”——新春民俗文化推广活动

春节是辞旧迎新的日子，也是中华民族最重要的传统节日。新年伊始，佛山支中心即组织了以欢庆龙年为主题的新春专题文化活动。支中心在佛山市数字图书馆网和佛山市文化信息网的显著位置发布“欢乐共享榣龙年”及“2012 话龙年”专题广告，吸引广大读者参与文化专题的网络互动活动；利用馆内各部门的业务专长，面向群众开展各类新春民俗文化活动，如“佛山年俗分享会”、“迎新春”民俗艺术专题书推荐、“缘来是你”元宵灯谜会等。

特藏部举办“酽酽年俗味 暖暖佛图情——佛山年俗分享会”，特邀佛山非物质文化遗产保护和民俗文化专家余婉韶、佛山科学技术学院文学院教授陈恩维与 30 多位佛山市民俗文化爱好者畅谈佛山年俗，共迎壬辰新年。主讲嘉宾一方面向读者娓娓道来佛山春节的过年习俗，另一方面从文化学者的角度诠释了佛山民俗的现代意义；读者朋友们在聆听和交流的过程中，也将带来的年俗物品与大家分享，共同感受民俗文化变迁所带来的节日喜庆。

报刊借阅部开展了“缘来是你”元宵灯谜会。“正月十四的佛图”，“灯火阑珊处”，150 条以报刊、文学、地理知识为主的手写灯谜悬挂在三楼天井花园及现刊、报纸阅览室，把整个阅读空间装扮得红红火火，喜气洋洋。数百位读者依时赴约，邂逅 2012“佛图元宵灯谜会”。“东风夜放花千树，伴随着明月和彩灯，我们迎来了又一个春天”，在读者满载而归的盈盈笑

语声中，佛山市支中心漫溢了浓浓的文化年味和书香气息。

佛山市支中心以保持和推广佛山民俗为己任，计划以此次新春民俗文化活动为契机，充分利用共享工程的服务平台，在今后春节服务中持续策划一系列的佛山地方特色民俗推广活动，帮助更多的老佛山人坚持传统民俗，帮助更多的新佛山市民了解和喜爱佛山传统文化，让民俗文化深远传承。

“欢天喜地庆龙年”——公益文化活动服务弱势群体

由农民、农民工、下岗失业者、孤寡老人和残疾人组成的弱势群体，是佛山市支中心长期关注的服务重点。这部分人群由于受经济收入、生活环境、自身能力因素的影响，既是经济意义上的弱势群体，也是文化意义上的弱势群体。2012 年春节前后，佛山市支中心一方面配合节日气氛，开展多种公益文化服务活动关注弱势群体，有为农民工及其子女“量体”设计的送资源服务，有利用阵地优势开展的“阳光数字电影”免费放映、迎新春少儿剪纸免费授课等，深受群众的热衷和喜爱；另一方面主动深入农村开展“文化下乡”活动。

1 月 11 日，佛山市支中心副主任兰晓惠带领少儿部的工作人员，赴农村学校——高明区明城镇崇步学校，与该校联合开展以“阅读·交流·分享”为主题的读书节。通过表彰“阅读之星”和举办别具一格的“阅读嘉年华”活动，引导农村少年儿童更好地开展自主学习，积极参与阅读，体验多元化的文化学习方式，培养阅读和学习的兴趣，为日后的发展和整体素质的提升打下基础，进一步推动了书香校园的建设。

春节活动是进一步拓展基层服务点覆盖面、深入了解基层群众实际文化需求的良好契机，佛山市支中心由此切入开展了的一系列公益性文化服务活动，收到了理想的服务效果。未来，佛山市支中心将根据十七届六中全会“引导企业、社区积极开展面向农民工的公益性文化活动，尽快把进城务工人员纳入城市公共文化服务体系”的精神，通过共享平台的公益回

馈，开展更多以进城务工人员、社会弱势群体为重点的文化惠民服务活动，推动公共文化服务体系建设，促进社会主义核心价值体系在全社会的形成。

文化共享工程新春活动活动集锦

相约周末电影 共享美丽心情

文化共享工程广西壮族自治区分中心 张鹤明 樊婷婷

文化共享工程广西分中心将文化共享工程服务与图书馆读者活动有机结合，认真贯彻科学发展观，坚持以人为本，为广大人民群众提供丰富的优秀数字文化资源和公共文化服务，不断满足基层群众日益增长的精神文化需求，切实维护好、实现好、发展好人民群众基本文化权益。从 2006 年开始，广西分中心有效利用文化共享工程设备和资源，以共建共享为核心理念，通过电影播放的方式，精心策划，认真组织，创立了服务品牌“光影榭：周末观影沙龙”。历时 6 年坚持每周末免费播放优秀视频资源，至 2011 年 12 月，“光影榭：周末观影沙龙”共播放 260 多期影片，观影人数达 6 万多人次，取得了良好的社会服务效益。

缘起：服务于多样化需求

构建公共文化服务体系是时代之需。异彩斑斓的现代都市生活日益丰富了公众的文化选择，呈现了多样化文化需求的趋势。读者在公共文化服务场所除阅读之外还能干什么？还能享受哪些文化服务？文化共享工程广西分中心在策划创立“八桂讲坛”、“广图展览”公益讲座、展览过程中，针对公众对公共文化服务的多样化需求，策划、组织、整合社会资源，为广大读者、进城务工人员、弱势群体等，创建了一个有别于影视院，体现文化共享工程资源服务优势的“光影榭：周末观影沙龙”，为读者提供了一个有固定名称、固定时间、不同主题，观影与评论与一体的创新服务形式，使图书馆、文化共享工程不仅成为知识信息传播的场所，同时也成为文化休闲的场所，更是寓教于乐、充分发挥公共文化服务功能的重要阵地。

契机：休闲观影获认同

2006 年 5 月，广西分中心与广西时空网“电影红白蓝”俱乐部和广西《健报》休闲栏目就利用文化共享工程丰富视频与优秀影视等资源开展免费观影活动达成一致，推出了“光影树：周末观影沙龙”活动。活动以广西分中心为主办方，影片播放地点固定于广西图书馆报告厅，内容为播放文化共享工程优秀视频和经国家有关部门许可播放的优秀影片，面向公众免费开放。活动现场分为二个环节，第一部分为影片欣赏，第二部分为影片点评和观众互动交流。观影活动充通过免费影音欣赏提高了读者的电影鉴赏水平，丰富大家的精神文化生活，拓展了读者服务的内容，营造了休闲与知识兼得，艺术与审美并重的文化欣赏氛围。“光影树：周末观影沙龙”活动的参与方致力于文化公益服务，互相协调，积极配合，使活动从小到大，吸引力不断提高，得到广大读者和电影爱好者的热烈欢迎和好评。

策划：品牌要素显功能

广西分中心在决定面向社会公众推出观影沙龙活动后，就坚持以打造品牌的宗旨对活动进行精心策划。

坚持开放性。“光影树：周末观影沙龙”的举办宗旨是为广大读者、进城务工人员以及弱势群体等，特别是影音爱好者提供一个了解电影、欣赏电影的平台，坚持公益开放性的原则吸引了读者的热情参与，来自读者的积极评价和认同，又使影音欣赏活动成为展现广西分中心服务形象的品牌窗口。

突出丰富性。为了能让观影沙龙活动真正成为读者了解电影知识，提高欣赏水平，获得美好感受的平台，主办方经过精心考虑，针对观影读者群的特点、以月为周期设置不同的电影主题。此外，黑白片、默片（无声电影）等早期的优秀电影也亮相观影沙龙。众多类型和内容的电影以动人

的故事、优质的表演、独特的视角、巧妙的结构、流畅的叙事、出色的情感表现以及引人深思的主题，满足了读者欣赏要求。

强调互动性。电影的魅力在于每位欣赏者都能从中获得不同的内心感受。在周末观影沙龙每部电影播放完毕，影评人会介绍和分析该部电影产生的来龙去脉，影片中的疑点悬念、情节冲突、人物性格、镜头切换甚至业界评介以及同类电影的区别，使观影读者在欣赏影片后对该片有进一步深入的认识。此外，不少读者还就自己的思考与影评人展开热烈交流，从而丰富了观影的感受。

反响：精神愉悦好享受

2006 年 5 月推出“光影榭”周末观影沙龙，从开始的寥寥数人到现在形成固定的观影群体，并在不断增加，从一个新鲜的观影活动变成读者周末休闲好去处，从一个普通的电影放映活动成为认真打造的读者服务项目，受到了读者的衷心欢迎。

影迷朋友们在个人博客、论坛等网络平台上表达了了对活动的赞赏和喜爱。在全国知名的交流讨论网站——豆瓣论坛上，“光影榭”周末观影沙龙爱好者们专门开辟了“观影小组”专栏，内容包括对电影活动预告，观影交流和读者心声。在活动举办 6 周年之际，主办方举办了“观影六周年聚会”活动，读者们品茗围坐，热烈交流，主办方认真倾听影迷心声，就观影活动的形式、内容、创意进行了真诚的探讨和交流。在无拘无束的敞开式交谈中，一个个真挚感人的影迷观影经历和体会让人欣喜和动容，影迷朋友们轻松而喜悦地倾吐着观影活动给自己带来的美好感觉受。从事化妆行业某公司的销售主管黄小姐表示在全国范围内能长期坚持开展公益性观影活动并不多见，观影后的精彩点评和热烈交流尤其难能可贵。对出版观影活动刊物，扩大选片的范围，让更多的电影爱好者参与选题和主持做法的赞赏，也成为不少影迷爱好者的心声。不少影迷朋友表示，通过周末免费观影和交流结识了志同道合的朋友，美好的观影感受增进了彼此的

友谊。

广西分中心工作人员说，热情欢迎广大读者积极参与到“光影榭”周末观影沙龙中来，与我们一道，集思广益，共同努力，让这项服务逐步完善，走向成熟，最终彰显出轻松地欣赏美、培养美，乃至创造美的服务特色。

南宁“光影榭：周末观影沙龙”，影迷朋友品茗围坐，热烈交流

创建青少年快乐成长的精神家园

文化共享工程广西灵川县支中心　唐涛　文晓云　毛向群

桂林市灵川县位于广西东北部，东、南、西三面环抱桂林市区，辖 6 镇 5 乡，人口 37 万。2002 年，在县图书馆建起了广西第一个文化信息资源共享工程基层服务点，2006 年，灵川成为第一批全国文化信息资源共享工程试点县。利用文化共享工程这一容量大、覆盖广、传播快捷的网络平台，县支中心联合县文明办成立了灵川未成年人活动中心。几年来，该活动中心不断创新活动载体，为丰富未成年人的精神生活、拓展未成年人的文化视野、引导未成年人健康上网发挥了积极作用。

依托优势，营造绿色健康的文化环境

随着经济社会的发展，灵川县的网吧、电子游戏厅和歌舞娱乐场所日渐增多，青少年课余时间“泡网吧”成了家长们最担心的事情。如何引导未成年人健康上网、快乐成长，成为社会、家长和每一位未成年人思想道德教育工作者面临的重要课题。近年来，在上级有关部门的支持下，陆续投入 70 多万元的资金设备，灵川县支中心利用公共电子阅览室的网络平台和文化共享工程的资源优势，建立起专门服务中小学生的未成年人活动中心，为孩子们创建了一个绿色健康的网络空间。之后，县支中心以此为龙头，与全县有条件的 22 所中小学校联网，陆续建立了未成年人分中心，13000 多名学生不出校门就可以上网，共享优秀的文化信息资源，为丰富青少年课外学习生活提供了方便、快捷、健康的路径。

创新载体，开设资源共享的网络课堂

根据未成年人的特点，灵川县支中心利用文化共享工程的优质资源，精心设计和安排未成年人活动中心的各项活动。一是，开设未成年人“影视课堂”：在文化共享工程主页上开设了“电影天地”、“七色剧场”等视频板块，其中“电影天地”设有儿童电影专辑、红色电影专辑等；“七色剧场”则以舞台艺术为主，荟萃儿童剧、广西戏剧、少儿音乐等各种艺术品种和近30部文化纪录片。二是，开设“精品阅览课堂”：在网上建立精品图文专题库，将文化共享工程最新制作的文化精品图文，如《园林艺术》《儿童漫画》等，集结成块推出，让学生们在优美的文字、精美的图片以及趣味游戏中，感受中华文化的博大精深。三是，开设“讲座课堂”：精选数十部由著名学者主讲、内容涵盖科普、文学导读、艺术鉴赏、学习方法、家庭教育、心理健康等许多内容的讲座视频资料，组成“听讲座”板块，让孩子们在趣味横生的讲座中开阔视野，增长知识。四是，开展有奖答题活动，寓教于乐，调动学生的学习兴趣和积极性，使活动中心成为中小学生学习知识的第二课堂。

以内容丰富、绿色健康的文化共享工程资源为依托，未成年人活动中心产生了强大的吸引力，把大批的孩子从网吧拉了过来。他们在这里收看影视、阅读书籍、欣赏讲座，在知

灵川县支中心在县城关三小开展安全教育宣传活动

识的海洋中冲浪，在童趣的欢乐中流连。一位小朋友在网上留言说：“文化共享工程的叔叔阿姨：爸爸妈妈知道我上网做题目，大力支持。不要让大人们觉得我们上网就是玩游戏、聊天，我希望你们多组织这样的活动。”

注重质量，创办青少年共有的精神乐园

为了发挥更大的社会效益，灵川县支中心着力在提高公共服务质量上下工夫。一是，坚持公益性原则。未成年人活动中心坚持免费向未成年人开放，常年提供上机浏览文化共享工程资源；对各中小学校分中心也实行免费上门服务，随叫随到，帮助他们解决一些技术问题。二是，强化工作人员业务素质培训，提高服务质量和服务水平。支中心在实践中，陆续制定了服务工作相关制度，要求工作人员以良好的形象、文明的用语、认真负责的态度面对小读者，耐心帮助他们解决在活动中心遇到的各种问题，同时提醒小读者遵守阅览室的纪律，在点滴间培养青少年的良好习惯。三是，坚持开展“文化信息资源共享工程”下乡活动。对没有网络条件的贫困偏远学校，采取灌装移动播放器、移动硬盘及制作光盘等形式，把文化资源送到他们身边，县支中心先后在30多所偏远学校开展“文化信息资源共享工程”活动150多次，例如，到大境瑶族乡九块田民族学校开展颂歌献给党迎接建党90周年歌咏活动，仅放映电影、播放讲座就达300多场次，让偏远地区的未成年人也能共享先进文化信息资源。

几年来，灵川县支中心采用生动活泼、健康有趣的方式，以其独特的优势和魅力，在加强和改进未成年人思想道德建设中发挥了重要作用。一是为未成年人营造了一个绿色上网空间，提供了一个健康安全的学习平台；二是帮助未成年人正确认识网络、了解网络、利用网络，提高了他们自主学习、自主发展的能力；三是丰富了未成年人的精神文化生活，增长了他们的知识，开阔了他们的视野；四是为倡导健康上网、文明上网探索了一条有效途径。2009年，灵川县支中心荣获广西第三届未成年人思想道德建设工作创新案例一等奖；2010年，荣获自治区未成年人思想道德建设

工作先进单位；2011 年荣获全区公共图书馆服务效果评选三等奖。如今，灵川县支中心已成为全县万名学生课外活动的开心去处，成为青少年健康、快乐成长的精神乐园。

为群众送上免费的“文化午餐”

文化共享工程广西柳城县支中心　梁家崧

2009 年春节刚过的一天上午，在广西柳城县市场口的一张宣传海报前，围观的人群在七嘴八舌地议论着：“县里文化共享工程支中心要举办电脑培训班了，免费的哦！”“哎呀，写是这么写，到时候又变着花样收费的。”“对啊，天底下哪有免费的午餐！”当柳城县支中心第一次张贴免费电脑培训的通告时，面对的更多是群众的质疑。

的确，在这个西部山区，尤其在商品经济日益发达的今天，公益性文化服务事业已在寻常百姓心中被渐渐淡忘，蜷缩在不被人注意的角落里。直到 2008 年，文化共享工程这个崭新的名字如同融冰化雪的阳光，照亮了这个有着 1500 年古老历史的柳城县。

事情并非一帆风顺。虽然县支中心公共电子阅览室配置了先进的设备和丰富的资源，但在服务中仍不敌传统的借阅方式。大部分读者特别是老年读者青睐传统借阅方式的主要原因，还是因为他们不会计算机操作。于是柳城支中心决定免费举办“电脑培训班”，吸引更多的群众亲近共享工程，走进公共电子阅览室。

海报在县城各个重要的街道张贴，很少享受到如此“时尚”免费公益服务的普通百姓难免心生疑虑，于是就有了文章开头的那一幕。然而质疑归质疑，在海报贴出的当天，就收到了不少群众的电话咨询。不到一周时间，报名的人数就超过了 100 人。

培训课堂的场景非常感人，根据机位数量确定了 30 名学员，开班当天却挤进了 50 多个人，只好两人一机。参加培训班的学员来自各行各业，有的离县城较远，单程就要 1 个多小时；有的在乡下，为了参加学习特意借宿亲戚家……学员们克服困难的求知精神深深地感动了工作人员。面对

中老年读者免费电脑培训班

记忆力减退的老年学员，支中心工作人员想尽一切办法帮助他们，安排接受能力强的年轻学员做助教，让他们互相帮助，共同提高；对没有一点电脑基础、学习困难学员，在课后单独辅导等。被街坊戏称“笨手笨脚”的张老伯，平时学东西不仅慢，而且花再多时间还是“依样画不出个葫芦”。当他鼓起勇气来报名时，老伴和朋友们都取笑说：“要教他学会电脑，比牵头牛上树还难。”果不其然，当他坐到机关重重的电脑前，立即紧张得晕头转向，眼睛不知道该往哪儿看，两只手哆嗦得不知道该往哪儿放。“老师，我还是听不懂”，“老师，这个我怎么也点不出来”这些话几乎成了他的口头禅。看着他总是锁着眉头，一脸茫然的样子，周围的学员都忍俊不禁。然而无论哪个问题有多简单，被问过多少遍，无论是十几次甚至几十次的讲解，支中心老师还是一如最初时那样地耐心，不厌其烦地重复回答着他的提问。几个月过去了，就是这样一个将近 70 岁的老伯，在支中心老师手把手地指导下，竟然一点一点地学会了上网浏览信息，学会了使用 QQ 聊天和电子邮件，还学会了使用办公软件。

为了满足更多群众的学习要求，支中心增设了晚上培训班。从此，每当华灯初上时，电子阅览室就燃起了明亮的灯光，在这盏明灯的指引下，越来越多的老百姓兴致勃勃地走入了那曾经神秘的数字化信息殿堂，走近了共享工程的优秀文化资源。喜欢听戏的退休干部赵玉华在参加学习后，几乎每天都到共享工程网站上痴迷地欣赏精彩的戏剧节目，还在网上下载

太极拳、健身操视频和朋友们一起锻炼；退休的黄老师学会使用QQ后，每天都和远在美国的孙子开心地视频聊天；大埔镇吉兆村农民韦喜龙，学会了上网查找农科资料，成功养殖蝎子发家致富；残疾人免费培训班举办之后，多名残疾人顺利地走上了工作岗位……

就在成人电脑培训热火朝天地开展之际，引导未成年人健康上网的工作也在紧锣密鼓地准备着。支中心决定举办“中小学生网页制作培训班”，并挑选作品参加自治区的比赛，打开未成年人培训工作的局面。为消除老师、家长的顾虑，工作人员到各个学校逐一游说。精诚所至，金石为开，在真心诚意地沟通下，学校挑选了一批优秀的学生到支中心参加培训。

在支中心公共电子阅览室，这批孩子们迅速地掌握了网页制作软件使用方法和技巧。精美的图片、巧妙的链接、绚丽的版面、神奇的特效……在鼠标的点击中，一个个被成功地实现，小学员们的喜悦之情溢于言表，这场景让在旁等候的家长们感到由衷的高兴。没有被选中的孩子也在窗外投来了羡慕的目光，恳切地向工作人员询问：“老师，下次也算我一个好吗？”

有位家长说，喜欢游戏的儿子通过几天的培训，现在打开电脑不再是网络游戏，而是photoshop、dreamweaver，这些变化真令她们感到欣慰。更多的家长表示，不管孩子的作品是否能参加比赛、是否能拿到名次，都不重要，重要的是他们感受到了学习的乐趣。功夫不负有心人，县支中心选送自治区分中心参加比赛的作品，获得了小学组一个一等奖、一个二等奖的好成绩，获得一等奖的学员还获邀参加了分中心的颁奖仪式。孩子们激动，家长们高兴，支中心的工作人员更是愉悦，终于找到了一个可以引导孩子健康上网的途径。支中心以精心的准备、真诚的付出和不俗的实力，终于获得了家长和学校的高度认可。2009年暑假，柳城县实验小学还邀请县支中心老师给该校的55名青年教师进行了课件制作的培训，共享工程和学校之间建立起了良好的合作关系。

平凡的工作最需要的是坚持，当你蓦然回首，会忽然发现那洒满汗水

的路上，充满了沁人心脾的芳香。三年来，县支中心每期网页培训班学员的作品都会选送参加各种级别的比赛，共获得两个全国三等奖、一个自治区一等奖、两个二等奖、五个三等奖和一个最佳创意奖的优异成绩，支中心的指导老师何震军也连续三年获得了优秀指导老师奖。与少年网页制作培训齐头并进的成年人免费电脑培训，内容和质量也在不断丰富和提升，从基础培训到操作进阶，从办公软件到网站页射击，经过三年不懈地坚持和完善，支中心共开设免费电脑培训班 15 期，直接培训人数超过 500 人，约 7500 人次到电子阅览室参加了学习，优质的服务使文化共享工程在柳城老百姓心目中树立起了值得信赖的形象。县支中心陆续收到了县残联、县武警中队、县城小学等越来越多单位和群众的培训需求，这道用爱心调制的免费文化“午餐”赢得了老百姓的交口称赞，逐渐形成了一个街头巷尾群众热议的服务品牌。

文化共享之光耀灾区

文化共享工程四川北川县支中心　李春

“喂，听说北川图书馆公共电子阅览室免费开放了，还有 1TB 的电子资源，你去过吗？”“去过，去过，我还办了一张读者一卡通呢。”“明天星期天，你陪我到图书馆办张读者卡，好吗？”“好的，咱们早点去，我想上文化共享工程网站查点资料……”上班途中，听到前面两位女同志叽叽喳喳地谈论着图书馆的话题，此时此刻，我的心里充满了自豪和欣慰。是啊，那场灾难没有压到我们，曾经山河破碎，满目疮痍，但北川图书馆在灾后恢复重建中涅槃重生。

谁也无法忘记那场特大地震，5·12 吞噬了太多的生命和希望。三天多，整整 75 个小时，我没有想到自己能活着从废墟中出来。从北川到成都再到南京，辗转了六个医院。图书馆人给我的关爱、对北川图书馆灾后重建的期待，一直支撑着我。5·12 之后的一年时间，我一直与轮椅为伴。看着世界各地、全国各地捐赠而来的图书，文化共享工程国家中心、省分中心捐赠的电脑和放映设备，我的心里再度燃起希望的火焰。终于，我说服了家人，拖着残疾的身体走进了灾后恢复重建的行列。

新县城恢复重建开工了，援建北川的山东建设者们进场了。听到这个消息我们异常振奋，在征得领导的同意后，我和同事们张罗着在新县城永昌镇板房区建立了一个文化共享工程基层服务点。那时，新县城刚刚破土动工，到处都是坑坑洼洼的黄土地。很多时候，我们只能在土堆里攀爬前行，遇上泥泞，鞋上沾满沉甸甸的黄泥，没有知觉的左脚一迈步，鞋子就会不由自主地掉下来，好几次我都差点摔倒在地上……家人见我这样辛苦，心疼不已，叫我别上班啦。可是我想，大难都挺过来了，这点苦算什么！况且只有多活动才有利于身体的康复。

永昌镇宋书记我并不认识，但一说到建文化共享工程服务点，他十分地支持和配合。他一方面吩咐黄连长腾出永昌镇中会议室，一方面派出3位民兵参与服务点的筹办和服务。宋书记的大力支持，令人备受鼓舞，我还是第一次遇见这样耿直、重视基层文化建设的乡镇领导，与他合作真痛快。我们把永昌镇板房服务点定位为集阅览、外借、网络、放映为一体、颇具规模的文化服务阵地。

说干就干，接下来的几天，我们天天扎在永昌镇板房服务点，拉运捐赠设备，服务点内部布局，图书上架、电脑网络安装等。围观的群众见我拖着残疾的腿辛苦地忙上忙下，有人小声地说："白忙乎，这年头，谁还有心思顾着这个。"听到这番话，我的心里也在不断地打鼓："这个基层服务点能发挥多大的作用？会受到灾区群众的欢迎吗？"疑问如同新县城脚下泥泞的道路，让我觉得这份担子分外沉重。

黄连长似乎知道了我的顾虑和心思，几天后，永昌板房服务点竖起了高高的宣传牌，各个路口岔道也分别插上了指示牌。我们倾注的心血没有白费，共享工程基层服务点开始运行了。没有想到的是，到这里来看书、上网查资料的人特别多，有灾区群众、干部警察、还有山东建设者……到了下雨天，阅览座位还要预约，六台电脑成了抢手货，每天晚上，电影放映场挤满了密密麻麻的民工，意见簿上留下了一串串火热的感言和建议。

面对灾区群众质朴热情的文化渴求，我们还能说什么呢？唯有加快重建步伐，不断充实文化信息资源，及时更换或补充新书；加大数字网络建设，服务和满足灾区群众和山东建设者近2万余次不同文化层次的需求。在那段难忘的岁月里，我们还接待了台湾的大学同行、荷兰记者以及四川省图书馆、共享工程督导组领导等的视察。2009年3月24日，文化部副部长杨志今，原文化部副部长、现国家图书馆馆长周和平，四川省副省长黄彦蓉也来到了永昌服务点视察，看到共享工程在抗震恢复重建中发挥出了巨大的作用，杨部长兴奋地赞赏道："北川基层服务点开展文化活动扎实深入，值得好好地推广和总结。"那一刻，我们觉得自己的努力没有白费。

共享工程永昌板房基层服务点已经拆迁，成为了过去，但它给灾区群众留下的刻骨铭心的回忆，永远珍藏在了大家的心灵深处。如今，一座融合现代元素与羌族建筑特色的新北川图书馆走上了历史舞台。文化共享工程支中心在大家的精心呵护下，一点点地壮大，北川图书馆代表一个地区的“精神家园的象征”和这个城市的再建，如展翅翱翔的雄鹰一样，迎接大家的到来。

朝霞静静地洒满了北川新县城的各个角落，仿佛给这座年轻美丽的城市镀上了一层薄薄的金纱。我不由地加快了脚步，因为前方还有很多期盼的目光。

灾后重建的新北川图书馆

一所农民自己的学校

文化共享工程云南分中心

2003年以来，云南省大力推进文化信息资源共享工程建设，陆续实现了“县县建有支中心”的全覆盖计划。但是，由于地处边疆民族地区，农村文化建设起步晚基础差，农民的文化信息素养相对较低，因此，文化共享工程实施初期，农村的利用率普遍偏低。在云南省文化厅的高度重视下，文化共享工程云南分中心结合本地实际，对文化共享工程的基层管理运行方式进行大胆创新，在全国首创了农民素质教育网络培训学校（简称农文网培学校）建设模式，通过在乡镇综合文化站建设农文网培学校、在村文化活动室建设农文网培分校，达到了全面整合农村公共文化服务资源、增强农村公共文化惠民服务能力的目的。

自2009年初省分中心在昭通市水富县两碗乡文化站建起全国第一个农文网培学校，经过3年多的努力，截至目前，全省乡镇农文网培学校总量已达1099个，村级农文网培分校已达10424个，覆盖率双双突破了80%，累计服务农民群众近2000万人次。

云南农文网培学校的建设模式

在各级党委、政府和财政的支持保障下，云南省分中心通过制定下发关于农文网培学校建设的实施方案，明确了农文网培学校的组织构架：农文网培学校建在乡镇综合文化站，农文网培分校建在行政村文化活动室，实行“两块牌子、一套人马”。农文网培学校的名誉校长由乡镇党委书记或乡镇长兼任，校长由乡镇分管领导担任，副校长由乡镇综合文化站站长担任，教员由文化站站长和工作人员担任，辅导员由乡镇企事业单位的专业技术人员和当地文化大户、致富大户、种养殖大户等兼任。行政村农文

网培分校校长由村支部书记担任，教员由村文化活动室管理人员担任，辅导员由当地农科人员、致富带头人等兼任。

农文网培学校的基本配置包括一间能够容纳10台以上教学电脑和5兆以上带宽互联网接入的电子阅览室，一间能够容纳至少50人的培训教室，一间拥有2000册以上适农图书的阅览室。同时设置公示栏和宣传展板及橱窗，全面公示学校的教学及管理制度、教学计划、教学安排及具体日程，宣传本地的概况、民族文化资源、特色产业等。特别是向农民群众公示学校管理人员和师资人员的简历、教授课程、联系方式，并录入电脑，便于农民上机查询。

农文网培学校的教材主要来源于文化共享工程的海量资源、共享工程国家管理中心和云南省分中心编制下发的各类学习资料、文化科技教育类知识讲座光盘、适合“三农”的电子图书，以及文化站（室）现有的图书期刊资料。教学主要利用文化共享工程健全的培训网络，采取网络教学、多媒体教学、文化科技讲座与辅导员现场教学、流动培训等多种方式相结合的形式进行。教学内容主要有政策宣传、三德教育、党课理论、文化素质、农业科技、实用技术、卫生健康、计划生育、图书导读、人才培训、信息服务等。

文井镇“农文网培学校”正在开展网络培训

农文网培学校的站点建设，主要采取以点带面的形式逐步推开。各地结合经济发展状况、文化基础条件和农民文化素养等因素，确定几个条件较好的乡镇文化站进行重点帮扶，使其成为本地农文网培学校建设的先进

典型。楚雄州禄丰县和平镇、仁兴镇农文网培学校，腾冲县中和乡大村农文网培分校等成为典型后，都充分发挥了示范性作用，带动了全省农文网培学校的整体推进。

农文网培学校的队伍建设，通过组织全省乡镇综合文化站站长培训班，省、州、县级三级分支中心农文网培学校建设培训班，以及分地、分批、分期开展农文网培学校师资培训等多种形式，积极培养能够开展基本教学工作的师资人才，能够开展技术指导与服务的技术人才，能够使用文化共享工程设施设备开展基层服务的服务人才，两年多来共培训农文网培学校工作人员 3600 余人次。

云南农文网培学校的主要经验

第一，突出教学主题，实现“文化育民、服务农民”。大部分农文网培学校不仅建立了规范的教学制度，以及学员入学登记、成绩登记、学习综合评价登记等学籍档案，还实行了学分制，对达到规定学分的农民颁发培训合格证书。一些农文网培学校通过网络培训、阵地培训、流动培训等手段，做到月均举办 2 次以上各类农民培训活动。个别农文网培示范学校，年均举办农民培训活动达 30 期以上。尤其值得一提的是，一些农文网培学校充分挖掘乡土文化资源，建立了文化陈列室，成为当地进行文化教育的主阵地；一些农文网培学校整合公共电子阅览室，既引导农村青少年普及使用电脑和网络知识，又为农民利用网络和信息提供便捷的服务。

第二，针对农民需求，实现“文化乐民服务农村”。一些农文网培学校在开展工作中，结合农村电影放映 2131 工程，定期、定点或下基层流动播放爱国主义教育题材的电影、地方戏剧、农业科普节目等不同内容的影片和文化资源视频；一些农文网培学校结合“文化惠民示范村”建设工作，策划组织“大家乐文化广场”、“文化晒场”，开展民族文化节庆、民族民间歌舞表演、戏曲欣赏、棋牌文化娱乐等活动，积极评选“农民星级演员”，丰富农民的业余文化生活；还有一些农文网培学校积极组织“农民演艺协

会”，农民剧团，培养各门类的业余文艺骨干，以文化乐民、提高农民文明素质为目标，为社会主义新农村文化建设培养生力军。

第三，结合经济发展，实现“文化富民服务农业”。许多农文网培学校立足本地的经济发展，与当地农科站等机构合作，邀请农科专家和致富带头人，积极开展农业生产技能、种养殖技术、农业产业化知识等实用技术培训和农民工就业技能培训，还结合当地产业结构调整部署，举办特色产业培训、致富讲座等专题培训。特别是一些行政村将农文网培分校建设与“农村文化产业合作社”建设紧密结合起来，创办了促进乡村特色文化产业发展的新兴经济实体。大村、江东等村的刺绣文化产品甚至远销日本、韩国，成为当地农民增收致富的重要渠道。

2010 年年底，中共中央政治局常委李长春、国务委员刘延东到云南调研，充分肯定了云南农文网培学校的经验和做法，指出这是一条农村文化建设的新路子，值得认真总结向全国推广。2011 年 4 月，文化部、全国文化信息资源建设管理中心在云南省图书馆召开全国文化共享工程农村实用人才培训工作经验交流会，推广云南农文网培学校建设模式，号召全国各地学习借鉴“云南经验”。

大村农文网培分校走近“千家百户”

云南省腾冲县中和乡大村社区村民委员会

大村社区位于云南省腾冲县中和乡，距离县城18公里，总面积38平方公里，大村自然村属于大村社区辖下的9个自然村之一，含7个村民小组，有农户335户，1404人，人均年收入4685元。

2009年，大村社区“农民素质教育网络培训学校”大村分校（以下简称“大村农文网培分校”）在省文化厅、文化共享工程云南分中心和当地政府的支持下正式成立。大村农文网培分校，依托全国文化信息资源共享工程（以下简称“文化共享工程”），面向基层，立足“三农”，为广大农民群众提供了一系列公益文化服务和知识技能培训，取得了良好的社会效益。2010年中共中央政治局常委李长春，中共中央政治局委员、国务委员刘延东先后亲临大村考察，充分肯定了大村农文网培分校“文化乐民、文化育民、文化富民”经验。

“五个一”的构建思路

依托一个工程，“文化惠民”进大村。2010年3月，云南省文化厅厅长黄峻到腾冲调研，提出了广泛开展“导向性、示范性、普惠性、长效性”文化惠农活动的思路。之后，在上级文化部门的指导帮助下，大村自然村被确定为“云南省文化惠民示范村”。大村农文网培分校围绕“文化乐民、文化育民、文化富民”的服务宗旨，依托文化共享工程，立足“三农”，大力推动文化与经济协调发展、文化与旅游互动发展、人与自然和谐发展，为本地农业带来了发展，为村里带来了和谐，为村民带来了实惠，让村民尝到了文化带来的甜头，促进了本地文化事业的发展。

选好一个地址，农文网培分校落户大村中心。2009年，大村社区投

资210多万元建起了占地面积6000多平方米、建筑面积1150平方米的综合性文化活动中心。大村农文网培分校就设在大村自然村文化活动中心，内设电教室、微机室、影像室3个教室。除有农文网培分校外，活动中心还设有党员活动室、老年协会、民兵之家、特色产品陈列室等场所，成为广大村民开展各类活动的阵地。可以说，大村农文网培分校选址大村文化活动中心这样一个自然环境好、文化氛围浓的场所建校，无形中扩大了学校的影响力和规模，使全社区村民都能从中受益。

群众文化活动丰富多彩

建好一个班子，完善管理运行长效机制。大村农文网培分校在中和乡“农文网培学校”的领导下，成立了专门的校务管理机构和专、兼职师资队伍，聘有校长、副校长、文化干事、文化志愿者和文化辅导员。文化干事由村委会聘请，每月发给800元的补助，相当于村委会副职的待遇，主要负责学校的日常教学和管理工作。

配齐一套制度，建立健全管理机制。大村农文网培分校采取集中授课和上机自学为主、流动培训为辅的方式，定期举办各类培训班，开展针对本社区文化产业、经济发展的培训及服务宣传活动。学校实行“学分制”，学员学业结束后，颁发培训合格证书。为有效地开展服务和教学培训活动，学校制定了相关建设方案和完善的年度培训计划，以及《图书管理规定》《大村文化志愿者管理办法》《文化干事管理办法》和教学管理建档等一系列管理制度，做到有制可依，严格规范办学。

创造一个阵地，构建和谐村寨。大村社区将农文网培分校的建设与公共电子阅览室、文化陈列室、图书室和报刊阅览室建设结合起来，不仅能

够提供实用技术培训、图书阅览和文化信息服务，而且能够充分挖掘和利用乡土文化，把村史教育与传统文化教育结合起来，学校定期不定期组织村完小的学生到此接受教育，成为社区群众爱村、爱乡、爱国教育的基地。此外，学校还为村民提供了上网查询科技致富信息服务，满足了农村孩子对网络知识的渴求。大村农文网培分校为广大村民提供了一个文化知识、实用技术和致富创业本领的学习阵地，增进了乡村文明，促进了社会和谐。

“三个用好”的办学实践

用好上下联动机制，提高学校运行效率。大村农文网培分校的建设受到了各级文化部门的关心和重视，得到了文化共享工程腾冲县支中心、中和乡农文网培学校的指导和支持。腾冲县支中心专门为大村农文网培分校传送了大量适合本地使用的优秀数字资源；中和乡农文网培学校为大村农文网培分校提供了师资人员、建校机制、教学管理等方面的培训。大村农文网培分校根据县支中心的工作要求，深入各村播放种植技术视频，让群众及时掌握了春耕生产中需要注意的问题；按照中和乡农文网培学校的安排，根据各村的经济发展特点，认真组织开展了农业科技、科普知识、妇女素质教育等方面的培训。

用好先进的设施设备，发挥学校阵地作用。大村农文网培分校先后接受了文化信息资源共享工程建设和农村党员干部远程教育工程的设备设施，为建设“云南省文化惠民示范村”，省文化厅也为大村农文网培分校配备了计算机、视频点播服务器、投影仪、移动播放器等先进实用型设施设备。大村农文网培分校以这些数字设备设施和网络平台为阵地，逐步实施了以视频点播服务器为基础的公共电子阅览室点播培训体系，以投影仪和移动播放器为基础的流动培训体系，受到了群众的好评。同时农文网培分校关注网络上的各类适农信息，积极为村民找产品、找市场、找出路，为群众脱贫致富作贡献。

用好文化信息资源，丰富培训内容。大村农文网培分校根据本地农民

群众的需要，积极主动与文化共享工程腾冲县支中心、中和乡“农文网培学校”联系，提出资源需求，采取 FTP 下载、光盘刻录、移动硬盘拷贝等方法，获取各类资源用于农民培训。学校先后开展了刺绣缝纫、石材加工、种植养殖、农产品加工与销售、电脑基础知识等方面的培训活动。通过培训，大村自然村建立的园角刺绣产业合作社发展较快，已初具规模，部分社员取得了良好的收益，实实在在地体现了“让村民学到了文化知识、实用技术、致富创业等本领”，提高了自身素质，在全社区形成了一个学文化、学知识、学科技的良好氛围。

总之，大村农文网培分校的建立，对基层群众的农业生产、文化生活带来了积极的影响，今后，我们将继续努力，进一步推动大村农文网培分校建设：一是继续做好学校的宣传工作，调动群众参训、受训的积极性，扩大学校的影响力；二是通过资源的优化整合，使学校在实用技术培训、文化科普教育、知识信息服务、图书借阅、文化鉴赏、文化娱乐等方面为群众提供更为优质、便捷的服务；三是通过不断的实践和总结完善，建立健全长效的教学管理机制，探索出一条具有大村特色的农文网培分校发展之路，使村民年受训率达 50% 以上，真正让大村农文网培分校走进当地“千家百户”。

细沙乡的文化共享工程建设

云南省永善县细沙乡文化服务中心　董贵良

2011年起，云南省永善县细沙乡成立了“细沙乡农民素质教育网络培训学校”，并在7个行政村设立了分校。围绕农村经济社会发展需要，按照“因地制宜、统一服务、分级管理、群众参与”的原则，细沙乡有效地整合了乡文体站、乡村成人文化技术学校、乡村农民科技服务站、农村党员活动室资源，利用农文网培学校这个平台，大力推动文化共享工程的实施，根据群众生产、生活、文化需求，组织开展有针对性的数字文化信息服务，促进了细沙乡的新农村建设、新农民培育、新农业发展和经济、文化、社会的协调发展，实现了文化乐民、文化育民、文化富民的基本目标。

利用文化共享工程，发展群众文化

以前，细沙乡由于信息资源缺乏，没有文化活动场所，群众的文化娱乐活动少且形式单调。文化共享工程建成以后，全乡7个村配置电脑13台，5个村建成“农家书屋”，有3个农家文化大院，建有600多平方米的文化广场，初步形成了设施完备、布局合理的综合性公共文化服务网络，极大地丰富了当地群众的文化生活。

文化共享工程与广场文化、村镇文化、家庭文化、文化下乡活动及老年、青少年文化活动等紧密结合，推动群众文化活动的广泛开展。通过村级基层服务点组织村民集体收看文艺节目、涉农知识讲座；在广场组织百人舞蹈活动，开展文化活动进农村、学校、家庭的文艺演出；组织农村电影公益放映，利用多媒体投影机设备，深入村组进行政策法规、农业科技宣传；制作开展各类群众文化活动的辅导课件，开展网上辅导活动；通过文化共享工程基层点的电脑设备，让村民与在外务工的家人视频见面。通

过文化共享工程这一平台，广大基层村民方便快捷地享受到影视娱乐、科技生产、农村党建、政策法律、村务公开等方面的文化信息服务。

利用文化共享工程，开展形式多样的培训

细沙乡文化共享工程基层服务的突出成效是依托农文网培学校平台开展了形式多样的培训活动：一是整合文化共享工程丰富的文化教育资源和科技信息资源，为农村群众提供农业科技服务，举办各类科技培训一百余场，帮助村民解决生产发展中遇到的各类信息服务问题和困难，广大乡村干部、群众获得了各项农业科技科学技术，推动全乡经济社会发展；二是依托文化共享工程资源和设备，促进乡党委健全和完善了党委中心理论组学习制度、机关党支部学习制度，一年来开展中心组理论学习 6 次，党员干部职工学习 50 余次、3400 余人次；三是加强对乡、村、组干部、文化协管员培训，从 2011 年 9 月至 12 月，在乡农文网培学校对村级文化协管

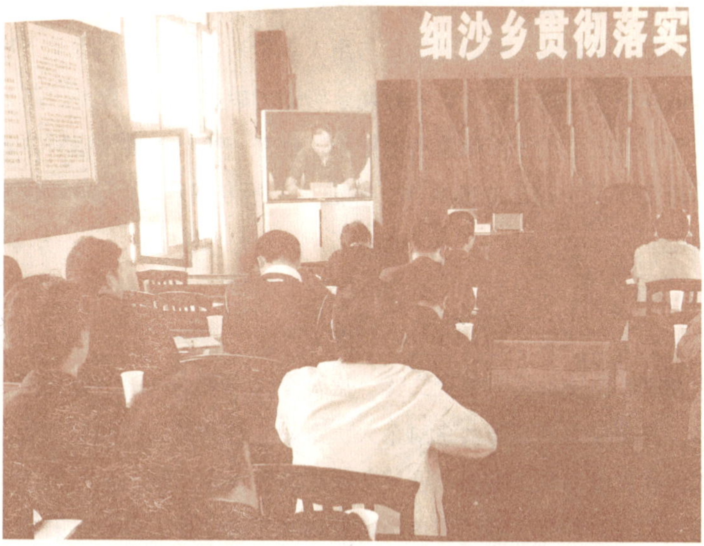

细沙乡干部群众通过文化共享信息平台学习

员、计划生育宣传员、治安员、村妇女主任举办了3期电脑网络知识、计划生育政策、妇女维权、政策法规、安全生产等集中培训；四是助力城乡一体化建设，组织大部分集镇居民，到乡文化站通过文化共享工程信息平台和多媒体学习，对外面的文化有了更为全面的认识，为把细沙打造成特色旅游集镇，拓宽视野，转变观念；五是推动农村党员远程教育培训，与党员党性教育相结合，与创先争优活动相结合，与农村实用技术培训相结合，与丰富农村文化生活相结合，与调整产业结构相结合，培养党员、示范户、科技示范户，带头发展经济、勤劳致富。

利用文化共享工程，促进劳动就业

实施文化共享工程以来，细沙乡在求职农民和用人单位之间搭起了信息沟通的桥梁，全乡7个村基层服务点免费向4560多人次提供了网络信息服务。村服务点根据村民个人学历信息和就业、培训意向进行求职登记，有针对性地开展各类劳动就业技能培训，并对参加培训的农村劳动力建立培训信息卡和劳动力就业信息台账，实现农村劳动力的统一管理，逐步实现培训与就业网络对接，劳动力信息与用人单位对接推荐，科学引导村民和用人单位间的双向选择，促进农村剩余劳动力转移就业。此外，基层服务点的工作人员还通过上网收集各地招用工信息，有针对性地指导本地劳务输出，避免了劳务输出的盲目性，并通过“招商引资”，为当地带来众多劳动岗位。

利用文化共享工程，帮助村民创业致富

文化共享工程使农民在享受文化、提升个人素质的同时，也拓宽了致富的途径，充分享受到资源共享对个人、家庭、社会带来的和美共荣。阳堡村硝水田村民陈书林、陈书友两兄弟通过文化共享工程信息平台了解到云南大理加工石料项目，经过实地学习石料加工技术后，办起了石料加工厂。阳堡村马路一村民小组村民陈永才在乡村文化共享工程信息平台学得

了食用菌培养后投资了加工厂；细沙乡黄金村黄金坝一组村民舒级钟，积极参加农文网培学校的各种网络技术培训班，学习养殖、加工技术，吸收先进养殖经验，摸索出了一套适合自己养殖环境的养殖模式和方法，投资扩建厂房，增设先进设备，申请注册了“永善县瑞丰养殖有限公司”，年均产值 90 多万元，利润 25 万元，并长期聘用农民工，解决了部分农民工的就业问题。舒级钟依靠文化共享工程信息平台和党的富民政策富了起来，并在带领当地群众脱贫致富方面做了大量工作，为细沙乡养殖业的持续稳定发展作出了贡献。

文化雨露播撒雪域高原

文化共享工程西藏自治区分中心　杜磨舟　边巴片多

时至今日，文化共享工程西藏分中心为迎接共和国六十华诞而开展的那场服务活动，依然深深地烙印在曲水县茶巴乡和贡嘎县朗杰学乡的村民心中，那时，工作人员深入县、村、社区，在百姓家里讲解文化共享工程的作用，许多孩子第一次摸到了电脑，许多牧民第一次使用网络看到了电影，他们惊喜万分，有些老人还因此流下了热泪。

现如今，这些已不是个例。西藏文化共享工程建设正在稳步推进着，自治区分中心将服务基层农牧民工作当做重中之重，以独具匠心的服务方式，赢得了百姓们的交口称赞。

舆论引导，推进文化共享发挥效用

众所周知，文化的魅力在于潜移默化，为提高文化共享工程在西藏普通群众中的关注度，宣传的力量功不可没。按照中央宣传部“走基层”工作的部署，西藏分中心建立了服务宣传推广机制和服务质量回访制度，参考农牧民朋友的需求建议，不断对服务工作进行改进，探索出一条服务藏区的新路。

这条路并非从一开始就一帆风顺。受访的农牧民朋友，从最初的排斥，到半信半疑地接受服务，再到欢迎工作人员的回访。次仁达瓦，一名只有小学文化水平的农牧民，此前对电脑一无所知，性格内向，收入也十分有限。接受了分中心的服务后，次仁达瓦变了——他开始主动学习网络知识，学会了自己上网查阅资料，按照网上的教程建起了蔬菜种植大棚和特种羊养殖基地。他的收入翻了番，人也变得健谈了许多。如今他常说：“基层

点的工作人员来了，更多更新更好的消息就来了。共享工程扩大了我们的见识，加快了我们的致富速度。”群众的口碑激励着共享工程建设者，服务之路越走越顺，在藏区发挥着越来越重要的作用。

特色鲜明，打造特定人群服务活动

在西藏自治区僧侣文化盛行，僧侣们曾经在这片地球之巅的雪域净土上创造过伟大文明，身披绛红色袈裟的僧侣在藏族同胞的心目中历来就是修佛治学，德行高尚，慈悲济世的代名词。根据西藏的地域特点，自治区分中心努力扩大文化共享工程服务范围，为特定人群量身打造了一系列特定的服务活动。

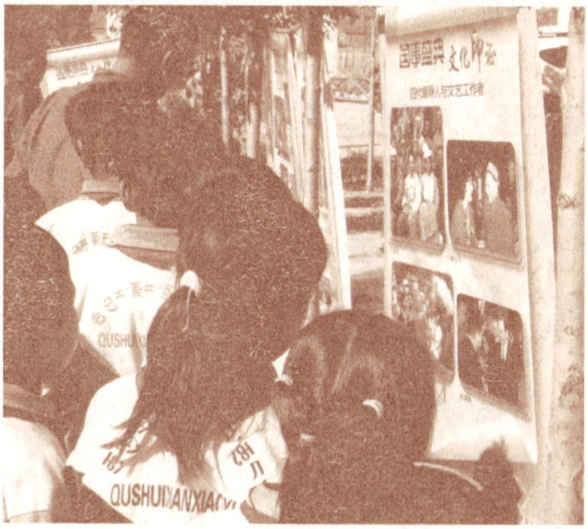

西藏分中心在拉萨扎热乡中心小学举办“国事盛典，文化印证”展览

2011 年，分中心派出工作人员远赴距拉萨 900 多公里、平均海拔 4700 米的那曲地区，在巴青县阿秀乡达江寺举办了邀请僧侣“共享数字文化”活动。分中心建立了驻寺工作组，根据寺管会提出的需求，依法办理相关手续，制定了翔实丰富的培训方案。来自达江寺的 22 名僧人在分中心驻村点参加了培训。通过培训，僧人们对文化共享工程有了初步的了解，对电脑基础知识的应用能力有了较大提高，并对地方特色资源产生了浓厚的兴趣。为保证培训达到预期目的，分中心特地从西藏大学请来藏语言学教授讲课。培训班集中讲授了班智达藏文输入法和喜马拉雅输入法、藏文排版知识和藏文软件转换、藏文古籍录入法、藏文古籍鉴定等僧人日常学习中能够运用到的基

础技能。有些僧人沉默寡言，工作人员为了保证他们能够听懂老师的授课内容，耐心地在他们身边手把手地讲解、指导，直到他们全部学会为止。在讲授运用藏文软件和编辑藏文文档时，培训活动达到高潮，学员们将授课老师团团围住，你一言我一语地向老师请教问题，直到宣布下课，才依依不舍地簇拥着老师走出了电子阅览室。

短短三天时间，僧人们和工作人员之间建立了良好的关系。寺管会主动要求分中心定期对该寺僧人进行类似培训。培训活动的成功实施，使优秀中华文化资源和现代科技在这部分特定人群中得以共享传播，也使他们的社会融入感大大提升。

突出重点 关照老年群体文化民生

人口老龄化问题在西藏也同样存在。针对西藏老年人文化程度较低的现状，自治区分中心举办了多期“老年人网络数字辅导班”。在俄杰唐居委会开展的电脑培训活动，就是其中的一个成功案例。

拉萨市城关区嘎玛工桑办事处所辖的俄杰唐居委会，曾为推动西藏稳定、人民安居乐业、老有所养、老有所为做出过不平凡的业绩，多次荣获国家和自治区的嘉奖。该居委会有 60 多位老年人，其中有退休干部、普通农民，还有烈士遗孀等。他们当中的许多人，以前从未接触过网络，更不知道数字信息技术。分中心没有忘记这些曾经为国家作出重要贡献的老年朋友们，为了丰富他们晚年生活，跟上时代的进步，将老年电脑培训课送进了社区。参加培训班的尼贞阿姨说：“如今不懂电脑如同文盲，我们过去总是习惯于去安居苑的收发室等待子女的信件，现子女总是埋怨我们不会从电脑上收发电子邮件。通过文化共享工程的培训，我要让年轻人刮目相看。”

俄杰唐老年艺术队在拉萨乃至西藏全区都是赫赫有名，他们的文艺表演深受西藏老年人喜爱。经过这次培训，艺术队的老年人也都纷纷表示，今后要活学活用上网技能，更多地了解、搜集文化发展的新题材，以西藏

文化大繁荣、大发展为背景，创作出更多的新作品，用文艺表演形式充分展示西藏老年人的夕阳无限美。

加强管理，优化全区服务网络建设

西藏自治区文化共享工程从无到有、从有到全、从全到精，截至目前，中央和地方政府已累计投入资金近1.7亿元，建成1个自治区分中心、73个县支中心和752个村级基层服务点，实现了县、乡、村、社区全覆盖。2011年8月，由文化部投资200多万元建设的文化共享工程西藏自治区分中心暨图书馆双语版网站的正式开通。该网站有丰富的藏文图文资源，设有文化新闻、西藏风情、知识讲座、影视天地、少儿园地、务工技能、网络直播栏目和12个精品资源库，发布视频资源3400个，其中藏语版视频379条。

为提升分支中心和基层服务点的服务能力和水平，分中心大力推进文化共享工程队伍建设，通过集中、现场、远程等方式，对各级工作人员进行业务培训，同时采取与职业教育和继续教育挂钩的方式，推广持证上岗，将基层人员培训常规化、制度化、专业化，充分调动基层工作人员参与的积极性。几年来，通过资源应用技术、网络技术、多媒体技术、Internet技术的学习，改善了文化共享工程各级工作人员的知识结构，提升了专业能力，保障了服务工作的顺利实施。此外，除正式员工外，各基层点广泛吸纳年富力强的文化协管员，进行专门的业务培训并积极为他们争取福利，极大地调动了这部分人的积极性和工作热情，逐步建立了一支有责任心、懂技术、善管理的人才队伍。

经过几年的发展，文化共享工程在西藏开辟了一条不受地域、时间限制崭新的文化传播渠道，这就像是一条数字天路，将文化的雨露播撒在雪域高原，为促进自治区经济社会健康发展、增进民族和谐团结、推动社会主义文化繁荣作出了重要贡献，也为藏区人民带来幸福和安康。

用帐篷撑起一片爱心的天空

文化共享工程陕西宝鸡市支中心　刘掌全

2008年5月12日下午，四川汶川特大地震灾害突如其来，灾害无情地波及到陈仓大地，也对宝鸡市图书馆（文化共享工程宝鸡市支中心）这个平日里充满着宁静和温馨、飘溢着书香的地方造成了极大的损害。灾害降临时，正值上班时间，整个图书馆楼里，有五十名工作人员和数百名正在阅览的读者，其中还有不少老人、儿童。顷刻间的天摇地动，令每个在大楼的人胆战心惊。瞬间的惊慌过后，大家都强烈地意识到这是发生了严重的地震灾害。“赶快搜救，把全部读者转移到安全的地方！”馆长一声令下，一刹那间，从馆领导到员工，来不及半点犹豫，立即展开了争分夺秒的紧急疏散救援。年老的读者在工作人员搀扶下匆匆地奔向门口，少儿读者被工作人员抱起来冲向外面，在紧张有序的联合互助中，全部人员安全脱险。

震后的宝鸡大街上，到处都是惊魂未定的人群，骚动不安。遭受地震灾害极大损坏的馆舍内，一个个书架东倒西歪，书籍七零八落，全部的设备设施处于瘫痪状态。闭馆停业等待灾后修复重新开馆，完全在情理之中，也会得到群众的理解，但是，在史无前例的自然灾害面前，宝鸡市图书馆（共享工程支中心）领导班子经过短暂的商定和周密安排后，却选择了另外一条充满艰辛的道路，以独特的方式，带领全馆员工，谱写了一曲图书馆人抗击灾害的奉献之歌。

当人们还在忙于避震防震的时候，有人惊奇地发现，在避震人群密集的渭河公园中心和图书馆大楼门前，出现了两个帐篷，一个是“帐篷图书馆”，一个是“帐篷支中心”。醒目的横幅，热腾腾的茶水，琳琅满目的图书，亲切热情的服务，犹如冬夜里的一堆篝火，在市民心中掀起了阵阵暖意。

实际上，在地震发生后的第一时间，依然处于余震不断的危险期，宝图人在馆长、共享工程支中心主任索新全的带领下，已把自己的奉献与抗震救灾紧紧地联系在一起了。全馆抗震救灾动员大会，无一人缺席，无一人埋怨。统一部署，闭馆不歇业，领导靠前指挥，人人参与，积极行动起来。全体职工分编成抗震防灾、借阅服务和共享资源宣传服务等小组，强调越是危险时期，群众越需要精神的慰藉，也是特殊时期发挥图书馆人特殊作用的好时机。高效在危机时刻显现,优质文明服务通过“帐篷图书馆”送给市民。

工作人员冒着风险进入到濒危的馆舍中，选择出大量书籍，搬出电脑、桌椅、投影设备等服务设施，从办证、流通、阅览，每一个馆内阵地服务

宝鸡市支中心的灾区服务点

的窗口，无一遗漏地都搬到了帐篷图书馆。各个为地震灾害而出现的特色服务也应运而生，大量的防震、防疫资料，向群众广为散发；多块防震、防疫的宣传板在人群密集的场所不断展出。为缓释群众的紧张情绪，在极

端艰苦的环境条件下，每天晚上都有工作人员蹬着三轮车，拉着放映设备，来到公园中心，为群众放电影和录像，观众人山人海，放映时间经常延迟到深夜一两点。帐篷图书馆实行的是二十四小时值班制，当群众已进入梦乡时，工作人员还要打扫卫生，整理资料，为第二天的工作做准备。五月的宝鸡，烈日炎炎，工作人员每天要接待太多的读者，工作量特别大，一日三餐只能在帐篷中凑合，晚上住在帐篷里，蚊叮虫咬，还要默默地忍受。灾害在考验着受灾群众的承受力，也在检验着宝图人的耐心和毅力。

“原以为市图书馆暂时开不了馆，今后没有地方去看书了，没想到人家想得周全，给咱开了个露天的图书馆，重建了精神家园！”这是一位读者留在渭河公园“帐篷图书馆”的感言。每天“帐篷图书馆”、“帐篷共享工程支中心”里挤满了前来的群众，很多人没有椅子坐，只好坐在地上。《人民日报》《参考消息》《宝鸡日报》《华商报》等让群众及时了解了抗震救灾的动态情况；《大众健康》《医疗保健》等期刊又给长期露宿的群众提供了健康的指导；晚上向广大群众播放的防范地震的影片，更是引导群众科学合理地防灾避震。“帐篷图书馆”成为那个时期的一道独特的风景，深受宝鸡市民的欢迎和赞扬。

“帐篷图书馆”服务持续了近一个月，经统计，其间共为群众放映电影录像 40 多场次，流通阅览书籍 3 万多册次，发放资料 3000 余份。一面是沉甸甸的收获，如期完成了服务任务；另一面，风餐露宿几十天，每一位工作人员都晒黑了，熬瘦了。大家在艰苦条件下工作，服务质量丝毫未减，相反在实践中还对这个特殊阶段的服务进行了不少改进，摸索出不少好的经验。共享工程宝鸡支中心自建立以来，面向基层开展工作，在建筑工地、在农民的田间地头、在厂矿企业、在军营学校，总有中心人员勤奋而执著地开展服务，形成了一整套较完善的基层服务的工作机制。从另一个角度说，在这场突发其来的天灾面前，又何尝不是对共享工程宝鸡支中心的平时工作的一次大考核，对基层服务工作机制的一次大检阅。

灾害无情人有情，灾难使大家更团结、更勇敢、更无私。宝鸡市图书馆、

文化共享工程宝鸡市支中心工作人员，在抗震救灾中，经受了考验，同时也用良好的服务，用爱心和奉献，赢得了社会的肯定和赞扬。蔡武部长在当年于郑州召开的全国文化厅局长会上，高度评价了这项工作。他说："陕西省宝鸡市图书馆在建筑严重受损的情况下，建成帐篷图书馆，在渭河公园等群众密集的防震场所开展读者服务，放映录像、电影，印发防震防疫宣传品，为缓解受灾群众紧张情绪，安抚受灾群众受伤心灵发挥了积极作用。"

灾害已成过去，荣誉属于昨天。宝鸡市图书馆、文化共享工程宝鸡市支中心百尺竿头更进一步，他们正把抗震救灾时期所形成的精神和作风保持、发扬下去，不断地注入新的生机和活力。

群众所需 共享所为

文化共享工程陕西绥德县支中心 王晖

文化共享工程绥德县支中心2008年8月成立。创建之初,“共享工程”这个词不仅在群众眼中是个新鲜事物,在工作人员眼中也是个新生事物。本着在服务中探索、学习,在探索、学习中开展服务的原则,在认真分析本地实际情况基础上,绥德县支中心确定从服务“三农”入手,“群众所需,共享所为”的工作思路,并选择大棚养种植基地——白家硷乡高家渠村作为首批开展工作的示范点。

白家硷乡高家渠村现有212户,人口约870人,是绥德县是远近闻名依靠大棚养种植发家致富的典型。该村从1999年开始,在县乡政府的支持下,开始大棚养种植。截至目前,全乡拥有300多个大棚,高家渠就有172个,占全乡的57%。从开始大棚养种植起,人均收入年年攀升。

2008年11月,县支中心工作人员一行四人来到高家渠村。我们向村委会负责人说明了来意,并介绍共享工程是一项新型的利用现代科技、网络等综合平台服务广大农民的惠民工程。共享工程服务资源内容丰富,可引导大家科学种田,增加产量,同时大量地减少劳动力。通过不断地宣传讲解,村委会负责人慢慢地明白了我们的意图,抱着试试看的心态,通过村广播通知村民前来观看带来的农业科技视频。

这次视频播放是关于大棚种植的科技片,观看村民有100多人,效果非常不错。观看过程中,不少村民在下面交头接耳,议论这样打农药省时省力,这样控制大棚室内温度不错,大棚内产生的二氧化碳还可以再次利用等。结束后,好多村民向工作人员靠拢过来,就他们现在大棚养殖种植存在的问题进一步提出各类诉求。

高家渠村大棚养种植主导产品为黄瓜和番茄,曾经的年产量为15000

斤/棚，占整个绥德冬季市场蔬菜市场的30%。自从在大棚里发现根线虫病害后，年产量明显下降，严重区域主要是育苗基地。农户们以常见药物给予救治，但是效果不佳，也曾经采用物理治疗，冬季不育苗，把大棚掀开，让自然温度对土地进行冷冻处理，但还是不解决问题。村委会几次邀请省、市、县相关专家前来救治，均没有取得理想成效，村民为此伤透脑筋。

工作人员对大家的反映，一一做了详细记录。回中心后，连夜加班把相关病害情况及时整理成文字、图片等，利用共享平台第一时间发布在文化共享工程网上，呼吁有关科研单位和专家给予帮助。第二天我们再次前往高家渠村实地查看受害秧苗状况，并收集了受害秧苗样品派人送往西安。

信息发布后，省共享办给予了高度重视，他们积极协调省农业科技专家给予咨询指导，并于2008年12月去绥德县支中心验收工作时，顺道在西安代买了专门医治线根结虫的农药一线敌。支中心工作人员专门开车把药品免费送到高家渠农民手中，并详细介绍了药物的几种正确喷洒方法，让部分村民按照不同喷洒方式进行试验，并嘱咐农民留意观察治疗情况，及时保持联系，以便省专家随时掌握药物效果，进一步完善根治工作。

县支中心工作人员在帮助村民解决种植问题

转年，县支中心工作人员再次前往高家渠实地跟踪查看药物治疗的效果。刚到村里，就

有农民围过来介绍在使用了“一线敌”后，根线虫病害的治疗情况。我们来到大棚实地察看，发现蔬菜秧苗已经不像曾经的那样大片枯萎。村民高建尚介绍他使用的方法：“在育苗前，把种子和药拌在一起，然后育苗。这样育苗成功后，幼苗死亡率明显下降。但是，我们也知道，像庄稼这样的病害任何药物不可能一下子见效，有个过程。就像人一样，生病后吃药打针也有个过程。有现在这样的疗效，我们已经很满足了，至少为我们解决了些问题，减少我们的经济和劳动投资嘛。”村民高建勤不等他说完就抢着介绍他的治疗方法，“我是在移栽幼苗的时候，把药物洒在事前挖好的小坑里，然后填埋、浇水，我也三天两头看看幼苗成长情况，结果和他的一样，感觉这个药物非常不错，至少不像以前那样，成活率很低。”“总体而言，通过科学治疗，使大棚产量由原来减产后的7000斤／棚，提升到现在的11000斤／棚。我们很欣慰，没有想到图书馆也能在三农发展中起着技术方面的指导作用。”高家渠村支部书记说完后，主动要求我们留下联系方式，在场的村民们也是争先恐后地向工作人员索取服务卡，以便有需要时及时联系我们，享受上门的免费新型服务。

2009年4月1日，高家渠村召开“高家渠村‘双文明’表彰大会”。邀请方方面面的领导、相关农业部门以及绥德电视台参加，他们特地邀请了绥德县支中心出席此次会议。会上，绥德县支中心领导再次广泛宣传介绍了全国文化信息资源共享工程，并表态，对于科学种养植技术方面的书籍、视频资料需求等，我们将竭力帮助，中心现有的及时赠阅，中心没有的，将通过全国文化信息资源共享工程平台，及时地给予沟通、解决，争取服务一次，成功一次。总之，“群众所需，共享所为”，绥德县支中心就是咱农民的新娘家人，对支持农民劳动生产、推进绥德社会主义新农村建设提供点点滴滴服务是我们的愿望和责任。

从白家硷乡高家渠村开始，如今共享工程惠民服务已在绥德县全面开花，服务内容不仅涵盖了农业科技，还有百姓的文化普及和健康生活。绥德支中心的共享人，正积极利用共享平台，尽力丰富和满足当地日益增长

的文化需求，使绥德市群众真正成为党的文化惠民政策的最大受益人。

打开心灵的窗户

文化共享工程甘肃分中心　许新龙

残疾人是社会中一个特殊而又不可忽视的群体，而盲人属于重度残疾人，由于他们在心理、生理以及人体结构的某一部分异于常人，给他们的生活、学习和工作带来极大不便，更需要全社会的理解、尊重、关心和支持。文化共享工程甘肃省分中心把为盲人群体服务作为“促进残疾人事业发展，改善残疾人状况”重点工作之一，开展实施了一系列为盲人提供方便的优质服务。

调查研究，措施得力

关心残疾人是社会文明进步的标志。据甘肃省残疾人联合会统计，目前甘肃省共有视力残疾人 20.42 万，如何让这些弱势群体更多地享受到社会发展成果，体现社会对他们的关心，文化共享工程甘肃省分中心采取“走出去”和“请进来”的办法，进行了大量的调查研究工作。在了解大部分省级图书馆目前都设立了盲人阅览室或残疾人阅览室的情况下，分中心依据《甘肃省残疾人事业“十一五”发展规划》要求，积极协调有关部门和人员，在以前免费送书送资源上门服务的基础上，提出了让盲人利用现代信息技术获取知识，掌握技能，提高素质，增强融入社会竞争能力的服务目标。

经过努力，2010 年 5 月，甘肃省图书馆建立了盲文及盲人有声读物阅览室。阅览室配有实用技术、中外名著、生活知识、教学辅导等盲文图书 3000 余册，音像资料、MP3 等有声读物 2000 余件，配有先进的电脑、读屏软件、盲文点显器、多功能数码助视器、听书郎等设施，每台电脑都装有文化共享工程资源，并与 Internet 相链接，为开展盲人服务提供了基

本条件。

为提高盲文及盲人有声读物阅览室的服务质量，2011 年春节前夕，甘肃省图书馆、共享工程分中心上门邀请了第一批盲人，在馆里召开了盲人读者座谈会。会上，中心领导认真听取了盲人读者的意见和建议。许多盲人表达了强烈的学习愿望，但同时也表示由于出行不方便，无法如愿以偿，有的盲人读者还说“几十年从未到过图书馆”。盲人读者的求知渴望以及实实在在的出行困难令每位与会者动容，馆长郭向东当即做出免费接送盲人到馆阅览的承诺。

细微之处，小中见大

在调研的基础上，甘肃省图书馆、共享工程分中心于 2011 年 3 月 1 日，启动了为盲人读者服务的“阳光工程”。“阳光工程”包括工作人员按照约定，免费上门接盲人读者到盲文及盲人有声读物阅览室；到馆后有专人负责，按照盲人读者需求提供书籍借阅，以及网上的信息检索和下载等服务；到中午用餐时间，免费为盲人读者提供午餐；盲人读者阅读结束后，由专人负责将其安全送回家，即免费服务、免费接送、免费提供午餐。“阳光工程”由专人负责，制定了详细的规章制度和工作流程，并公布了服务热线。在一次盲人座谈会上，盲人读者王晓琳说：我 20 多年没有来过图书馆，“阳光工程”使我有可能来到图书馆，实现了上网的愿望，是甘肃图书馆给我送来光明，给了我第二次生命。

2011 年 3 月，中国残联党组副书记、常务副理事长王乃坤，甘肃省副省长张晓兰一行，到甘肃省图书馆、共享工程分中心视察工作。他们来到盲文及盲人有声读物阅览室，实地了解为弱势群体开展服务的有关情况，并与正在阅览室学习的盲人读者亲切交谈。在听取了残疾人阅览服务中心的工作汇报后，王乃坤副理事长表示，现在国内许多图书馆都设立了盲人阅览室，但像甘肃省图书馆工作这么细致的还不多见。在得知为了实施“阳光工程”，工作人员打的免费上门接送盲人读者到馆阅读的情况时，张晓

兰副省长当即表示为分中心解决一辆专门接送盲人读者的车辆。

服务到位，效果明显

为进一步提升为盲人服务的质量，扩大“阳光工程”的实施范围，省图书馆、共享工程分中心还进一步做了以下工作：一是成立甘肃省残疾人阅读指导委员会，旨在通过组织残疾人开展广泛深入的读书活动，使他们在阅读中获取信息、学习知识、陶冶情操，进一步增强战胜困难的勇气和信心，提高自身素质和生活技能，平等共享公共文化服务，更好地融入社会生活；二是安排有爱心、有事业心和责任心强的工作人员专门负责此项工作，不断加强对馆员教育和培训，更新服务理念，促进与盲人读者的交流与沟通，同时在现有馆舍、经费有限的条件下，优先保证盲人阅读服务需求；三是招募有爱心、有时间、有奉献精神、普通话流利的盲人服务志愿者，帮助开展各项服务活动，如带领盲人读者讲解参观各种展览，听取各种讲座，参加各种活动……及时为招募的志愿者举行授牌仪式，鼓励他们用实际行动关注、爱护残疾人；四是充分利用节假日和各种主题活动，

甘肃分中心举行志愿者授牌仪式

开展内容丰富、形式多样的为盲人服务活动，在盲人中树立爱知识、爱学习、讲文明、树新风的良好风尚，激发盲人参与社会主义和谐社会建设的热情和潜能，如开展手拉手、一对一、面对面、心贴心的读书交流活动，举办有奖征文活动，举行文艺表演活动，召开座谈会等；五是加强宣传，扩大影响，在甘肃电视台、广播电台、移动传媒以及各平面媒体进行宣传，同时深入社区、街道，发放宣传材料，大力宣传免费接送盲人服务的项目和内容，让更多的盲人读者了解这一举措；六是建立盲人读者档案，及时了解盲人读者的生活状况、心理特点和信息需求，为盲人读者提供个性化的服务；七是积极与相关政府机构、社会团体、协会等单位合作建立盲人服务共享机制，在全社会形成良好的助残意识；八是积极引导帮助有条件的图书馆和单位建立盲人阅览室，并提供技术支持和资源供给。

甘肃省图书馆、共享工程分中心提升服务意识和水平，为盲人读者提供优质服务，让他们与健康人一样，共享文化发展成果，营造良好社会氛围的做法和举措，受到了盲人读者的广泛欢迎和社会的高度肯定。一段时间里，甘肃各大媒体对甘肃省馆、分中心实施“阳光工程”这一做法进行了充分报道：2011 年 7 月 16 日，《人民日报》刊登了《甘肃省图书馆“阳光工程”服务盲人读者》报道，同日人民网甘肃频道对此报道进行了转载；2011 年 7 月 17 日，中央电视台《新闻联播》也对此事进行了专门报道。

弘扬民族文化的大舞台

文化共享工程甘肃肃南县支中心　李琦

2011年4月11日晚8时，由全国文化信息资源共享工程肃南县支中心、肃南裕固族自治县图书馆组织举办的“颂歌献给党——全国文化信息资源共享工程迎接建党90周年群众歌咏比赛”在肃南县影剧院举行，800多人的观众厅座无虚席，由来自学校、社区、驻地部队的各民族演员组成的八个合唱队身着鲜艳的服装登台亮相、引吭高歌，《十送红军》等一首首脍炙人口的经典红歌在这里唱响，一曲曲优美高亢的旋律在这里回荡。在主办单位的精心组织和各族群众的广泛参与下，歌咏比赛取得了圆满成功。

2011年11月，从甘肃省分中心传来好消息，由肃南县支中心选送的6件参赛作品中有3件获奖，其中肃南县幼儿园表演的歌曲《十送红军》荣获一等奖；肃南县红湾寺镇隆畅社区职工、居民及肃南武警中队官兵演唱的《走进新时代》获得二等奖。全省获奖的6件参赛作品中，肃南县占了2件。作为工作人员不足10人的县支中心，举办这样大型的群众性文化活动是第一次，在共享工程平台上展示裕固族形象是第一次，取得这样的佳绩更是前所未有，极大地鼓舞了肃南支中心全体工作人员的热情，也在肃南各民

甘肃肃南支中心举办“颂歌献给党”活动

族群众中产生了深远的影响。

全力以赴，全员出动

在接到活动通知后，肃南县支中心召开班子会专门研究，这样的活动能不能办？有没有能力来办？怎么样办好？班子成员进行了认真的分析梳理，并及时报请县委宣传部、文化委取得领导的支持，取得了“不搞则已，要搞就要搞出水平；不办则已，要办就要办出特色”的共识，把参加全国文化共享工程“颂歌献给党”歌咏比赛作为锻炼队伍、培养骨干、展示形象、扩大影响、检验效果的一个良好机遇，进行了细致的安排部署。由于群众性活动牵扯面广、参与单位人员多、协调组织难度大，县支中心从3月份就制定了“颂歌献给党歌咏比赛”工作方案和倒计时日程，把此次活动列为今年工作的重点，对工作细节诸如参赛联系、后勤保障、经费预算、场地协调、指导教师、舞台布置、背景设计、奖项设置等逐项进行了细化。支中心9名工作人员无论是领导还是普通员工，人人身上有责任，个个肩上有担子，大家以饱满的热情按照分工全力以赴、有条不紊地投身到筹备工作之中。

广泛动员积极参与

肃南县地广人稀，地域两万多平方公里，占张掖市一半以上，人口只有三万多人，每平方公里不足两人，而且大部分生活在农牧区。按照这次活动要突出群众参与的要求，参赛的队伍必须是农牧民、社区居民，既要有成年人参加，也要有未成年人的表演。为了使活动真正达到体现群众参与、文化共享的要求，县支中心工作人员分工负责跑学校、进社区、走单位，向大家宣传文化共享工程和歌咏比赛的意义，动员社区居民和学校积极参与活动。县委宣传部、文化委在听取前期工作汇报后，专门下发文件，对参赛工作提出了明确要求，得到了各界的高度重视。红湾、裕兴、隆畅三个社区利用社区居民中少数民族聚居、能歌善舞的优势，组织发动居民积

极参与、编排了具有各民族特点的合唱节目；学校、幼儿园等单位安排音乐教师负责精选曲目，组织中小学生利用课余时间搞好排练；老年大学的裕固族、藏族等少数民族老人穿起节日才穿的民族服饰一次次地参加排练，天天在一起背歌词、练声调，认真的态度令人感动。特别是驻守肃南武警森林大队和武警中队官兵把这次活动作为发扬拥政爱民的优良传统、密切警民关系、加强民族团结、支持地方工作、展示子弟兵风采的任务予以高度重视，部队官兵与社区居民一起编排了《洗衣歌》《黄河大合唱》等反映军民鱼水情和军营文化的经典曲目。在各个各参赛队单位的重视和支持下，群众参与热情高涨，为演出取得圆满成功奠定了基础。

创新形式，扩大影响

2008 年，肃南县建立了全国文化信息资源共享工程县级支中心，2010 年，建成共享工程村级服务点 101 个，实现了全面覆盖，共享工程在肃南生根开花，有着良好的群众基础。这次歌咏比赛是宣传共享工程、扩大基层群众和社会各界对共享工程的了解，提升共享工程的影响的大好机会，支中心积极与县委宣传部、报道组、县广播电视局、广播电视台等取得联系，推动县委宣传部、文化委对本次活动的宣传报道进行了专门安排。按照省中心的要求歌咏比赛设计制作了主会标和舞台背景，邀请县歌舞团、学校等单位的专业人士担任评委，全部参演节目经过初选确定正式参演名单，演出前所有节目都进行了带妆彩排和预演。

4 月 11 日晚，经过一个多月紧张有序的排练，“全国文化信息资源共享工程——颂歌献给党”群众歌咏比赛，在肃南县幼儿园小朋友的一曲《红飘带之歌》中拉开了序幕，《没有共产党就没有新中国》《妈妈教我一支歌》……一曲曲红色革命歌曲，道不尽肃南牧区各族儿女对伟大祖国的热爱和时刻跟党走的坚定信念。演出现场气氛和谐热烈，高潮迭起，选手们身着鲜艳亮丽的民族服装，饱含激情地演唱讴歌，向全县人民奉献了一台精彩的视觉盛宴，展现了少数民族地区群众在文化信息资源共享工程舞台

上最新最美最靓的风采。

演出当晚电视台动用了四台摄像机在不同的机位进行了现场直播，肃南支中心对晚会进行了全程录像并按照省中心的技术要求及时制作上报了视频资料，经省中心审查后推荐在全国共享工程网站进行了滚动播出；县广播、电视、报纸、网络等各种媒体对这次歌咏比赛实况进行了专题报道，借助全国文化信息资源共享工程这一现代化的平台，由共享工程肃南支中心牵头组织的“颂歌献给党”群众歌咏比赛，率先在全县掀起了庆祝中国共产党成立九十周年活动的热潮。

“全国文化信息资源共享工程——颂歌献给党”群众歌咏活动的成功举办，为肃南文化共享工程开启了一扇窗口，引发了一系列思考，也带来了许多有益的启迪。实践表明，全国文化信息资源共享工程是传播先进文化强有力的阵地，是建设文化强国、构建覆盖全民的公共文化体系的有效途径之一。借助十七届六中全会的强劲东风，肃南支中心全体工作人员将充分利用共享工程这一现代化平台，注重工作创新，注重挖掘内涵，努力实现优秀文化资源的全民共享，也使裕固族优秀民族文化资源在 56 个民族大家庭中大放异彩。

一段关于“网吧”的真实对话

文化共享工程甘肃白银市平川区支中心　郁映辉

震动伴随着铃声，正在向局长汇报工作的郁映辉馆长下意识地从兜里摸出手机，看了一下来电号码：1390×××1999。谁的来电？他心里揣摩着，拿这个号码的人一定有点来头，先接吧。向局长解释了一下，郁馆长来到走廊尽头接通了电话。

“你是负责的吗？你们的网吧怎么不管学生？我要告你们！”电话那头传来了一个中年妇女的声音，声音里带着重重的怒气和咄咄逼人的凌威。

“您好，我是图书馆负责人。有什么事么？”馆长的语气平淡温和。他已经意识到这是在公共电子阅览室上网的学生家长来的电话。

还没等馆长把话说完，电话那边的声音打断了他的询问。“你们图书馆的网吧怎么不管学生，我们的孩子在里面上网！”甘肃省白银市平川区图书馆（文化共享工程支中心）所在的位置，是一个以煤炭、电力和陶瓷工业为主的新区。

馆长心想，这女人来头不小啊，手机号挺唬人，不是领导夫人就是老板老婆。心里这样思量着回答道：“您先别生气，有话慢慢说。”

“我能慢慢说嘛，你把我们的孩子放到网吧里，只知道上网，不好好学习，我要找你们领导！”电话那边的妇女口口声声要找领导。

“这事您没必要找领导，我可以给你解释。”馆长笑着回答。

“你解释什么，你们图书馆开网吧，你怎么解释？”

“我们这里是公共电子阅览室，是国家和政府投资建设的免费服务场所，和网吧不一样！”馆长耐心地解释。

“怎么不一样，我的孩子在里面玩游戏呢，还有其他孩子都在玩游戏！”

“玩游戏很正常，学生们到这儿来玩的都是益智游戏，这是正常的娱

乐和放松啊！来电子阅览室的学生里面有不少是学习很好的学生啊，还有高中生呢，”“我们的电子阅览室鼓励学生们上共享工程网站、上学习网站……”馆长补充着，解释着。

“我们家也有电脑，也有网，孩子就是不在家上，跑你们的网吧去上。”妇女依旧口口声声地称网吧。

馆长笑着询问：“那您知道你们的孩子为什么不愿在家上网吗？”

妇女自责地回答：“我也不知道啊！”

“学生们整天都在忙碌学习，您让他们在家上网，还是在网上做题，学课本中的知识，他们精神上一点儿也不能放松，久而久之都会产生厌烦情绪，对学习很不利。他们为什么喜欢在一起上网？那是因为同学们在一起玩集体游戏，他们喜欢那种相互对战、相互合作的氛围，这是学生们自我调节、自我放松的一种方式。”馆长经常在电子阅览室看到一群学生在一起激烈地玩着“战争”类的游戏，学生们常常情不自禁地发出一些或是兴奋或是叹息的声音和动作。

“那你们还不是网吧吗！”电话那边，妇女已没有了连续的攻击性质问和盛气凌人的语气。

“我们电子阅览室和社会网吧是有本质区别的。首先，我们是免费的，公益性的，我们没有利益驱动；第二，我们的网络安装了绿坝过滤软件，网站内容健康，没有色情暴力等不良信息；第三，我们在桌面上安装了共享工程网站和相关学习网站的快捷方式，引导学生们上共享工程网站、学习网站；第四，我们对学生上网都做了限制，游戏不超过1个小时，超过1小时自动关机，防止学生沉迷于网络游戏；第五，我们有严格的上下班时间，晚上不开放，学生会按时回家，同时，我们有专门的工作人员在现场监督指导，在我们这儿上网您可以放心。”郁馆长耐心地讲述了电子阅览室的工作机制。

“怎么不担心，我们孩子的学习成绩不好。”妇女还略带着怨气地回应道。

“是的，学生沉迷网络确实给学习带来了影响，但网络是把双刃剑，需要引导。学生学习成绩不好，不能全部归咎于网络，我们家长也有责任。图书馆是一个公益性的文化场所，无功利可言，更何况作为引导公众读书学习的地方，不应该也不会把你们的孩子往不好的方面带。”

妇女无语……

馆长继续说道：“其实我们也在尽力引导学生通过互联网学习，多获取健康有益的知识。为此，我们鼓励来公共电子阅览室的学生上我们推荐的优秀网站浏览，同时可以积分，积分越多，奖励他们上网游戏的时间也会越多。”

妇女“哦”了一声。

“为这个问题，有好几个家长也像你一样找我们理论。我们很理解，谁都希望自己的孩子学习好一点，但上网的孩子不一定学习不好，我知道在我们公共电子阅览室经常上网的学生中就有好几个学习成绩在班上都是名列前茅的。学生们约在一起，在电子阅览室集体游戏，其实是很有益的。退一步讲，如果不设公共电子阅览室这个绿色上网空间，这些学生会去哪儿？他们可能会背着家长去社会网吧。在那里，您的孩子就有可能不按时回家，有可能被社会上的恶习感染，有可能放弃学习，成绩一落千丈，您还要在孩子迟迟不回家时四处寻觅。”

妇女那边一直无语……

“其实，我们最近也有个想法，想把常来公共电子阅览室的学生家长邀请在一起开个座谈会，包括孩子们，面对面地谈谈心，怎样更好地利用电子阅览室帮助孩子们学习提高，让家长消除误会和顾虑，放放心心地让孩子在这里活动”。

妇女还是无语……

“这是您的电话号码吧？如果有兴趣，到时候也邀请您一起参加，带上您的孩子，我们一起探讨如何？”馆长向妇女发出了诚恳的邀请。

“哦……我经常在外面跑，可能没时间。”妇女说。

“没关系，在您方便的时候，欢迎来我们公共电子阅览室体验和了解，您也可以对我们的工作给予监督和指导。”馆长继续诚恳地说道。

“好吧，有时间我来。”妇女答应了，声音显得有点不好意思。

“请您放心吧，您的孩子到我们公共电子阅览室来，不会像您想象的那样。请记住我的电话，您的孩子如果说他来图书馆了，你不放心，可以直接联系我。”馆长说道。

“哦，好的，”妇女停顿了一下说道：“那麻烦您了，谢谢！”

“没事，我理解。欢迎您有时间过来，再见。”

“再见。”

郁馆长挂断了电话，手机屏幕上显示通话时长 23 分钟。

他摇着头微笑着走进了局长的办公室。

平川区支中心（图书馆）举办“世界读书日”广场宣传活动

文化共享之花在飞天的故乡绽放

文化共享工程甘肃敦煌市支中心　魏锦萍　范金霞

甘肃省敦煌市是有着特殊地缘优势的历史文化名城。2009 年以来，随着文化信息资源共享工程在敦煌落地，全市先后建起了 49 个村级基层服务点，实现了共享工程“村村通”。以“搭建服务平台，激发智慧火花，传播人文精神，弘扬敦煌文化”为宗旨，优秀的文化信息资源在飞天的故乡广为传播，进一步增强了敦煌的文化辐射力和影响力，也不断提升群众的文明素质和生活品位，促进了当地社会、经济、文化的快速发展。

让更多的市民不用再问“共享工程是个啥”

在敦煌图书馆的门口有一面醒目的电子屏，上面滚动播放着新闻消息和重要活动，过往的老百姓不时地驻足观望。文化共享工程作为一项惠民工程，要想让公众普遍享受社会赋予的文化权益，就先要让更多的市民了解此项工程，需要更多的展示平台和宣传途径。敦煌市中心一方面结合重大事件和节庆假日，以电子屏为阵地，集中宣传文化共享工程的建设意义，一方面制作了 3000 张“免费上网卡”，面向社区居民、机关工委、学校和各单位发放，吸引市民走近公益性电子阅览服务，通过优秀丰富的数字资源、统一规范的网络管理，引导和帮助广大基层群众学习电脑和网络知识，浏览绿色网站，享受文化共享资源，传播体现社会主义核心价值的先进数字文化。所有这些，都扩大了共享工程影响，取得了良好的社会效益，让更多的市民不用再问“共享工程是个啥”。低保户王爱拿着上网卡感叹地说：“之前羡慕别人家有电脑，没想到我现在不用花钱就可以上电脑，而且还有了不收费的老师……”

唯有丰富多彩的活动才是文化共享工程的好载体

以前图书馆（支中心）门前的小广场与露台上是老年人的活动场所，他们三五成群地聊天、打牌，娱乐活动单调。敦煌支中心利用节假日在公共电子阅览室举办优秀电影或名家讲坛活动，特别是数九寒天不利于户外活动的时候，这里就是老年人活动的天堂。支中心还从老年人退休后渴望接受新生事物的特点入手，举办多期电脑培训班，手把手地教会他们使用设备、上网、查资料、视频聊天，为广大老年群体提供了“人人皆学、时时皆学、处处可学”环境。退休老干部李主任说：“你们这个工程好啊！以前没事可干的时候我们唯一的乐趣就是打牌，现在通过电脑我们知道的多了，精神也出奇的好，真的是为我们老年人解决了精神生活的问题！”

少年儿童是祖国的未来，他们的健康成长关系到国家的未来，重视未成年人课余文化生活，提供优质信息服务，是支中心服务工作的重中之重。支中心专门开设了少儿电子阅览室，与每位前来上网学生的家长签订协议，免费办理上机卡，使出入“黑网吧”的孩子慢慢地走进了绿色健康网站，使爱玩游戏的少儿能有节制地玩益智游戏，也使困扰家长的学生上网难问题得到了解决。每年暑假，支中心都要举办“小图书管理员”活动，选拔部分中小学生来馆从事一些读者服务辅助工作，在社会实践中锻炼中小学生的能力，培养尊重劳动、热爱劳动的传统美德。2010年8月，根据国家中心的部署，敦煌市支中心举办了少年网页设计竞赛培训班，广大少年儿童踊跃报名参赛，最终，支中心推荐

敦煌支中心举办网络少儿百科知识竞赛

的作品中 2 个作品获省级二等奖，2 个作品获省级三等奖；经省分中心选送作品《大梦敦煌》获全国三等奖。2011 年，在庆祝建党 90 周年的日子里，支中心组织敦煌的中小学生，积极参加了省级分中心举办的中小学生电脑小报设计比赛活动。敦煌支中心推选的作品获中学组一等奖一名，二等奖一名；小学组二等奖一名。这些活动，充分发挥了文化共享工程资源和网络服务平台优势，提高了少年儿童使用文化共享工程资源的能力，拓展了学生接触网络文化的空间。

立足于基层、社区、农村，把文化共享工程做强

文化共享工程资源建在城镇，但服务的根基在广大的基层、社区与农村。结合全市送文化下乡活动，支中心悉心整合文化共享工程资源，根据每个乡镇的种植及养殖不同，分别刻录葡萄、大枣、棉花种植，蔬菜病虫害防治；蔬菜大棚高产技术，肉鸡养殖技术，牲畜病害防治等光盘，在 8 个乡镇现场发送，农户可自选所需资源光盘，深受农民欢迎。因为发放数量有限，转渠口镇农民谢生明只拿到了棉花种植光盘，几天后找到支中心要求给他刻录一张肉鸡养殖技术光盘。支中心还把党建、法律、电影、戏曲、保健等优秀的数字文化信息送到社区居民身边，以引导和满足社区居民崇尚文明、健康娱乐的精神追求，传播先进文化，活跃群众生活，增强社区活力，为建设和谐社区作出积极贡献。

敦煌市所有行政村均建有“农家书屋”，为规范“农家书屋”的管理运行，切实办成农民读书、学习的文化阵地，敦煌市支中心利用共享工程设备资源，制作课件，每年举办一期全市“农家书屋”工作人员和 8 个乡镇文化专干培训班，就图书分类、借阅规程和文化共享工程设备操作等进行标准化示范培训，以加强文化共享工程基层服务工作，提高工作人员的业务素质和管理水平。

在文化共享工程的平台上，发扬光大敦煌特色文化

敦煌市是一个对外开放较早的城市，旅游与整体发展在整个甘肃是走在前面的，在建设和运作文化共享工程过程中，敦煌市支中心没有忘记这里是“旅游名城、文化大市”的特殊地缘与文化优势，在共享工程平台上，继续发扬光大敦煌特色文化。例如，以“敦煌学”为载体，利用共享工程资源和设备，举办了“认识敦煌，热爱敦煌”讲座，针对群众所关心的热点问题，资源丰富，准备充分，贴近实际，反映相当强烈，打造了宣传敦煌文化和旅游文化的“敦煌讲坛”公益讲座服务品牌。

“文化共享工程”在高原

《青海日报》 张翔 文化共享工程青海分中心 闫卫军

每逢双休日，青海省西宁市湟中县图书馆内的公共电子阅览室门前，中小学生们会聚集排队等待上网和浏览馆藏电子文献。据工作人员介绍，这个电子阅览室深受附近中小学生和家长们的欢迎，平时中午也是如此，电脑椅用了不到一年就得更换了。

湟中县公共电子阅览室是随着全国文化信息资源共享工程的实施而建立的，现有电脑50台，电子文献内容丰富多样，既有图书、期刊，也有电影、电视、舞台艺术、科普读物、知识讲座等。自建成开放以来，年接待读者超过1.5万人次。前来阅览的读者除中小学生和普通读者外，还有塔尔寺的僧人。

青海省文化信息资源共享工程始建于2002年。当年，青海省文化和新闻出版厅紧紧抓住机遇，立足青海实际，推进工程的全面实施。经过十年不懈努力，青海省文化信息资源共享工程在服务网络、信息化建设、资源建设、队伍建设等方面取得了实质性进展。

文化共享工程青海分中心依托省图书馆而建立，自成立以来，陆续建成了网络中心、数据加工室、电子阅览室和网站。随着信息化建设逐步推进，资源建设的展开和自动化、网络化初步形成，省分中心职能逐步得到履行，成为青海省文化共享工程的资源建设中心、管理服务中心和技术支持中心。

截至目前，青海省文化共享工程已建成县支中心43个（覆盖面100%），乡镇文化站240个（覆盖面80%），村基层点4170个（覆盖面100%）；自拍电视专题片300部，总时长8000分钟；服务读者8.09万人次，举办各类活动3900次，为党员远程教育工作提供电视专题片65部；举办技术业务培训班21期。全省文化信息资源共享工程总投入9610万元。

在文化共享工程建设的带动下，青海省43个县级图书馆（支中心）实现了信息化，每地都建有中心机房、综合数据加工室和公共电子阅览室，面积达100平方米，配服务器4台、工作站10台、交换机2台、机柜1架、笔记本电脑2台、电子阅览室终端30台、扫描仪1台、摄像机1台、数码相机1台、打印机2台，互联网出口2兆，具备业务管理自动化、服务工作网络化和文献资源数字化功能。各馆（支中心）的服务条件得到显著改善，服务方式发生了根本性转变，服务能力明显增强，面貌焕然一新。湟中、贵德、祁连等县图书馆（支中心）每逢节假日，都会出现本文开头所述公共电子阅览室读者特别是小读者排队的情形。

2010年10月，青海省海北藏族自治州海晏县村级基层服务点授牌

“三江源文化资源数据库”是青海省分中心近年来建设的最有影响力的地方特色资源。共拍摄电视专题片101部，总时长2000多分钟；内容反映青海非物质文化遗产和旅游景点；译制藏族安多语视频资源36部，资源总时长50小时。由文化共享工程国家中心委托青海省分中心承担的藏族安多语资源译制工作开展以来，第一批译制任务已全部完成，资源载体形式DVD光盘，总量36部，总时长50小时，其中，讲座18部，时长29.48小时；农业片总时长20.12小时。在建设过程中，青海省分中心积

极与青海民族语影视译制中心合作，聘请专家，进行审读把关，该项工作得到了国家中心的充分肯定。

十年来，在文化部的关怀下，在青海省委、省政府和各级文化主管部门的重视和支持下，经过广大工程建设者的不懈努力，青海文化共享工程立足实际，抓住机遇，加大建设力度，不断加强管理，提高服务质量，得到了快速进展。如今，我们高兴地看到，文化共享工程的公益服务在青海受到广大基层群众的热烈欢迎，农牧民们普遍反映，文化共享工程缓解了看书难、看电影难、上网难的问题，为基层群众增加了新颖健康的生活方式，使大家享受到了优秀文化和实用科技带来的快乐和效益。

链接：

全国文化信息资源共享工程是新形势下构建公共文化服务体系、惠及千家万户的一项重要文化基础工程，是政府提供公益性服务的重大文化项目，是实现广大人民群众基本文化权益的重要途径，对于打破落后地区信息闭塞的状况，缩小“数字鸿沟”，提高广大人民的科学文化素质，推进社会主义文化大发展大繁荣和建设和谐社会，具有重要作用。

文化共享工程应用现代科学技术，将中华优秀文化信息资源进行数字化加工整合，通过工程网络体系，以互联网、卫星、移动存储、影像、光盘、有线电视／数字电视网等方式，实现优秀文化信息资源在全国范围内的共建共享。十一五期间，文化共享工程已基本建成资源丰富、技术先进、服务便捷、覆盖城乡的公共数字文化服务体系。

大山深处撒下的知识信息甘露

文化共享工程青海贵德县支中心　缪镕

清粼粼的黄河水从青海高原的千里草原一路奔腾而下，在这里拐了一个大湾，留下了一方富庶的土地——贵德。这里是青海省气候和物产最为丰富的地方，也是具有悠久历史文化的名胜宝地。

环境幽静的贵德县图书馆（文化共享工程县支中心）坐落在黄河岸边的古城堡里。始建于 1926 年的贵德县图书馆初名为贵德通俗图书馆，1941 年时任县长吴世瑾，为了发展文化事业，重建图书馆，作为群众文化活动和抗日宣传的场所。如今，贵德图书馆依旧是这个有着厚重文化积淀高原小城居民们喜于光顾的地方，馆内设有综合阅览室、公共电子阅览室、借书室、少儿阅览室、报刊资料室、地方文献室、流动阅览室六个服务窗口，阅览坐席 102 个，每周开放 45 个小时，年接待读者 14000 余人次。当笔者一走入这个诸多读者正在聚精会神地看书、查资料的建筑体，立即被这里古朴而静谧的文化环境所深深地吸引。

2008 年年底，全国文化信息资源共享工程青海省贵德县支中心依托贵德图书馆建立。文化信息资源共享工程的实施，使贵德县特别是农村信息化水平跨越式提升，极大地丰富了基层群众的精神文化生活。县支中心建设了 100 平方米，有着 28 个机位的公共电子阅览室，建立了 7 个乡镇级的基层服务点，每个乡设立至少有 3 个入户服务点，使共享工程建设基本覆盖全县，受益人口达到 7.5 万人以上。

每年县支中心都要举办“让我们在阅读中一起成长”为主题的全民阅读活动，从文化信息资源共享工程配发的视频资源中精选出爱国主义影片和优秀专题片在公共电子阅览室、少儿阅览室以及全县学校、社区展演播

放，“文化信息资源共享工程”走入了基层群众的寻常生活之中。贵德支中心有针对性地将科技致富信息源源不断地传输到全县七个乡镇基层服务点并下载打印成小册、宣传单等形式，发放农村群众的手中。通过宣传推广活动，农牧民群众在闲暇之余走进了县公共电子阅览室，在这里上网、看视频，查信息，学习自己所需知识，丰富业余生活，拓宽致富之路，也为全县新农村建设注入了活力。

每年县支中心都要利用公共电子阅览室。开展对全县119个农（牧）家书屋的和52个文化进村入户书屋管理人员的集中培训，从电脑基础教起，使他们在培训中逐步了解文化共享工程的信息资源分布，使发挥资源优势，针对农牧民开展的科技下乡和惠民服务落在了实处。县支中心还利用公共电子阅览室对广大青少年提供丰富的课外辅导，使孩子们在学习过程中，对网络有了比较理性的认识，消除了家长们的担心和忧虑，提高了学习成绩。

工作人员辅导读者查阅资料

每到农闲季节，县支中心的工作人员主动走出去，深入到农牧区了解信息资料的使用情况，帮助基层服务点进行工作总结，研究对策，提高文化信息资源的利用率。每年下乡时间平均达60天。工作人员在田间地头、农家小院了解农牧民群众生活生产情况，有针对性地配发信息光盘，支中心与这些农牧民们始终保持着良好的互动关系，跟踪开展各类服务。截至2012年上半

年与贵德支中心保持长期联系的基层服务对象已有2000多户。

服务方式的改变，促进了阅读习惯的改变；阅读方式的改变提升了电子阅读的传播。本着为新农村建设服务、为全县基层群众服务的宗旨，贵德支中心最大限度地发挥共享工程资源的作用，把信息送到了千家万户，在大山深处撒下知识和信息的甘露，受到广大农牧民的欢迎和赞赏。文化信息资源共享工程的实施使贵德拉近了与时代的距离，与全国的距离，缩小了东西部地区之间、城乡之间的发展差距，为贵德的精神文明、物质文明和社会主义新农村建设，构建和谐社会发挥了重要作用。

“五个三”做法让贺兰新农村文化建设红红火火

文化共享工程宁夏回族自治区贺兰县支中心　蔡生福

文化共享工程贺兰县支中心自2004年8月成立以来，创新服务模式，利用新农村信息化服务平台，以推广使用共享工程资源为切入点，以服务新农村建设为抓手，在实践中形成的“五个三”做法，使文化共享工程在基层成为受农民欢迎、群众得到实惠的民心工程。

在服务理念上实现“三变”

随着农村信息化工程整体推进，广大群众可享受到丰富的文化信息资源，但是，IPTV进村不等于信息资源已进农家，贺兰县在服务理念上实现三变，即变三下乡为常下乡，变送文化为种文化，变双手观音为千手观音，使文化信息通过服务实现它的价值。

2008年，县文化系统开展了“文化服务进农家”活动，通过“常下乡”、“种文化”，帮助基层文化站改变“等、靠、要”，建立自娱自乐、自我发展的活动机制。通过开展活动，有3个村、2个文化大院成立了自己的文艺团队，在各村文化庙会上，县城文化广场甚至银川市玉皇阁文化广场走台演出，深受广大群众的欢迎，其中有2个节目荣获银川市农民群众文艺汇演三等奖。

基层服务点工作是面向广大群众的，单靠“常下乡”服务，毕竟人力有限、服务人次有限，培训具备基本业务技能的基层信息员是文化信息服务的重要环节。贺兰县支中心通过实施“千手观音”计划，即对信息员（党员电教、文化共享工程、农村信息化、农家书屋管理员统称信息员）开展

培训，进而开展对农村重点致富人群技能培训和广大农民的普及培训，使“双手观音”变成了“千手观音”。

在资源服务上实现“三点”

宁夏推行新农村信息化工程，为基层搭建了计算机网络和数字电视两个平台，文化共享工程充分利用这两个服务平台，并以资源镜像、光盘和移动硬盘多方并举，在资源服务上实现“三点”，增进了文化共享服务的力度和速度。

找准切入点。与县委组织部电教中心合作，制作党员电教光盘，把政治理论和农村实用新技术等作为基层党组织开展农村党员先进性教育以及科学发展观学习活动的主要内容。针对农业产业结构调整情况，在产业特色集中的村设立基层服务站，发放农村实用技术光盘包。与资源需求单位合作，主动为农林牧、科技、文化、教育、卫生、司法、旅游等单位提供资源服务。

搞好对接点。主动上门服务，了解群众个性化需求，尽可能为他们提供帮助。立岗镇科技特派员王林想搞一个发酵床养猪示范基地，基层点的同志在卫星接收的《致富经》栏目中为他找到了《发酵床生态养猪技术》，并制成光盘。2 个月后，王林的生态养猪示范基地建成。他深有感触地说：共享工程资源就是基层群众的“科技脑白金”，我们需要这样的营养来补充头脑。

注重突破点。在工作中，始终把宣传推广作为突破点，增加文化共享工程的社会影响力，让更多的群众从知晓到参与，进而接收文化共享服务。2007 年 3 月，央视一套新闻联播报道了贺兰县开展文化资源共享服务的消息，大大提高了贺兰县的知名度。新华社、《人民日报》、《光明日报》、《文化报》、宁夏电视台、宁夏日报等多家媒体，先后对贺兰“共享工程”进行报道。

在应用案例上树立“三个典型”

群众文化引领型。常信乡张亮村近年来大力发展特色产业，创出了张亮香瓜品牌，带动了全村生产发展。自治区团委在张亮村投资建立了青年文化中心，配置了图书、电脑、体育活动器材等，县支中心主动上门将电脑连成局域网，并装入了130G容量的文化共享资源。农闲之余，到青年中心（基层服务点）上网、看书、娱乐的群众络绎不绝。

技术示范带头型。习岗镇农技员年生祥家是贺兰支中心第一批资源服务的受益者，也是支中心在农民家里建起的第一个文化资源应用示范点。年生祥通过观看大棚油桃种植视频，掌握了油桃种植技术，年油桃产量达到3000斤／亩，加上大棚甜瓜、蔬菜种苗，全年收入达到4.5万元。他不仅自己带头创业致富，而且还利用文化共享工程资源，帮助周边群众发展生产。通过年生祥指导、咨询、办班培训的群众达3500人次。

基层群众求知型。县支中心通过调研了解大多数农户在生产中遇到的难题是病害防治技术掌握不好、缺乏新品种技术支持、供需把握不准，于是根据这些问题，整理共享工程农村实用技术资源，制作成资源节目单，每年更新，利用赶集、庙会发放。几年来，通过资源节目单前来求知的群众不在少数，支中心工作人员都能根据需求，及时地把资源光盘送到了求知群众的手中。

通过长效机制推动“三有”

“天天有信息，周周有电影，月月有党课”，是共享工程信息资源服务的有效举措，但是，完成“三有”服务的具体工作非常琐碎，持之以恒更是有一定难度。贺兰支中心通过促进农村信息员队伍建设、规范职能、提高待遇等长效措施，推动和支持“三有”服务的持续实施。

2010年5月，县支中心向县领导提出了整合农村信息员职能，提高待遇的建议。之后，县委出台了《贺兰县关于整合乡村临时聘用人员职能，

提升基层社会服务水平的实施方案》。新方案整合了农村信息服务站、党员电教、文化共享工程基层点、农家书屋等工作职能，量化了主要指标任务。例如，把基准工作量设为：基层服务点每天开放，每月发布信息10条、播放党员电教课件1场、播放文化资源影片4场（插播计生、安全、司法、国防等宣传教育片）；每季度组织一场农民培训；考核合格月补助1000元。新举措，提高了信息资源和文化服务设备设施利用率，缓解了基层信息员工作要求高、工资待遇低的状况，调动了大家为民服务的积极性。

在管理目标上实现“三好”

通力合作，建好“一把手”工程。新农村信息化服务平台是一个统一的整体，县里成立了组织部、宣传部、政府办、科技局、供销社、文广局、电信局21个部门组成的工作领导小组，将该项目列为“一把手工程”进行督办。习岗镇经济桥新村部和文化活动室落成后，文化局为其配置了10台电脑和一批资源光盘，组织部配备了党员电教设备，信息中心、科协、供销社配置了投影机等，并负责宽带接入等，充分体现了平台共享，设施共建的多元合作机制。

强化培训，管好基层服务队伍。县政府先后出台了《新型农民信息化培训工程实施方案》《新农村信息化工作及信息员选聘管理考核奖励办法》《关于整合乡村临时聘用人员职能、提升基层社会服务水平的实施方案》，同时大力开展信息员培训工作，每年由县政府牵头，对全县61个行政村信息员进行轮训。针对信息撰写、文档表格、上网浏览、信息下载、三农呼叫、视频对话等基础技能，县支中心联合宁夏启智职业技能培训学校，先后组织了5批，共计500名信息员接受培训。

改善服务，用好文化信息资源。近年来，国家对文化共享工程的投入逐年增加，有效地改善了乡镇村基层服务站的服务空间和设施条件，也提高了各级基层点的服务能力。立岗镇立岗村大学生村官王丹，暑期为孩子们举办绘画、朗诵、讲故事比赛，并辅导作业，央视一套新闻联播曾专门

播出该村基层服务站。每年支中心都要向县电视台提供农村实用技术片源，制成适用的种养殖技术节目，在农业专题《田野四季风》中播出。

工作人员正在辅导基层群众查阅资料

库尔勒香梨之乡的民心工程

文化共享工程新疆维吾尔自治区分中心

新建维吾尔自治区库尔勒市恰尔巴格乡位于市区西北部，是一个以发展香梨产业为主的城中乡，下辖 7 个行政村 1 个直属农场、21 个村民小组。近年来，恰尔巴格乡在加快统筹城乡建设的同时，坚持把文化工作作为社会主义精神文明建设的突破口和重要内容，以全国文化信息资源共享工程建设为抓手，依托农村党员干部现代远程教育网络，探索建立了平台共建、设施共管、资源共享的工作机制，较好地实现了农村党员现代远程教育与文化资源共建共享、互促发展的良好局面，有力地推进了新农村建设。2010 年，农牧民人均纯收入达到 8652 元，村集体收入突破 1000 万元。

整合资源，平台共建，两个工程优势互补

农村党员干部现代远程教育和文化共享工程各具优势，恰尔巴格乡将两者进行了有效整合，利用远程教育网络为文化建设提供平台，畅通文化共享工程传播渠道；利用文化共享工程信息资源丰富远程教育内容，拓展远程教育内涵，减少重复投资，提高利用效率。

（一）整合硬件资源。资金投入是实施文化共享工程的关键。为了确保建设经费及时足额到位，恰尔巴格乡多方筹资，采取了社会捐资、部门补贴、乡村自筹等多元化筹资渠道，2008 年以来在 7 个村基层服务点，初步形成了设施完备、布局合理的综合性公共文化服务网络。同时，有效整合了各村人口文化技术学校、村级科技服务站、共享工程基层服务点和农村党员活动室，实现了共建共管。

（二）整合内容资源。文化共享工程与党员干部现代远程教育在资源内容上具有互补性。对此，恰尔巴格乡在组织开展远程教育与文化宣教时

将两者有机结合，例如该乡首批自治区级“五好”终端接收站点博斯坦村，有专人负责远程教育与文化信息资源上传、定期更新、课件制作、计划播放等，基本上做到每日有节目，每周有活动，面向干部、党员、群众不同群体和老、中、小不同层次全面开放。

（三）整合人力资源。恰尔巴格乡把培养一支数量足、质量高、相对稳定的信息管理与服务队伍作为工程实施的重点。坚持把学历高、业务精的大专院校毕业生补充到信息管理与服务队伍中，使专业技术人员合格率达到100%；通过各种培训方式全面提升技术人员的服务能力；制定出台《信息管理与服务人员管理办法》，明确各村场网点专（兼）职人员的岗位职责、人员选用、调整变动等事项，保持队伍的相对稳定，为工程的实施提供人才保障。

依托网络，开展培训，发挥工程的引领作用

恰尔巴格乡按照“因地制宜、统一服务、分级管理、群众参与”的原则，利用服务网络，有组织地开展各类培训活动，努力发挥现代远程教育和共享工程的引领作用。2010年来，全乡共开展党员群众教育培训和农村实用技术专项辅导260余场次，培训农村党员、干部、群众近8000余人次，涌现学用标兵和致富能手25个，70%以上的联系帮带对象掌握了1—2门农村实用技术。

（一）因地施教。按照农村经济、社会发展情况，选择学习内容：对经济发展较慢的村，全方位开展学习培训，迅速提高群众增收致富的本领；对宗教活动比较频繁的村，大力宣传党的惠农政策，组织收看健康向上的文化节目，营造崇尚科学的氛围；对治安状况较差的村，增加法制类节目的收看场次，扩大受教育范围，维护农村的和谐稳定。对一些群众居住分散的村，采取划片分组、节目预告、定时收看办法，实现培训效益的最大化。

（二）因时施教。根据农村党员干部群众的生产生活规律，“农闲多学、农忙少学”，适时安排学习培训活动，切实做到学习生产“两不误、两促进”。

夏秋农忙季节系统播放一些政策宣传、科普推广类节目，发挥“开放课堂”作用；冬季农闲适时播放一些村民喜闻乐见的卫生保健、文化娱乐类节目，充实提升农民群众的文化素质。

（三）因需施教。围绕产业分布开展“菜单”式培训：根据不同产业的发展规模、从业人数及其专业技术水平，分级分类制定培训“菜单”，合理搭配学习内容，方便群众自主选学，同时突出重点，“缺什么、补什么”，“需要什么、培训什么”。围绕产业发展开展精细化培训：按照各类产业产前、产中和产后各个环节不同需求，开展市场供求、技术创新、售后服务方面培训。围绕产业升级开展拓展性培训：根据产业发展规律，组织开展有关扩大生产规模、深化产品加工的培训，引导群众将各类产业做大做强。

（四）因人施教。针对不同工作对象开展培训：对普通群众，根据个人爱好和需要，以随机选学为主；对党员，坚持学知识、学技术和学理论、学政策并重，在提高“双带”能力的同时，不断增强思想政治素质；对乡村干部，注重学方法、学管理、学服务、学经验，提升做好农村工作的水平。博斯坦村设置了果树栽培、肉牛育肥、蔬菜种植、生猪养殖等10多个岗位，让党员自己选定岗位，使党员在新农村建设中有岗有责，充分发挥先锋模范作用。

注重“三个结合”，深化工程的服务效果

现代远程教育与文化共享工程资源共建、互促发展，共同推进新农村建设，得到了恰尔巴格乡广大基层群众的普遍认同。在实践中，恰尔巴格乡还注重“三个结合”，不断深化服务效果。

（一）与开展群众文化活动相结合。恰尔巴格乡文化共享工程基层点把文化信息资源的利用与群众文化活动紧密结合起来。在开展活动时，注意制作一些能够辅导群众开展文化活动的课件，将村场文化、家庭文化、文化下乡活动及老年、青少年文化活动结合进来。乡民族风情园演出队依托文化共享工程建起了农民管乐队；博斯坦村、萨依巴格村成立了业余文

艺演出队，丰富了群众的文化生活。

（二）与促进群众致富相结合。乡基层点围绕香梨管理、蔬菜栽培等主导产业，下载、整理了一批农民群众急需的信息资源，或利用“村村通”广播，赶在农时前进行播放，或刻录成光盘，发放给相关村站点，在集市上赠送给需要的群众。全年服务达到5000人次，为广大群众学习农村实用技术技能、了解市场架起了信息快速通道。

（三）与农村党员教育相结合。以各服务站点为主要阵地，组织农村党员、干部学理论、学政策、学知识、学技术、学方法、学典型、学先进，不断提高自身素质，使一部分农村党员干部成为了政治强、共同致富能力强的带头人；农村基层党组织成为领导班子好、党员干部队伍好、工作机制好、小康建设业绩好、农民群众反映好的“五好”党组织。

现代远程教育与文化共享工程互促发展，共同推进新农村建设，得到恰尔巴格乡基层群众的普遍认同。

文化共享滋润兵团战士的心灵

文化共享工程新疆建设兵团分中心　马丽

兵团文化信息资源共享工程自 2006 年启动，截至目前已建成 1 个省级分中心、81 个县级支中心、108 个乡镇基层服务点和 2297 个连队服务点，顺利完成了“十一五”建设任务。优秀的文化信息资源通过共享工程服务渠道，逐步丰富了兵团职工群众的文化生活，也推动了兵团的生产发展和科技进步。

引导职工走上致富路

农七师 137 团这几年在师、团党委领导下大力发展大棚农业，大大提高了职工群众的收入。随着团里农业生产的发展，职工群众的农业信息需求也日益迫切。

唐四平是兵团农七师 137 团 6 连的职工，他们一家也不例外，种植着大棚蔬菜。为了掌握相关的农业技术知识，降低成本提高产量，从一开始唐四平就去连队文化站查阅农技书籍，或者订阅一些资料。苦恼的是这样的渠道获取信息总是不及时，而且也不能有问必答。文化共享工程基层点建设之后，文化站工作人员在国家管理中心发放的资源库中挑选出适合大棚蔬菜种植的农业生产资源，进行整理并刻成光盘提供给职工群众。这一服务像是下了一场及时雨，唐四平别提有多兴奋了，一有空就来文化站里查询资料信息。在工作人员的指导下，他学会了上网查阅资料，下载所需的种植技术知识。唐四平逢人便说：“以前我们只能在连队图书室借书看，接触的知识面很有限，现在有了计算机网络，不但学习更加直观，印象深刻，而且需要的种养殖技术应有尽有，这下可以放心大胆地多承包些蔬菜大棚了。”

农七师137团一年一度的统计年报培训在团文化信息资源共享工程电子阅览室进行着。50余名会计、统计，在老师的带领下，坐在计算机前，就年终决算各项准备、年度决算编报、利用数据分析提高决算编报质量等内容接受培训。往年开展此类培训，光会计决算报表一项就要花费上万张纸，一次培训至少需要3天才能完成。今年团里利用文化共享工程公共电子阅览室局域网络系统，将会计培训课程建立共享文件，集中上机开展培训考核，仅用了一天的时间就完成了此项任务。利用公共电子阅览室局域网络系统开展统计年报培训不但在时间和效率上有了很大的提高，同时节省了大量因培训需要所产生的成本费用。

在农五师89团17个农业连队会议室里，崭新的投影设备正同时演示着培训课件，这是团里开展的“科技之冬”职工素质培训活动。直观生动的画面给职工带来了全新的感受。大家说：“大屏幕讲座，像放电影似的，我们仿佛身临其境，感受很不一样。”文化共享工程的服务犹如春风细雨滋润着兵团职工群众，也渐渐地改变着基层群众的工作、生活。

服务西北边陲戍边人

兵团农十师185团驻扎在我国西北边境地带，这个团距离哈萨克斯坦仅隔一条窄窄的阿拉克别克界河。马军武和妻子张正梅是185团水利站的职工，一年到头他们只做三件事，巡边、守水、护林，这是人人都在做，但又有许多人不愿做的事，马军武在这个边防哨所坚守21个春夏秋冬。在这里白天还有许多事情去做，倒也不觉得冷清，最让他们难以忍受的是夜晚的孤寂，夫妇俩共同的寄托就是思念外地上学的儿子。2008年文化信息资源共享工程185团支中心建立以来，在全团开展普及电脑知识的培训。马军武夫妇在团场支中心工作人员的培训指导下，陆续学会了电脑操作。从此，他们单一、寂寞的戍边生活展开了精彩的画面。他俩不但经常享受电脑上的文化生活，还申请了QQ账号，经常与儿子视频见面。张正梅说，我和他爸爸还不会使用电脑上网时，多半是用电话和儿子联络，电

话里听着声音总是心里不踏实，现在我们经常可以和儿子视频见面了。这番话暖流般地温暖着支中心每一位工作人员的心，这是对兵团基层文化工作者最温馨的褒奖。

驻扎在边境线巴克图口岸农九师163团文化共享工程支中心电子阅览室，是近年来职工们非常喜欢的好去处，不到30平方米的房间里，经常坐满了人。58岁的魏玉秀以前从来没接触过电脑，第一次接触电脑鼠标时，拿起又放下，满脸狐疑的情景，令支中心的工作人员记忆犹新。经过几个月的培训，现在的她学会了上网浏览，有了QQ号，还会打开网络视频学习做菜。“最重要的是，我还会用视频与远在外地上学的孩子聊天对话。”魏玉秀　激动地说。像魏玉秀这样，每年经共享工程培训的人不在少数。据统计，仅农九师通过共享工程网络接受电脑技能及素质教育培训的人员就有6000余人次。一位兵团职工欣慰地说：“虽然这里很偏僻，但我们不感觉与内地有距离。”

群众离不开的电视频道

2010年，农九师163团在团场文化中心安装了电脑大屏幕，通过卫星互联网接受传输文化共享资源，同时还实现了利用广播电视网络系统，将文化信息资源传输到千家万户，职工群众在家就能定期观看到丰富的文化节目。“目前，我们在有线电视频道中专设了两个频道，用来传输文化共享工程资源。每天连续播放7个小时，节目包括养殖种植技术、历史故事、人文地理、影视作品等内容。我们还会给需要技术服务的职工提供从共享工程频道转录的光盘。这样，不仅使兵团职工群众开阔了视野，还可以学到生产技能，发家致富。”163团支中心主任胡永江说起共享工程的好处来，滔滔不绝。

新疆建设兵团具有完整的广电网络系统，为了更好更快地扩大文化信息共享工程资源覆盖范围，在兵团文广局的领导下，兵团分中心分别在农二师、农三师、农四师、农六师、农九师、农十三师，建立通过有线电视

文化共享工程信息资源进连入户

网络传播文化共享工程资源系统。分中心向以上师、团电视台投入了非线编辑系统、硬盘播出设备、资源存储器等设备，这些单位在师团有线电视台开设了专门的文化共享频道，优秀的文化节目资源通过文化共享频道传输到了兵团广大职工群众家中。有的师团电视台根据本单位的实际情况、将国家管理中心传输的资源分类整理，按季节分时段，有针对性地播放。职工群众足不出户就能收看到与他们息息相关的农业科技、文化娱乐、健康生活等节目，受益群众近百万。

兵团文化信息共享工程事业从无到有，从有到优，滋润着广大兵团战士的心灵，正在成为推动兵团文化事业大发展大繁荣的排头兵。

共享篇

是它照亮了前进的道路

——文化共享工程惠及武警官兵

《人民武警报》　俞伟军

没有阳光，就没有日子的温馨；没有雨露，就没有五谷的丰登；没有水源，就没有生命的延续；没有你，就如同黑夜失去了引路月光；遇见你，我们不再担心在黑暗中碰得鼻青脸肿，因为你点燃了黑暗中的火把，把前进道路照得如此光明！

这就是惠及全武警部队于去年“八一”建军节前夕开通的武警政工网“全国文化信息资源共享工程”。武警部队数十万官兵成为这一共享工程的受益者。

我们的“法宝”

组织开展小型多样的文艺演出与开展各类文艺活动是每年宣传工作的大事，每年都要组织 4 次以上大型的文化宣传演出活动。道理知道、任务也明确，但做起来却难得很。组织活动设施设备要借、搞文艺活动各种资料准备的又不充分……一次次困难使我知道了为什么我们文化工作总是跟不上总部、总队的步子。每当看见官兵们在演出前表现出的忐忑不安我就心寒不已，和地方搞拥军活动时苦于没有优秀作品而愧于心间。在去年配合市团委组织一场文艺演出时，我组织排了一个“狼牙山五壮士”的节目，在演出中很不受欢迎。同去的八名战士跟我像打了败仗一样灰溜溜地回来了。回去后领导找到我说：“别灰心，人生怎么可能没有挫折呢，磕磕绊绊风雨之后就能见到彩虹了！还记得我们武警部队开展的文化共享工程么，你不如去那里看看，也许能解决你的问题！”

大学生走进军营同台“现役”，演出在支队新兵营拉开序幕，呐喊声、

鼓掌声、叫好声此起彼伏，节目精彩纷呈，演出高潮迭起，学院书记拉着支队领导的手激动地说："来你们这里这么多年了，这次演出搞得最隆重，最开心！""哈哈，你知道这是为什么吗？因为我们宣传工作找到'法宝'了！"领导发自内心地哈哈大笑。听到此话我满是欣慰，心里更充满感激，"还好有你——文化共享工程"。

让更多的人认识它、"共享"它

文化共享工程走进基层，官兵们对枪炮不陌生，但是对信息资源这个事物却新鲜得很，有的起初还怀疑它的作用是否真有我们所说的那么厉害？针对这种情况，我们首先通过视频、网络向官兵传达学习有关文化信息资源共享工程的政策精神和要求，加深了官兵对工程的理解和认识，形成正确的舆论导向。同时制定合理有效的学习计划，要求基层支部首先学习其中的文化知识，不断地营造良好的学习氛围。让党员干部成为文化共享工程的学习者、宣传者、实践者。通过一段时间的学习，提高了党员干部的文化素质、思想道德素质、业务工作能力。支部的凝聚力、战斗力显著增强，推动此项工程更快走入广大官兵心中，得到官兵的重视。官兵们也能根据自己的需要主动搜索各类信息资源，

驻守山东长岛的武警官兵正在登录政工网的文化共享专栏

从中得到精神食粮。

“今天我感受着基层中队越来越浓郁的文化气息，真真切切地感觉到了文化共享工程的作用和重要性。目睹文化共享工程使我们广大官兵尝到甜头的喜悦和希望，我就忍不住想要努力宣传‘共享’，服务于‘共享’，让更多的官兵知道它、了解它，合理地利用它。我坚信随着文化共享工程的进一步深化、完善，必将使所有的官兵都公平地享受到信息时代带来的便捷和效率，轻松获得每个人自己所需的一切信息，最大限度地发挥每个人的个性特质与专长，为传承和发扬中华民族的悠久灿烂的文化，为‘科教兴国’，‘以德治国’的战略方针的实现，贡献人们集体的智慧和力量。”

“架柜”不再缺“书”

最近官兵们都在谈论着“共享工程”，“武警政工网的‘全国文化信息资源共享工程’，让我们坐在网络学习室就能收看到各方面的文化信息，拓宽了我们的眼界，给我们带来了真正的精神文化大餐，真是我们基层官兵的福音！”武警丽水支队缙云中队文书巫业伟激动地说。

“说实话，虽然我们中队图书杂志很多，但总感觉满足不了目前官兵对文化知识的需求，女孩子的衣柜里永远都少一件衣服，而我们架柜上的书也是永远都少一本。不过我们官兵只要一登上武警政工网的文化共享工程，想要找的上面几乎全有！我发现它里面不仅涵盖了我们广大官兵的各种文化需求，更有许多中华文化的精髓；像舞台艺术、名家讲座、文化长廊、红色记忆、艺术知识、经典文献等信息资源，它既丰富了官兵的业余文化生活，提高了大家的思想觉悟，又引导官兵积极向上，提升了官兵的文化素质，对我们基层文化建设起到了不可忽视的作用。我认为这样一个不受地域、时空限制的崭新的文化传播渠道，对基层文化建设，特别是针对贫困山区部队的信息匮乏起到的作用不可估量。”支队一名基层干部一提起共享工程文化就满是自豪。

文化共享造福京西山里人

文化共享工程北京门头沟区清水镇田寺村基层服务点　张磊

在北京市门头沟区西部的深山区，百花山的脚下，坐落着一个有着千年历史的古村落——田寺村，村庄干净而又有致，幽静而又祥和。村民曰：先有福田寺，后有田寺村。昔日金朝章宗皇帝赐匾“胜泉施地”于后山庙宇之楣，彰显了小山村深厚的历史底蕴；今朝舒乙先生题字“秀美风光如画，古幽文化璀璨”于迎宾牌楼之上，更是赋予了这个小村庄浓厚的文化气息。

2009 年，在党和国家的政策支持下，这个小山村里兴建了一座文化小书屋，名曰“田寺益民书屋”。书屋面积 80 余平方米，藏书 3000 余册，各种报纸期刊 30 余种，音像制品 400 余张。并配置了文化资源信息共享工程播放设备，包括投影仪、电脑、液晶电视、数字电影播放机等；2010 年，上级政府又为村里安装了高清卫星直播机，一天一部高清电影，免费下载，村民们足不出户就可以体验时下的高清电影。“益民书屋”、“数字影厅”、“文化资源共享工程”组合在一起，共同组建了一个农村基层综合文化中心——北京市门头沟区清水镇田寺村文化共享服务中心。

管理员把这个书屋打理得干干净净、井井有条，图书借阅制度、书屋开放时间、管理员职责、消防管理制度几块展板醒目地壁挂于书屋的正面，图书分门别类地整齐地摆放在左侧书架上，右侧阅览室里整齐地摆放着十余张桌子，供村民们在此读书看报。吊装的投影仪打在墙上，晚上时分，为村民们播放电影、种养殖技术、娱乐节目。就是这么一个不起眼的小小的文化共享服务中心，极大地改变了田寺村民茶余饭后的生活习惯，给他们的农余生活增添了斑斑色彩。

春天里，农忙之余的村民们纷纷来到书屋，挑选他们想要看的图书，

东边的董阿姨说她在编织毛衣，想看一些编织方面的书籍，学织新的图案；西边的张奶奶说她想在院子里养些漂亮的盆景，想看一些养花护花的书籍；南边的李姐姐说她怀孕好几个月了，想看看育儿常识；北边的王老伯说他身体欠佳，想看一些养生保健的书籍；住在后山上的冯大叔说他家养殖的狍子老是生病，想看一些动物养殖方面的书籍……图书借阅井然有序，借阅记录条条在册，村民得书如宝，悦意而归。

暑假到了，村子里的孩子顿时多了起来，田寺文化共享服务中心成了孩子们的文化乐园。益民书屋每天都对他们开放，他们在书架上寻找自己爱看的笑话、幽默故事、历史典故，趴在书桌上慢慢地品味。有时，书屋的“小村官”会组织这些孩子们开展一些读书活动，给孩子们讲授一些农家常识，丰富他们的课堂知识，补充他们的课外知识。管理员利用数字直播卫星下载影片，为孩子们播放 3D 高清动画片，像《别惹蚂蚁》《闪电狗》《汽车总动员》等，生活在小山沟的孩子们一样可以像城里人那样欣赏到最新的高清电影。

夏去秋来，转眼间，国庆节长假到了，在外面上学和打工的年轻人纷纷回到了家里。他们听说，自己的家门口兴建了益民书屋，还有数字影厅，半信半疑地前来观看。读书室环境洁净而优雅，图书种类丰富而新颖，还有他们爱看的时尚杂志和最新的期刊，数字播放机里有大量的高清电影，令他们惊奇不已。利用这个时机，文化共享服务中心举办了“青年诗歌朗诵比赛”、“读书常识有奖竞答”、“数字电影播放节”等年轻人喜闻乐见的文化活动。2009 年，村里部分年轻人参加了门头沟区图书馆组织的读书征文

田寺村益民书屋正在举办”青年诗歌朗诵比赛”

活动，文化共享服务中心还为他们颁发了纪念奖品。这些活动极大地调动了年轻人的阅读热情。

田寺文化共享服务中心每年还举办四次农业种养殖技术讲座，邀请镇里果树种植的专家能手，到益民书屋向村民们讲授核桃树和杏树的嫁接、施肥等技术，使以果树种植为主业的村民们受益匪浅，深受大家的欢迎。针对目前村里长期居住的主要是老年人和妇女的特点，文化共享服务中心充分发挥"知识讲堂"作用，根据这些人群的特殊需求，邀请镇里卫生院的医生到村里为村民们讲解常见疾病的预防知识、饮食注意事项、养生保健的知识，使大家养成一个良好的生活习惯，享受美好的生活。

田寺文化共享服务中心给村里男女老少文化生活带来了无穷的乐趣，越来越多的村民养成了读书看报的习惯，摒弃玩牌赌博的恶习。为了进一步发挥书屋的作用，村委会不断为其补充新的书籍，配置新的期刊，还安装了空调，增加了管理经费；门头沟区图书馆为小书屋送来了电脑、报刊书籍、视频光盘等，改善了阅读环境。如今，来书屋的人更多了，书屋为大家提供的服务也更加丰富了。

2009 年的中央一号文件提出繁荣农村公共文化，深入实施农民书屋工程，2011 年十七届六中全会明确提出建设社会主义文化强国的目标，把文化繁荣发展与民族伟大复兴的联系，提升到了国家战略高度。田寺文化共享服务中心是当今中国农村基层文化建设的一个小小缩影，它正紧跟时代步伐，努力建设一个集图书借阅、网络应用、电影放映、文化活动、知识学习为一体的综合文化活动中心，引领社会主义新农村文化建设的新时尚。

翠亨社区“多版本”的文化共享服务

文化共享工程天津开发区第三大街翠亨社区基层服务点　刘金霞

地处天津开发区的文化共享工程翠亨社区基层服务点，自建立四年多的时间里，致力于为社区居民提供周到、便捷的“多版本”文化共享服务。每周一至周五 8 小时开放，通过 VPN 网络实现优秀文化信息资源传播和利用，为居民提供了绿色的学习、交流、娱乐空间，被大家亲切地称为居民的网上家园。

“文化共享工程”——快乐儿童版

本着给孩子们营造一个欢乐而有意义的暑期环境，调动他们参与社区活动的积极性，培养他们的集体意识及社会责任感的活动宗旨，翠亨社区基层点充分整合现有资源，发挥社区热心居民的作用，连续三年举办了“我是社区小主人”暑期夏令营活动，旨在让学生们掌握一定的电脑基本知识和操作技能，迎合孩子兴趣与好奇心，利用多姿多彩的电子图书、爱国主义教育影片、文艺戏剧、思想道德教育短片等文化资源，让中小学生在暑期不间断地接受到优秀文化、精品电影的熏陶，促进知识的转化，并针对他们好奇心强、可塑性强的特点，培养其面对新事物和困难，保持努力学习和积极应对的心态，取得了非常好的效果。

“文化共享工程”——时尚青年版

信息时代的来临，网络成为青年人获取信息和沟通交流的重要手段和媒介。翠亨社区地处开发区，年轻居民较多。基层点创新工作思路，以增强青年人参与社区活动的意识为目的，借助共享工程网络平台，建立了名为“翠亨 community”QQ 群，利用它的即时性、互动性以及海量的存储、

庞大的资源共享空间，吸引社区青年居民参与其中。工作人员每天都提供在线交流服务，实时掌握居民的需求。通过ＱＱ和世界各地的网友聊天交流，听歌、看电影是最受年轻人喜爱的娱乐方式。许多青年居民在这里找到了一条加强学习和对外交流的方便而快捷的途径，这里成为了青年们的网上家园。文化信息共享工程的实施，开辟了社区工作的新途径，不仅成为社区居民沟通的新平台，拉近了邻里关系、方便了群众交流，而且也搭建了社区与居民之间的桥梁，提高了社区工作的效率和质量。

“文化共享工程”——摩登老年版

由于社区内不少老年人的子女在国外学习或工作，为了缓解他们的孤独和思亲之苦，翠亨基层服务点在社区开设了中老年电脑扫盲班及提高班，利用现有资源，对社区居民特别是中老年人进行电脑培训，帮助他们与时俱进，开拓他们的视野。电脑班开课 160 余节，每次参加 20 余人，累计千余人次。通过学习，不少老人掌握了电脑基本知识，已经有些基础的老人还学会了用 QQ、MSN、邮件等功能。他们现在可以和远方的亲戚朋友发邮件、上 QQ 视频聊天等，还有更 fashion 的老人还开通了自己的博客、微博等。老人们骄傲地说：我们要让心脏与时代的脉搏一起跳动，以后博客不仅仅是你们年轻人的时髦了！此外，社区的中老年文体队伍、“摄影沙龙”，也利用文化共享工程

翠亨社区“多版本”的文化共享服务

的资源修改图片、下载舞蹈、歌曲等，为社区的文艺演出、排练节目开辟出一条新的途径。这些活动使文化共享工程深入人心，深受群众的喜爱。

“文化信息共享工程”——新居民版（青年农民工）

翠亨社区内有着大量的外来务工人员，根据这一特点，基层点服务通过图书借阅与电子信息阅览等方式，为这些“新居民”提供了学习和交流的平台。在这里，这些社区新居民可以查阅资料，阅读心仪的图书；通过网络发送和接收电子邮件，和友人交流信息；通过泰达城市网论坛服务能在第一时间了解社区动态并参与讨论；能查找新闻、消息，或发表文章，或对他人发　　布的信息进行评价，既满足了他们的精神文化需求，也使新居民们更迅速、便捷地适应环境，融入城市，融入社会。有一位山东女孩，由于生病手术，导致记忆丧失，对以前熟练的电脑操作已完全遗忘，听说社区有“文化信息共享工程”这一项目，很是高兴地来到社区进行咨询，并报名参加电脑学习班。由于情况特殊也是单个学习，社区就请老年电脑班的辅导员朱老师对其耐心辅导，经过一个多月的学习和训练，她已能初步掌握电脑操作，并能熟练运用基本的办公软件。此外，社区还聘请专业性强、授课经验丰富的教师采取集中辅导、讲练结合的方式开展培训，吸引了许多“新居民”的踊跃加入。他们感慨地表示：通过学习受益匪浅，对提高个人素质、增加再就业的机会有了极大的帮助。

实践证明，文化共享工程是消除文化和数字鸿沟的有效捷径和创新之举。工程应用现代信息技术，开辟了一条不受地域、时间限制的文化传播渠道，实现了文化传播手段的创新；以数字资源建设为核心，大力建设面向基层、面向普通百姓的适用资源，实现了文化内容建设的创新；将传统图书馆服务与公共电子阅览室服务相结合，将数字文化服务与群众文化活动相结合，实现了文化服务形式的创新。

“文化共享工程”在社区的实践与应用，已初步成为社会管理创新理念向规范化、服务化、信息化切实转变的一个风向标。在这里中华优秀文

化和文明得以传播，敬老爱幼、帮困扶贫的传统美德得到宣扬，在居民们享受文化、提升个人素质的同时，也拓宽了社区便民服务的途径，这对于促进经济、社会协调发展，对于更好地满足基层群众日益增长的精神文化需求，具有深远的意义。

受益于共享工程的那些人，那些事

文化共享工程天津滨海新区康翠社区基层服务点　周静华　林德菊

住进楼房的居民们从关上一道防盗门，到打开一扇心灵门，大大地体现了社区的人文和谐。我亲眼目睹了文化信息共享工程惠及天津滨海新区康翠社区以后的和谐美好景象。

春节期间，到一老友家拜访，老友家在滨海新区康翠小区。我被老友请进屋，落座以后，他让我稍等片刻，原来老两口正专注于网络QQ聊天。我倍感惊奇："什么时候学会的上网呀？竟然到了如此痴迷的程度。"一根烟的功夫，老友离开电脑，一边把珍藏的好茶递给我，一边笑嘻嘻地说："抱歉，抱歉，我的网友刚才遇到一个问题，这也是我以前上网中遇到过的，我帮他解决了。"老友脸上洋溢着自豪的神情。看到我好奇的目光，或许更愿意跟他分享网络上的快感，于是，老友滔滔不绝起来。他跟我说："我们康翠社区有全国文化信息资源共享工程基层服务点，我们老两口就是在这个服务点学会了使用电脑，学会了在网上查找信息，QQ聊天也是在那里学会的，好友就有50多人呢！"听罢此言，我从好奇变得惊奇："老哥，我太羡慕你了，你收我这个徒弟行吗？"老友笑得更开心了："没问题，包教包会！"收下我这个学生，老友依然意犹未尽，他把我拉到电脑前，指着QQ上的好友，一一跟我讲述他们的故事。

老友的老师叫李渤生，夫妻两人都是残疾人。他们协手相扶，担任电脑培训班的老师，风雨无阻一坚持就是三年，让许多电脑盲变成网络迷，成为社区网络明星。

注册名为"老兵"的杨大爷、单阿姨老两口，一个中风半身不遂，一个类风湿行动不便，是共享工程社区基层点的文化信息资源吸引着两位老人相互搀扶着走出了家门。全心学习、锻炼，加上社区、邻居们声声问候，

减轻了病痛对他们的折磨，感受着生活的美好。

从老家吉林来的王大爷，虽然不在康翠社区居住，却成为了真正的康翠社区居民。王大爷每周四天在社区利用文化共享工程的资源，形成工程建设课件数百篇，其余三天时间则把整理的材料内容传授给他的学生们。

来自长沙的杨阿姨老两口，是长沙、天津的两地居民。用他们的话说：长沙、天津两地都是家，是网络把她的两个家联系在了一起。

年近古稀的王伟才大爷一直热衷于摄影照相。通过在社区基层服务点与其他摄影爱好者的交流，他摄影作品电脑后期制作的技能不断精湛。王大爷参加过滨海新区社区图片展、开发区管委会摄影展以及天津市的各类展会，获得过很多殊荣。

张连英阿姨是社区骨干志愿者，自己家中虽然有电脑，但是从来没碰过，通过在社区基层服务点电脑班的学习，不仅掌握了相应的操作技巧，注册QQ、邮箱、装饰QQ空间，还与远在山东烟台的外甥女视频聊天。张连英阿姨逢人便自豪地说："这都是文化共享工程提供给我们的资源，让我们可以老有所为、老有所乐"。

喜欢剪纸的张馨生阿姨在网上搜索各类喜欢的剪纸教程、剪纸模型在互助俱乐部中与爱好剪纸的伙伴分享。一套套精美的剪纸作品不仅在社区中展出，还在年底社区慰问时，成为一份份特别的礼物，被送到了近百户老人家中，让大家感受着社区中一份别样的温情。

康翠社区文化信息共享工程基层服务点，运用社会工作方法成功地干预了一起青少年网瘾戒除案例；通过网上QQ跟踪，帮助离家出走的儿童成功地回归家庭。

说起党和政府高度关注社区发展的事，老友更是喋喋不休。几年间，康翠社区先后接待了中央政治局常委、中央政法委书记周永康，中央第六巡视组领导、公安部部长孟建柱，司法部部长吴爱英，中组部部务委员陈向群，天津市委书记张高丽，市长黄兴国，滨海新区各级领导到基层社区考察调研；接待过全国老龄工作检查组，全国安监总局、民政部工作检查

组专项考察；接待过新区社会管理创新工作大型参观考察，累计 131 批。康翠社区先后获得“全国巾帼建功示范基地”、天津市“先进党组织”和“党建示范点”、“天津市劳动模范集体”、“2011 天津市魅力社区”、天津市“示范半边天家园”等 20 余项称号。中央创先争优领导小组简报刊登了“泰达社区治理模式的工作经验”；在全国“新形势下做好群众工作的经验交流会”上康翠社区作了典型发言；中央电视台、人民日报、政法报、人民网多次主题报道，康翠社区已经成为社会管理创新工作的一面旗帜，而文化共享工程康翠社区基层服务点则是这面旗帜下一道亮丽的风景。

一个说得沉醉，一个听得痴迷。这时，一阵“吱吱”的声音不绝于耳，老友说有网友在叫他呢，他们在群里一起商议开春郊游的事情。这一切所见所闻强烈地震动了我，于是我迫不及待地让老友帮我申请了 QQ。光有号还不行，还要起个网名，我看老友叫“老乐”，我顺势给自己起了个网名叫“同乐”。

从老友家出来，归心如箭，到家后立刻打开电脑，输入了一串号码，一扇大门豁然洞开，这不是一扇普通的门，它是一扇通往和谐美好的“心灵之门”。

康翠社区老年朋友聚集在文化共享工程基层服务点

有了共享工程，我不纠结了

文化共享工程天津分中心　邹文欣

学校、单位和家几乎成为天下家长的三点一线。每天接送孩子上学和放学是家长们重要的生活内容，我也不例外。

在不断涌动的人流中，从一张张笑脸中，我密集搜索着儿子的身影。当我远远望见他的时候，心稍微紧了一下，只见他独自一人，慢慢走在队伍最后，显然一副不开心的样子。其实，这种样子已经有些时日了，我有点纠结。

晚饭后，我把孩子叫到身边，拍拍他的肩，关心地问道："儿子，你最近好像不怎么高兴，有什么事吗？"听我这么问，儿子小嘴一撅，顿时打开了话匣子，与其说是倾诉，倒不如说是发泄。他不无抱怨地道出了其中的缘由。原来，课间同学们谈论的话题大多和网络有关系，包括网络应用的一些新鲜事物，有的孩子已经有了自己的微博和网友圈子，儿子没有这方面知识，缺乏共同语言，所以渐渐地被同学们疏远，边缘化了，以至于影响到了自信心。得知此情，我更加纠结起来。

当今社会已经离不开网络，宽带、光纤、数字电视、Wi-Fi、3G 等，现代技术应用无所不在，但我家至今没有安装上网设备，不是因为不感兴趣，而是担心影响孩子学习。虽然上网对开阔少年儿童的视野、增长知识、训练思维和提高信息处理能力具有很好的作用，但是网络带来的多元化思想观念、价值判断和情感评价，也会出现某些负面效应。多年下来，虽然因为家里没有网络，也感觉到种种的不便，比如说学校的很多作业和复习资料都发到了班级的公共邮箱里，晚上孩子学习就要用，没有办法只能去社区的复印社或者网吧去下载打印。虽然有些辛苦，但看到孩子没有因为上网耽误学习、影响休息，学习成绩一直在班级中名列前茅，也就感到很

欣慰。

但是，最近我也越来越感到这样下去不是解决问题的办法。首先孩子的学习任务越来越重，内容越来越难，有些问题家长已很难再给以辅导，经常需要上网查找资料。其次随着孩子的成长，思维方式越来越成人化，小小的家庭已经满足不了他对社会和世界的好奇。曾经有朋友告诫过我，防止青少年染上网瘾的最好办法不是让他和网络隔绝，这样做往往适得其反，他们会对网络更加好奇、渴望。正确的方法是给创造一个良好的网络环境，加上正确的引导和合理的管理。

就在我一筹莫展、不知所措的时候，忽然“柳暗花明又一村”。一天放学后，孩子兴高采烈地对我说：“爸爸！您知道吗，现在学校电子阅览室不仅不限制我们上网了，还鼓励我们在课间到这里来呢！今天老师就教给我们怎样上网收发邮件了。”听到此言，我很诧异：“不会吧？”一直以来，学校和许多家长一样担心网络不良信息对孩子造成影响，始终采取控制上网，限制时间的手段，现在怎么会放开了呢？当晚，我给班主任老师打了电话。通过老师的耐心讲解，我得知，学校确实全面开放了电子阅览室。这是全国文化信息资源共享工程和天津文化、教育部门联合开展的公共电子阅览室走进中小学建设工作，目的是为未成年人提供公益性上网场所，办好面向未成年人的网站和网页，为青少年健康成长营造良好的网络环境。了解了详细情况后，我心中还是有些放心不下，毕竟青少年上网需要面对的问题很多，比如上网时间如何控制，网站良莠如何界定、学习与娱乐如何分配等。恰好此时我接到了学校的通知：周六将在刚刚建成的校电子阅览室为广大学生家长举办如何利用中小学公共电子阅览室公开课。

学校二楼新建成的电子阅览室真让我吃惊不小，面积足足有两间教室大，宽敞明亮。电脑整齐划一，排列有序，座位空间宽敞。要说这环境可真让人羡慕！等家长和学生落座之后，培训正式开始了。来自共享工程天津分中心的老师首先介绍了天津市中小学公共电子阅览室建设的基本情

况。通过介绍，家长了解到国家乃至天津市一直对青少年上网问题相当重视，建设工作已经初见成效，初步形成一网、三库、多点辐射的服务体系。所谓“一网”就是指中小学公共电子阅览室信息存储及发布的网站平台——“i知网”；“三库”是指该网站资源由三部分构成，分别由全国文化共享工程管理中心、天津图书馆和天津市教委精心选择提供，包括中国传统文化经典和爱国主义教育专题在内的文化资源内容。经浏览展示后，我感觉到，该网站信息量真的非常大，而且都是经过精挑细选的，适合孩子们使用和欣赏，值得信赖。“对于孩子上网时间和不良网站你们是怎么控制呢？”这时有孩子家长发问了，这也是我最大的担忧。“这一点请家长们尽管放心，针对这一情况我们已经制定了严格的管理程序，孩子们的上网时间控制在一个小时之内，超时管理软件将自动切断该用户网络连接，并在一定时间内无法再次登录；对于不良网站我们也开发了专业管理软件对其屏蔽并全天候地监控。”“那你们这里可以玩网络游戏吗？”“大型网络游戏是不允许的，但是我们这里安装了一些有利于青少年智力发展的健康小游戏，比如说中国象棋、找不同等。”

接下来就是亲身体验了，正巧孩子准备参加文化共享工程组织的电脑小报设计大赛，要找一些关于天津小洋楼的相关资料，曾费了九牛二虎之力也没有找到想要的东西，没想到很快在i知网看到了“名人故居”数据库，不但找到了想要的文字、照片，还找到了很多珍贵的视频资料。经过一个上午的体验，由衷感到天津市中小学公共电子阅览室是解决青少年上网问题的好办法，它既丰富了孩子们的业余生活，也增长了见识，在比较规范的管理制度下，使广大家长可以放心地把孩子送进公共电子阅览室。

又到了周末，我簇拥在学校门前的家长中，脑海中轮番播放儿子的种种表情。这时放学的铃声响起，随即人头攒动，在欢声笑语的学生群中，儿子突然从里面冒了出来，蹦到我跟前问，“爸爸，今天是我生日，咱们去哪吃？”“好利来，行吗？”儿子高举右臂“顶！”我的心结一下子被高举的拳头击中，瞬间瓦解。我立刻抓住儿子的小手，用坚定的语气说：“儿

子，爸爸也顶你！”

孩子们在快乐地学习

“俩方块”那频道是咱农家的宝

辽宁省锦州市广宁台子屯村　徐加林

去年果苗市场进入暂时的低谷，炒得火热的寒富苹果苗从最高每株 7 元一下落到每株 8 角，而且还是有价无市，贝达、巨峰、苹果梨等苗木也一时无人问津。您可知道，咱村是个育苗大村，有名的辽西苗木繁育基地，有着四五十年的苗木繁育历史，改革开放以后，每年苹果、李子、桃、梨等果苗都要出圃近百万株，贝达葡萄苗更是主导产业，每年繁育 500 万到 1000 万株。

每年这个时候，各地老客苗贩子早上来了，可现在这么多苗木无人问津，村里二十几位育苗大户坐不住金銮殿了，都跑到我家来商量对策。

我种植经营苗木十几年了，也算村里育苗的顶级大户，年出圃各种果苗几十万株，除了把自己的苗木销出去，还要帮村里人卖树苗。几年下来，天南海北交了不少朋友，可不知咋回事，今年秋季，我打了无数个电话竟没有一个要苗的，不是说没有栽植计划，就是说已经就近订购了！我把情况一说，大家伙都毛了，一个个愁眉苦脸，默不作声，只低头默默地喝茶。为了打破沉默，我顺手打开了电视机，屏幕上显示的频道是：共享工程辽宁平台。音乐中，屏幕上打出一行字幕：欲了解更多供求信息请拨打金农热线12316或登录金农网www.96116.net。我突然眼前一亮，大喊一声：“有了！”大伙一听非常振奋：“加林，有办法了？”“嗯，你们都回吧，放心吧，咱们的苗烧不了火！”“真的？真没事？”“没事儿。没事儿！放心吧，回家等着，不出一礼拜，保证有订单！”大伙互相瞅瞅，满腹狐疑地回去了！

大伙刚散，媳妇就问我：“你卖啥关子？有啥办法了？别大话说出去了，到时候掉链子！”“掉啥链子，媳妇儿，您忘了，现在有个共享工程辽宁平台，对，就咱俩总抢的那个频道。从现在起，别听二人转了，你就专门给我盯

住供求信息，找商机。对了，马上咱还得打金农热线，上金农网，发信息，找信息，我就不信，没人要咱的苗！”

说干就干！媳妇拿个小本整天看一个频道！就是共享工程辽宁平台。我呢？写好一条咱村的售苗信息，然后给金农热线打了电话让他们发布。接着又打开电脑登录金农网等各种有苗木供求信息的网站。一天下来，我们两口子有选择地摘录了30多条有价值的信息，大多是有购苗意向的单位和个人。

接下来，我就是打电话，主动咨询客户，推销咱村的果苗。您别说才打了10个电话，就有四家想要咱的苗，我乐坏了，不停地按小本上的电话号码挨个打。

“吃饭了，吃完饭再打！”媳妇儿在厨房喊我。我正来劲儿，要痛快地把剩下的电话打完，说不定，里面就有两个大主顾。果不其然，我还真联系上俩大客户。一个是阜蒙县扎兰乡的宝乡长，他说正为万亩苹果梨示范园的建园果苗发愁呢，明天就来看苗订货，先照15万株安排。我满口答应：“没问题，没问题！欢迎您来面谈！”第二位客户是辽南熊岳城的，这吴老兄一张口就要100万株贝达葡萄苗，问我有现货吗？我说：“有，有啊！数量？质量？没问题，保证没问题！您就放心过来吧！”

哈——我长松了一口气，当我把这消息告诉大家，大家还有点半信半疑，两天后，当两拨客商把车停在我家门口，广开收购苗木时，大家伙才一阵欢呼，呼啦一下回家取苗去啦。接下来10多天里，通过共享工程辽宁平台结识的各地客商都来了，我家就像个苗木市场，一时间车水马龙，一车车各种果苗从这里拉往全国各地。这一年，咱村光贝达葡萄苗一项就销出500万株，创造产值200多万元，其他苹果、李子、桃各种梨苗60多万株，创造产值近百万元。乡亲们领钱时那个乐啊，都问我：“加林，你太厉害了，咋整的呢？一夜之间来这么多客户？”我说：“告诉你们吧，不是我厉害，是咱家家有个宝贝，你们没利用！”“啥宝贝？”“共享工程知道不，对，就你们常说的俩方块那个频道。我的信息和老客都是从那里

找来的。”

“哎呀妈呀，怪不得加林那天卖关子，闹了半天宝贝谁家都有，只是咱没把它当宝！”聋子的耳朵当摆设了！二婶的一句话逗得大家都笑了。

这以后，咱们的乡亲们听了我的点拨，都对共享工程上了心，到现在，咱们村已涌现出像我这样的苗木经纪人十四五位了，我们一起利用共享工程这个平台，为自己致富为全村一起进入小康努力地奔波着。

共享工程，真的很棒！愿辽宁的文化共享工程平台让更多的农民朋友受惠又受益；愿共享之花开得更加绚丽夺目！

苗木经纪人徐加林

山乡盛开“共享花” 沟沟岔岔结硕果

文化共享工程辽宁东港市长安镇基层服务点 刘同云

我的家乡东港市长安镇，地处偏僻的山区，村里是“九沟十八岔，岔岔住人家，多则几十户，少则两三家”。多年来，由于地理位置偏僻、交通不便、信息闭塞，山乡人民群众在科技致富、开展业余文化生活方面困难重重。

我的烦恼

组织农民群众开展小型多样文化宣传演出与科技培训活动是文化站义不容辞的任务。道理知道，任务也明确，但落实起来却很难。组织活动无设施设备，搞科技培训缺乏资料……一次次困难面前使我知道了为什么我镇多年文化工作一直落在全市的后边，为什么老百姓上致富项目老也赚不着钱，为什么文化站长换了又换。看见山区的百姓蹲在大棚边缘无奈地面对受病的农作物，我寒在心里；为山区业余文艺爱好者搞活动苦于没有优秀作品，我愧在心间。在一次参加市里组织的文艺演出时，我镇参演了一个类似秧歌的手绢舞，效果很不理想。当听到有观众说“长安穷啊，出不来好作品”，我的眼泪不由地流了下来，同去的八个演员也跟我哭了起来。回到单位后，我也像过去几位站长一样向乡党委、政府提出辞职。镇领导找到我说：小刘啊，咱镇是穷镇，这是不争的事实，但是，十七大召开后，国家对文化工作出台了一系列好政策，上级对我们会关爱的，你要踏下心来，好好干！就这样，在领导的鼓励下，山村老百姓对文化生活的需求与渴望，我还是坚定了信心，要做好一个称职的文化站长。

峰回路转

2007 年春的一天，全国文化信息共享工程在我们山区安家落户了。消息传开，前来咨询的农民群众络绎不断。此情此景，使我感慨良多，精神也为之振奋。从那一天开始，我就下决心要为开辟山区的文化事业撑起一片天。我在全镇各村分别选拔一名品学兼优的村干部作为文化共享信息员，深入到农民群众的田间地头、山上沟下了解村民们对文化信息、科技资料的需求情况，随时随地将情况反馈给镇基层服务点。然后我根据汇总的情况，从共享资源里组织适合农户生产所需的信息，通过开展活动等方式发放到农户手中。渐渐的，文化共享工程成了我镇农民科技致富的百宝箱。第五组村民任传福有 600 平方米番茄大棚，就在番茄快要成熟的时候，却发现部分番茄茎部变黄，果实腐烂。他赶到镇基层服务点，通过视频观看，了解到这种病叫番茄叶霉菌病，按照视频上介绍的方式进行药物喷洒治疗，很快番茄的病情明显减轻，3—4 次之后，就全部好转了。果实保住了，纯收入 2 万余元。他逢人便说：“是文化共享工程为俺造得福啊！”

山区农民通过观看共享工程视频增长了知识，科学奔富的劲头十足，有 30 多个贫困户上了脱贫致富的新项目，1500 多人掌握了农作物治病防病的新技术。我一个小小山区镇的文化站长，也是从那年起，通过文化共享工程，学习掌握了许多开展文化活动的新知识，丰富了头脑，开阔了眼界。我组织全镇 200 余名文艺骨干参加了新式秧歌视频观学活动。这些骨干把学到的新式秧歌带回到沟沟岔岔中，陆续带动了上千名文艺爱好者投入到了浩浩荡荡的秧歌大军中，观看的群众也时常加入队伍中现场自学。

苦去甘来

2008 年，改革开放三十年，市委、市政府于 8 月 29 日举行《辉煌三十年》大型文艺演出。接到演出任务后，我在文化共享工程网络中查了不少资料，写出一个音乐快板《变、变、变》。丰富的节目内容与演员精彩的表演，

艺惊四座，得到了观众的热烈欢迎与领导的高度称赞。当听到有观众说“长安今年真是放卫星了，演了这么好的节目，太不简单了”，我再次和演员们拥抱在一起，流下了幸福的泪、成功的泪、希望的泪。

2009年1月，我镇文化共享工程通过广电网进村入户了。一个小小的机顶盒能点播收看又能存储，极大地方便了山乡的群众。茶余饭后，人们集中到户点中收看节目、咨询信息、谈项目、搞活动，人人脸上充满了喜悦的笑容。两年来，全镇各村又上致富新项目40多种，创收高达千余万。经济好了，村里懒汉少了，文化提高了，搞封建迷信、赌博的少了。人们说：“文化信息共享好，发家致富是件宝，炕头就把技术学，省工省力不用跑。”

东港区农户应用辽宁文化共享平台学习农业种植技术，喜获丰收

有人说：大山里人热情，大山里人实在。我要说：青山育淳情，共享见真情。大山里人忘不了党的文化共享工程的温暖，忘不了国家为山里撒下共享文明的种子，进村入户的文化资源像条条血脉为贫穷的山村注入了生机与活力，这些文化育民的种子，在所有文化人的浇灌下，生根、发芽、开花、结果，最后，又将种子撒向大山和大地，使共享之花开遍山岭、田

野，换来整个农村的新面貌。

让我们的生活变得有滋有味

辽宁省沈阳市于洪区广播电视局　李恩吉

说起辽宁文化信息资源共享工程，我们于洪区的广大农民朋友最有体会了，他们常说的一句话就是，文化信息资源共享工程让我们富了脑袋、鼓了钱袋，日子过得有滋有味，下面我讲三个小故事。

胡萝卜冬眠四个月，身价翻一倍多

我们区新安村有种胡萝卜的历史，每年都种一千多亩，占全村耕地面积的四分之一，但是过去只挨累不挣钱，为啥，胡萝卜大量上市时价格低卖不上钱，到第二年开春价格倒是上来了，可胡萝卜早卖完了，农户们不会储存，干着急没辙。去年 6 月 12 日，村民李保福老汉在辽宁信息资源共享工程的致富信息栏目里看到了这样一条消息，“胡萝卜冬眠四个月，身价翻一倍多”他一拍大腿——有了。秋天他按电视了说的去做真的受益了。他跟我们说，其实注意五个环节就行了——挖窖、通风、选择、灌水、装窖，可简单了。

李老汉说：十一月初下窖，留好通风口，选择个头适中的萝卜，下窖前把窖灌半米深的水，待水全部渗下后再把装好袋的胡萝卜五袋一摞摞好，每天早 9 点和下午 3 点通风两个小时，半个月下窖看看就可以了，第二年三月初就可以上市了。

李老汉说，秋天胡萝卜 5 毛钱一公斤，第二年开春每公斤卖 1 块 3 毛钱。收入能翻一倍多。后来新安村农民都采用了这个做法，村主任张景成跟我们说，去年全村储存了 30 万公斤胡萝卜，结果全村农民增收了近 40 万元，农户们说，那个小匣子，还挺神哪。

老金养嘎鱼大赚了一笔

嘎鱼——肉质细嫩、味道鲜美、蛋白质、赖氨酸含量高，价格比普通的鱼高出几倍，在韩国市场上非常受欢迎。可是嘎鱼不好养，连于洪区养鱼大户金广富都挠头。

去年 3 月份，第二批辽宁文化信息资源共享工程机顶盒发放到了老金家，他在水产养殖栏目里发现了重要信息——“怎样养好嘎鱼”。当时老金眼睛都放光了，他说，真是想啥就来啥，正愁呢，政府就给我们想到了。电视上说，在放嘎鱼苗前先用生石灰对鱼池进行消毒，然后用清水冲洗干净，五月初放鱼苗，每天在固定地点早晚两次投放从水产公司批发的新鲜的小海鱼丁，不要喂市场上出售的鱼饵料。如果发现鱼烂腮和皮肤发红时要及时向池内撒石灰，伏天一个月撒两次石灰，一周换一次水，换水前先将池内四分之一的水抽出来，再注入新水。老金说，养嘎鱼关键的技术是严格控制鱼的密度，因为嘎鱼的鳍长又非常硬，稍不注意就把别的鱼肚子划伤、划破致死，所以饲养密度要控制好，一般每平方米水面控制在 50 尾左右，另外起鱼时也要特别注意，网眼要密一些，一网不能起太多，动作要慢些。

去年，老金养嘎鱼 5000 多公斤，全部出口韩国，纯收入 20 多万元，比以前多收入一倍多。

“狐司令”巧解新难题

于洪区造化街道关家村的张春和，饲养狐狸已经有 10 多年的历史了，每年都出栏狐狸 500 多只，收入那是当当的，要不人家咋送“狐司令”的外号呢！别看这个“狐司令”也有卡壳的时候，近几年，夏天越来越热，前年夏天他家就死了大大小小 200 多只狐狸，损失了 2 万多块，老张上火烧的满嘴燎泡，心疼那钱呐。

去年 5 月份，他在辽宁信息资源共享平台的上看到了“狐狸度夏五招”

的信息，他按电视说的去做了，去年夏天那么热，他的1000多只狐狸安全度夏，一只没死，等于给他省了2万多块。老张那乐呀，连抬头纹都笑开了。他说，这五招包括分窝、饮水、喷雾降温、拉遮阳伞、喂食五部分。具体的细节这里就不一一讲了，还是请大家回去看看辽宁信息资源共享工程的“珍奇动物养殖技术”栏目吧，那里说的比我讲的明白。老张还说，今年要扩大养殖规模，带动农户们一起养，发狐狸财。

几年来，于洪区已经向农户发放机顶盒7600多个，全区14万多农民朋友通过机顶盒的“文化信息资源共享工程”平台获得致富信息3700多条，带来直接经济收入3亿多，农民人均增收210多元。

有钱了，广大农民朋友的生活质量自然就提高了一大截弄虚做假，光辉乡新安村的马淑兰大姐说，现在我一周做一次美容、美体，过去想都不敢想。于洪区造化街道关家村徐贵的媳妇李玉琴指着她那堆瓶瓶罐罐对记者说，这些都是在超市买的牌子化妆品，她还把自己的首饰盒给记者展示一下，里面一串串的还真不少呢。她说，现在咱农民也是吃的讲营养，穿的讲名牌，生活质量不比你们城里的差，这得感谢政府开展的文化信息资源共享工程啊，让我们农民富了脑袋，鼓了钱袋，生活变得有滋有味。

于洪区老百姓生活变得有滋有味

我与文化共享工程共成长

辽宁省抚顺市清原县南口前镇　马景春

我和我的妻子都是初中毕业。一直以务农为生，日子虽然辛苦，但过得还算可以。随着孩子的降生，我有些沉不住气了，孩子还小，他对于当时的生活并没有什么概念，但我打心眼儿里不想让孩子从小就生活在中等稍显贫困的家庭里，所以我们夫妻俩开始琢磨怎么样才能富起来呢，一个偶然的机会，我们相中了养猪行业。

万事开头难，我清晰地记得第一次从集市上买回十几头仔猪放养猪舍时的兴奋。我们从早到晚不敢松懈，拿着书本学习如何喂饲料，如何做清洁，但半个多月过去了，猪却没怎么长，反而看起来病怏怏的。当时我的心里咯噔一下，完了，是不是买的病仔猪？后来请兽医看了一下，果然买的是病猪。接下来，十几头猪陆续死亡，不仅给我精神上造成严重打击，经济上也带来了很大损失，手里的钱都投入到了养猪中，一下子全没了，于是我信心也开始动摇。镇、村干部了解此情况后，请养殖专家到村里授课，还帮助协调贷款，使我们重拾信心，继续走养猪致富之路，当年就有了近万元的收入，及时偿还贷款后还有些盈利。之后，我们扩大了养殖规模并开始自繁自养。

然而，在养殖过程中，我们夫妻俩总是觉得技术不够用，买了不下30本书，得空儿就读一读，遇到问题就翻一翻，的确起了不少作用，但仍然满足不了我们的需求。后来随着生活的宽裕，家里买了电脑，但网上的信息多而杂，很难分辨孰是孰非，稍有疏忽就会酿成大错。有一次我在电视上看到了关于文化共享工程的新闻，急忙到网上搜了一下“全国文化信息资源共享工程网”，首页出现的“农业养殖”专栏引起了我的注意，

迫不及待地点击进入后，发现里面有许多有用的信息和知识，当时我别提有多兴奋了。从此，文化信息资源共享工程网站就成为我的“咨询大师”。

很快，又一件喜事临门了——全国文化信息资源共享工程进到我们村了，家家安了机顶盒，通过电视，我们能看到自己想看的节目，想了解的信息，图文音并茂的形式更是让人欢喜。随着我对文化共享工程的了解和经常看文化共享工程频道的节目，我发现它包含的内容很多，范围很广，不仅仅是养殖技术，还有农贸行情、供求信息、金农热线等，从产到销全都照顾到了。猪快要出栏前，我就经常关注供求信息、农贸行情，了解猪的当时市场价，把有需求的客户姓名、联系方式、需要数量等全都记在本上，及时与他们联系，再也不愁猪卖不出去了。

有一天，晚饭后看电视，一个专家的讲座引起了我的兴趣，他讲的是如何发展产业链致富项目。“产业链”这个词听起来很陌生，但通过专家讲解豁然开朗，原来他所讲的产业链就是将几个产业结合在一起来发展，既能节省成本,又能增加产值。看到家里满仓的玉米和猪饲料价格的猛涨，我脑子里突然有了想法，对，我要用粮食酿酒，用酒糟喂猪，这样就降低了养猪的成本。我和爱人商量，她也支持我的想法，我们决定大干一场。我们去图书馆查资料、记笔记，去点播文化共享工程关于粮食酿酒和养猪的节目看，经过近一个月的准备，酿酒—养猪链条形成了。可能是因为有了文化共享工程信息资源的支撑，我们一路走来非常顺利。

我们坚守“诚信”的原则发展事业，在酿酒方面，不弄虚做假，有些沈阳、大连的朋友也慕名远道前来品尝我们的纯粮酒；而我们酒糟的质量也高，猪食用后，一个个膘肥体壮，非常健康，出售时总是比市场价高出1–2 角钱，还供不应求。

周围不少人看我们靠养猪走上了致富道路，也想加入我们队伍中来。我爱人提醒说，他们也酿酒养猪的话可能会影响到我们的市场销售，我当时就开导她说，“我们的市场已比较稳定，有了品牌和信誉，更重要的是我们不能忘记自己是怎么富起来的，没有周围人的支持，没有文化信息资

农户夫妇收看共享工程频道中的农业养殖节目

源的共享，自己的路也不会走得这么顺，所以，我们应该将经验资源、信息资源拿出来与大家共享，我们也有责任向大家宣传党的富民政策，传授自己所掌握的养殖技术，我爱人非常认同我的话。先后有三四户在我的影响下，加入了养猪事业，我们经常在一起切磋养殖技术，取长补短，求得共同发展，共同致富。

经过奋斗，我家的经济收入由原来的千把块增至几万元。但我并不满足于此，还有更长远的目标：我家周围有着得天独厚的旅游资源——金山天然石佛景区正在建设之中，巨大的旅游商机这是天时；沿 202 国道和沈吉高速公路，有着丰富的林山资源，这是地利，这么多优越条件使我有了一个大胆的想法，让我们的猪走出圈舍，走出家门，走向大山，也就是人们所说的放养猪。山上的空气好，青饲料丰富，没有污染，猪生活在这样好的环境里，疾病自然就会减少，前来的游客也就能吃上健康肉、绿色肉、放心肉。

我还深深的记得，参加全国文化资源共享工程现场会的那天，我内心涌动着无比的自豪，当时有记者采访我，问到使用文化共享资源的感受时，

我激动得差点说不出话来，我记得只用一句话说出了真实感受，那就是“我与文化共享工程共成长”。在文化共享工程实施的日子里，我享受到了成功的喜悦，也憧憬着新的梦想，我将继续与文化共享工程为伴，一路同行。

“文化共享”改变着农村的生活

文化共享工程辽宁营口市支中心　张润娟

好些日子没回乡下看妈啦，暑期急急地奔回家。娘家不远，在熊岳郊外，这里差不多家家户户种植葡萄，放眼望去，大片大片的葡萄树，枝壮叶茂，满眼油绿油绿的。进了家门，见妈和后院住的舅舅在忙碌，是准备要给园子里的葡萄打杀菌药。这可是个累人的活儿，要一桶一桶担水到架下，配好药；脚踏在笨重的打药机上，双手来回不停地推拉立杆，将桶里的药吸进并挤压喷洒出去，打一段挪动一下地方。天热，没多久汗水药水就在脸上淌了流呀，一片地打完累得呼哧呼哧喘，既费时又费力。见我准备搭把手去干活，妈笑了：“不用你，现在省事着呢。”疑惑间，舅舅后院搬来一台机器，放到葡萄园地头的井边，收拾停当，接了电源，药雾就喷洒出来了，又快又均匀，形成的雾气又大。我好奇地走去，打量着这模样有些古怪的“家伙”，舅舅很得意，说那是他的“发明”！舅舅他用家里闲置的角铁，请人焊了个支架，利用旧机器的储罐，配了阀门、压力表、小电机等物件，自己动起手来……舅舅五十岁的人了，地地道道一农民，侍弄了半辈子庄稼，怎会“造机器”？舅舅笑说是电视里学来的。原来，舅舅说的是文化共享工程节目。这个文化共享工程，充分利用了现代高新技术手段，将中华民族的文化精华，以及现实贴近百姓的信息资源，进行数字化整合，并通过互联网、卫星宽带传输和光盘等科学手段将数字化文化信息资源传输到群众身边，实现优秀文化信息资源在全国范围内的共建共享。舅舅说起初并没在意，后来竟有些离不开了。那里的《葡萄无公害生产与病虫害防治技术》教会了他更好的预防和救治葡萄病虫害，还学会了科学地进行葡萄苗木繁殖、定植、剪枝以及葡萄架势的合理选择。舅舅引我到架下，只见架上的葡萄挂儿大、粒儿

整，圆润饱满，每挂葡萄都差不多大，秋后收成一定错不了。回想往日里葡萄挂大的大，小的小，散粒子葡萄可不少的情景，心里顿生感慨。舅舅说“共享”里啥都有，有技术，有信息，还有娱乐的好东西；想看啥就选啥，喜欢哪口吃哪口，不花钱还能得利受益，真真是政府做的大好事儿。

舅舅问我，记得西院二宝媳妇吗？原来的她，得空偷闲就恋麻将，家和孩子都不顾，婆婆很是看不惯；现在可改头换面啦，不光麻将少打了，还在《家庭保健按摩》中学了招儿，常给婆婆捏一捏，按按摩，婆媳关系好着呢；她有空儿就陪孩子《教育园地》里逛，说：“不花一分钱，老师家中坐，孩子学得好，我也能‘充电’。”还有东院三嫂家，打起麻将来，整天乒乒乓乓，敲得人心烦。如今再不闻麻将声，两口子正铆劲儿“专研”《农贸行情》，寻发家致富经呢。

农村的生活正在起着变化。平常农民们整天忙着自己的“一亩三分地”，哪有时间又去哪里找那些致富信息呢？现在不同了，坐家知晓天下事，“共享”将所有信息迅捷地传给各方面受众；全国各地的信息“尽收眼底”。过去的农民文化生活非常匮乏，现在不同了，从读书到报刊杂志，从国粹京剧到地方戏，从电影到电视剧等古今中外的优秀文化资源，“共享”里应有尽有。迅捷、实用、方便的文化共享给农民的生产、生活带来了巨大的变化。农民利用文化共享进行“充电”，了解信息，开阔视野，更新观念；通过文化共享，农民的思路更开阔，思想也更开放，致富也平添了新渠道。“共享”促使了农民向知识型、信息型的转变。

今天，农村生活的变化，让我真真切切地感觉到了文化共享工程的作用和重要性。目睹文化共享工程使农民尝到甜头的喜悦和希望，不由得想，我能做点什么呢？文化共享平台有了，但若不去充分使用它就会造成资源的浪费，也会使很多勤劳善良的人们失去登上知识信息时代快车的机会。因此我要做的，就是努力宣传“共享”，服务于“共享”，让更多的人，更多的农民朋友知道它、了解它，合理地利用它。我坚信随着文化共享工程的进一步深化、完善，必将使所有的人们都公平地享受到信息时代带来的

便捷和效率，轻松获得每个人所需的一切信息，最大限度地发挥每个人的个性特质与专长，为传承和发扬中华民族的悠久灿烂的文化，为“科教兴国”、“以德治国”的战略方针的实现，贡献人们集体的智慧和力量。

农村的孩子们也可以收看到名师主讲的课程

汪清县文化共享服务案例三则及分析

文化共享工程吉林汪清县支中心　吴克杰　叶震宇

文化共享：丰富农民工业余文化生活

2009 年 3 月，又到了春暖花开、万木复苏的时节。棚户区改造的建设者们不远千里来到本县，即将开始他们一年的辛勤劳作。由于汪清县地处吉林省东部山区，早晚温差大，造成工地无法正常开工，农民工整日心烦意乱，无所事事，或聚在一起玩扑克，或喝酒解闷，还有一部分人整天在工棚里睡觉。农民工之间打牌往往带有小来小去的"彩头"，而这种小"彩头"对于囊中羞涩的农民工来讲可能相当于几顿饭钱；借酒消磨时间，往往是酩酊大醉，酒后闹事之事时有发生。汪清县支中心通过调查了解这一情况后，针对农民工开展了"构建和谐社会，共享文化繁荣"送优秀资源进工地服务活动。工作人员从文化共享工程卫星服务器和网站上下载了电影、小品、二人转等优秀资源，利用晚上时间为农民工放映。山区的春天寒冷依旧，但在建筑工地简易工棚里，却有大批建筑工人被吸引着围聚一起观看影片，每次影片结束后很多观众意犹未尽。他们说：工地的生活太单调了，把免费电影送到工地上来，丰富了我们的精神文化生活，缓解了我们思乡之情，使我们真正感受到社会的温暖。希望今后能为我们外来务工人员多搞一些这样的活动。截至目前，汪清县支中心已经为农民工放映电影几十场，受到大家的热烈欢迎。

案例分析：随着我国城市化步伐的不断加快，农民进城务工在近几年已经成为一种非常普遍的社会现象，农民工也成为城市产业工人的重要组成部分。但是由于体制、生活环境及职业技能等方面的原因，和城市居民相比，他们在物质生活条件、工作环境、社会身份、福利待遇和生活方式

等方面均处于弱势。近年来，政府虽然已经采取了一系列措施改善农民工的工作及生活条件，但农民工的文化生活还相当匮乏。基于这种情况，我们文化工作者积极开展针对农民工的社会文化需求调查，根据他们特点，提供健康有益的文化服务，包括送电影到工地，使农民工感受到政府对他们的关怀，也丰富了他们的精神文化生活，为建设汪清、繁荣汪清、和谐汪清带来发展动力。

汪清县支中心开展送优秀资源进工地服务

文化共享：引导农民科技致富

多年来，汪清县东光镇庙沟村一直以种植业为主，农业产业化发展格局相对单一，经济发展滞后。2008 年年初，十几户村民打破祖祖辈辈以耕田种地为生的生产模式，改种植经济作物北五味子和地栽黑木耳，以求走出一条新的致富之路。汪清县支中心工作人员了解到这些情况后，联合东光镇基层服务点主动开展了送科技下乡活动。支中心技术人员利用文化

共享工程资源为庙沟村种植户免费播放视频科技讲座《北五味子种植技术》《黑木耳高产栽培技术》《不花钱的猪食料》等，长达 2 个半小时的放映时间，农民兄弟聚精会神，观看后不无感慨地说，“这些片子让我们耳目一新，视觉和感觉非常直观、真实，看后我们心里有了一点底，敢大胆地种植了，真是太谢谢你们了”。一句句朴实的话语，表达了现代农民对文化共享的信赖和渴望。之后，工作人员还为农民们免费发放了县支中心自行编印的科技信息小册子，并由专业人员在现场提供了农业科技咨询服务。此次活动，解决了村民在种植技术上亟待解决的技术难题，当年该村的木耳栽培获得成功，五味子成活率也达到 90% 以上。

案例分析：改革开放以来，农村发生了翻天覆地的变化，农村文化也得到了党和各级政府的高度重视，各地逐步建起的“农家大院”、“农家书屋”、“农村文化活动中心”、“ 共享工程基层服务点“等，使农民的文化生活变得红红火火，改变了祖祖辈辈“鸡鸣下地干活，天黑上炕睡觉“的生活模式，促进了乡风文明、人际和谐。但目前，地区文化的发展也不平衡，在北方边远山区的农村，尽管家家户户基本有了电视机，看电视成为农民重要的甚至是唯一的文化生活，但其他形式的文化生活还是贫乏。文化生活的单一性，导致了农民视野狭窄、思想保守，缺乏开拓进取的精神，与东部地区发达省份农民的思想意识、创业能力比，差距较大。变单一文化为多元文化是一个渐进的过程，引导农民在文化观念上变革更不是一朝一夕的事情，需要全社会的共同努力、共同配合实施。文化共享工程具有主流文化的传播功能，正是当前农村文化发展的需求，它不但是一条精神上的富民之路，也是农村走科学致富之路的好向导。

文化共享：关注社区文化建设

社区文化建设与发展是构建社会和谐的重要载体。改革开放 30 年来，人们在物质生活极大改善的同时，文化生活的品位也不断提高。如今在汪清县，社区群众已不满足坐在家里看看电视，读读报纸，上网聊聊天的文

化追求。为解决城镇居民文化生活单一的实际问题，满足群众日益增长的精神文化需求，汪清县支中心积极创新新型社区文化建设，充分利用文化共享工程优秀资源和先进设备，组织开展送文化影视作品进社区公益性放映活动，社区居民科普、法律、医疗保健知识讲座活动，社区居民群众性文娱、体育普及和表演、竞赛活动，活跃和丰富了社区群众的业余文化生活，提高了生活质量，也促进了邻里之间的交流与沟通，受到了社区群众的热烈欢迎

案例分析：社区文化的主体是全体业主、住户，他们的生活模式、价值取向、道德观念、行为方式等最终决定了一个社区的文化面貌。社区建设与社区文化建设相辅相成，对居民素质的影响力越来越明显。汪清县支中心重视社区文化建设，以丰富和活跃群众文化生活、满足群众日益增长的精神文化需求为目的，协助社区组织包括各种群众性的文娱、体育、教育、科普以及精神文明创建活动，从一定程度上满足了社区居民优秀文化信息资源的社会需求，对提高基层群众的思想道德素质，培养爱国、守法、知礼、诚信的现代城市意识，促进社会文化发展的进程与和谐社会建设，起到了积极的推动作用。

综上，近年来，文化共享工程县支中心利用文化共享工程优秀资源和设备开展了一系列服务活动，极大地丰富了城乡群众的文化生活，对构建和谐社会发挥了重要作用。文化共享工程资源丰富，服务前景广阔。要想搞好服务，"物尽其用"，关键是要结合本地实际，找准切入点，贴近生活、贴近实际、贴近群众，充分发挥共享工程在提高青少年科学文化素质、推动农业产业化进程、缩小城乡差别、倡导先进文化和构建和谐社会中的基础作用。

文化共享工程提升了部队的战斗力

文化共享工程黑龙江分中心　徐世鸣

黑龙江省地处祖国东北边疆，有3千多公里的边境线与俄罗斯赤塔、阿穆尔、比罗比詹犹太、哈巴罗夫斯克、滨海五个州区接壤。从中国最北的漠河县北极村，到中国东极抚远县黑瞎子岛，从乌苏里江珍宝岛，到兴凯湖、绥芬河、东宁，驻守在漫长国境线上的边防部队生活环境艰苦，文化资源匮乏，由于军营不联通互联网和有线电视，官兵们的数字信息交流亦相对闭塞。2007年以来，文化共享工程黑龙江省分中心在建设全省县级支中心、乡镇、村基层服务网点的同时，着力建设边防部队数字文化信息服务体系，开拓了共享工程服务全省边防官兵的新局面。

2012年8月，全国文化信息资源建设管理中心主任李宏在参加黑龙江省2012年“春雨工程”——全国文化志愿者边疆行活动期间，参观了驻守绥芬河市65911部队6连的共享工程基层服务点，在学习室与战士们一同体验了利用“黑龙江省数字资源共享服务系统”浏览资源、观看卫星直播的共享工程节目和省中心镜像在团部政工网的讲座、电影电视剧节目等。参观中，战士们不无激动地纷纷对共享工程建设到基层部队给予了高度评价。全国人大代表、原六连指导员、团政治部副主任王晓东由衷地说：“文化共享工程全面改善了边防连队读书难、学习难、娱乐难和信息获取难的现状，为战士们在服役期间获取知识、充实头脑，为退役后的就业提供了丰富的知识能源。文化共享大大提高了边防官兵的思想道德文化素质，提升了部队的战斗力。”边防官兵的心声深深地打动了李宏主任。

黑龙江省文化共享工程建设于2003年起步，“十一五”期间步入科学发展的轨道。截至2010年，全省已建成标准规范的共享工程县级支中心129个，乡镇服务点429个，社区文化中心、活动室服务点186个，自建

的社区、街道、部队、寺庙等基层服务点 69 个，与“农村党员现代远程教育”共建村服务点 9054 个，实现了农村服务网点 100% 的全覆盖，初步构建起省、市、县、乡、村五级共享工程服务体系。省级分中心按照统一技术标准，统一技术规范，不断创新技术应用，科学规划、科学实施全省网络传输平台建设，建立了网络视频直播模式、IPTV（交互式网络电视）点播模式、P2P 模式、有线电视差转台播出模式等共存互补的服务体系，全省建设卫星地面接收站 596 个。“十一五”期间，省中心向支中心和基层点传输服务资源达 90TB，为“农村党员现代远程教育“提供服务资源 3200GB，为农垦电视台提供服务资源 20TB。

在“全省共享、全民共享、全军共享”的理念下，黑龙江省分中心积极开拓文化共享工程建设与服务范围，制定了“万里边疆数字文化服务长廊”实施方案，重点建设全省边防驻军文化共享服务体系。从 2007 年起，用了 5 年时间，省中心克服人手紧张等多种困难，工作人员跋山涉水先后在驻守抚远、饶河、漠河、塔河、密山、东宁、黑河、嘉荫、萝北的边防部队和黑龙江、乌苏里江、兴凯湖沿岸的巡逻艇大队及大兴安岭军分区建成 12 个共享工程基层服务点；珍宝岛、北极村、古驿道十八站、兴凯湖、虎头要塞，605 高地等交通不便、无通讯、无网络条件的驻军连队安装了卫星地面接收站。2008 年，黑瞎子岛回归祖国不久，黑龙江省中心第一个在驻岛连部建起了文化共享工程基层服务点，安装了卫星地面接收系统，同时建设了流动图书室。

黑龙江边防部队共享工程建设中，省中心不断创新技术应用，搭建了以团级政工网为传播主干网，卫星直播和下载共享工程资源为主体，移动播放器（易播宝）、资源镜像为补充的全方位、多功能、一体化的部队共享工程服务平台，使边防官兵能快捷顺畅地共享到海量的数字文化资源。在资源提供上，以共享工程资源为主体，以数字图书馆和流动图书资源为补充，每年为每个基层服务点镜像安装 14 万种电子书，1 万多部优秀电影、电视剧、舞台剧及文化讲座视频，配送 3500 册图书。

文化共享工程的优质服务，为驻守在漫漫边境线上，远离城镇、交通不便、信息受阻的戍边战士们，播撒了渴望已久的文化雨露，改变了他们“日报变月报，月刊变季刊”文化资源极度匮乏的现状，消除了数字信息鸿沟，极大地丰富了官兵们的精神文化生活，受到了大家的热烈欢迎。建设全省边防驻军文化共享服务体系工作也得到了黑龙江省军区的充分肯定、大力支持和积极参与。

驻黑瞎子岛部队文化共享工程基层服务点

2012年5月3日，黑龙江省军区副政委王炳跃亲自赴黑河边防65951部队，参加“黑龙江省文化信息资源共享工程某部队基层服务点”、“黑龙江省图书馆某部队流动图书馆、数字分馆”揭牌仪式。他在讲话中说：“我们边防部队是雄鹰，文化建设和军事素养建设就是两翼，文化资源共享进部队，丰满了我们军事素养和文化建设的两个羽翼，希望战士们充分利用，展翅高飞。”此共享工程服务平台开通仅3日，浏览人数便超过3000人次。为了保证“服务到一线”，政委李树奎亲自开赴黑龙江沿江各巡逻点艇组，发放存储2TB数字资源的移动易播宝，给这些长达6个月沿江巡逻的基层官兵送去丰富的精神文化食粮。

驻扎在北极漠河的65943部队，团长和政委亲自调研文化共享工程服务点建设和官兵们上网浏览、利用资源的状况，主持制定了收视讲座、观看红色历史爱国主义影片和读书学习等一系列规章制度。政委刘立忠说，“过去开展政治思想工作，广大官兵听得枯燥，没有直观感受，现在通过文化共享工程提供的优秀讲座、电影、电视剧、舞台剧，官兵们像听故事一样，接受了我党、我军的光荣历史教育，印象深刻。我们切实感受到，

文化共享增强了边防部队的思想力、向心力、凝聚力和战斗力。”

截止到2012年9月，黑龙江省分中心已全面完成了全省边防部队文化共享工程服务点和流动图书馆、数字分馆建设任务，累计投入300万元，基本构建了黑龙江省3千公里边疆数字文化服务长廊。目前，省中心正筹集技术设备，在省军区深化建设数字文化共享服务系统，使全省边防部队更加快捷地获取更多的公共数字文化资源，同时建立信息反馈通道，建立健全保障基层服务点运行的长效机制，创新资源更新和服务方式，让文化信息资源共享服务日益深入驻守万里边疆官兵们的心田。

托起民族的希望

文化共享工程黑龙江分中心　王珊

妈妈，是伟大的，因为她孕育了生命；妈妈，是辛苦的，担负着沉甸甸的责任和永远无法割舍的牵挂；妈妈，是幸福的，因为可以体会生命的美妙、成长的喜悦和付出的回报。每一位准妈妈、新妈妈，都是满怀兴奋和喜悦，满怀希冀和憧憬，却又时时为如何孕育和抚育一个健康、聪明、可爱的宝宝而忐忑不安。好妈妈俱乐部，是黑龙江省绥芬河市支中心充分发挥文化共享工程资源优势，创新服务模式，向社会提供延伸服务的品牌项目，从 2009 年实施以来，受到新妈妈们的广泛欢迎，大家称，文化共享工程托起了民族的希望。

“好妈妈”好在哪

好妈妈俱乐部，2009 年 5 月发起于绥芬河市光华社区。绥芬河支中心最初成立好妈妈俱乐部的目的是帮助社区内的准妈妈们顺利度过孕期，安全地生下健康的宝宝；为初为人母的新妈妈们提供养育孩子的各类知识，提高引领孩子成长的能力。初期，好妈妈俱乐部以光华社区图书室为活动中心，支中心工作人员将适合准妈妈和新妈妈们看的书籍送到图书室，利用共享工程下发的资源及移动播放设备开展新生儿护理、儿童早期教育专题讲座，组织社区内妈妈们开展孕期知识及育儿心得交流。之后，俱乐部影响力不断扩大，不少外社区妈妈们也纷纷参加了进来，支中心将好妈妈俱乐部大本营从社区搬到了支中心，面向全市的准妈妈与新妈妈们开展活动。

随着俱乐部人数的增多，绥芬河市支中心对此进行了更深层次的思考：妈妈们作为孩子的第一任老师，对孩子一生的教育起到至关重要的作用。

“母亲能走多远，孩子就能走多远”。母亲教育的这种特殊地位与功能，要求她们向社会输送合格的人力资源，要求她们无可选择地承担起促进社会进步、提高民族素质的“社会保障医生”的重大使命。帮助母亲完成这种使命，托起中华民族的希望应该是好妈妈俱乐部最终的服务宗旨。

重新定位的好妈妈俱乐部服务范围更广了，开展活动的层次也更高了。通过播放文化共享工程资源家庭教育讲座、邀请资深教育专家现场解决教育难题、定期组织俱乐部成员座谈、免费向俱乐部成员提供电子阅览室服务等，全方位提高母亲引领孩子成长的能力。如何使孩子拥有超群的智力和健康的性格？如何培养孩子良好的行为习惯和综合能力？孩子成长中的困惑、妈妈教育中的迷茫，在好妈妈俱乐部里都能找到答案。

俱乐部还引导妈妈们在养育孩子的同时完善自我，不定期地举办音乐演奏欣赏会、靓丽妈妈专业化妆和个人形象课程、好妈妈快乐厨艺、家庭沙龙等活动，妈妈们在一起传授育儿经验，探讨生活常识，交流教育话题，谈论家庭和职业生活相关的话题，每一次聚会都是一次愉快的心灵旅行，俱乐部已成为妈妈们提升自己、放松心情、减轻压力的心灵驿站。

“好妈妈”搭起宣传中国文化的交流平台

素有“俄语”城之称的绥芬河有着自己独特的魅力。20个世纪二、三十年代的边城小镇，曾是一座中西合璧的繁华十里洋场。近几年，越来越多的俄罗斯人重新来到绥芬河定居，不同文化的差异、不同习俗的碰撞，演绎着一曲中俄友好的和谐交响曲。工程师维克多热衷中国文化，他希望儿子能在“中国传统”环境中长大，于是携全家来到绥芬河。妻子娜塔莎、儿子基玛来到中国后，起初语言不精、交流困难、不同文化理念，让他们倍感艰难。绥芬河支中心工作人员在与学校的互动活动中，发现了基玛的问题。为了更好地帮助基玛，支中心向他赠送了读者证，并邀他放学后到支中心来学习。工作人员通过引导、讲解等方式，让他从阅读低幼读物学起，增强对汉语的理解能力。经过近一年的努力，基玛的语文成绩提高很快。

在陪伴孩子学习阅读中，一个偶然机会，妈妈娜塔莎与好妈妈俱乐部结识了。妈妈的天性使娜塔莎对这个俱乐部非常感兴趣，多次前来参与活动，与中国妈妈一起探讨中俄家教之间的差异，还通过文化共享工程资源学习中国传统文化。从不知到了解，再到喜欢、宣传，好妈妈俱乐部为中国的妈妈们开启了一扇育儿的窗，也为俄罗斯的妈妈们打开了一扇了解中国文化的大门。通过娜塔莎的宣传，越来越多俄罗斯妈妈如玛丽娅、柳芭等先后成为俱乐部的新成员、中国文化的粉丝，好妈妈俱乐部成为联结中俄友谊、宣传中国文化的跨国交流平台。

光华社区“好妈妈俱乐部”组织活动

“好妈妈”有大影响

如今，好妈妈俱乐部已经走过了 4 个年头，它见证了许多妈妈的成熟和孩子的健康成长。2011 年 3 月 5 日，好妈妈俱乐部发起了感恩教育行动——“聪明宝宝 · 扮靓妈妈”，在绥芬河市引起热烈反响，受到社会和媒体的高度关注。“感恩教育行动”旨在通过了解妈妈的辛苦，让孩子们学会感恩，学会付出。在妇女节前夕，该项活动给妈妈送上了一份最诚挚的爱，最特别的祝福。活动分为感恩、回报与沟通三个环节。

活动第一场——感恩：首先播放了教育短片《感恩母爱》。真挚的情感让在场的很多妈妈和小朋友心灵受到了强烈的震撼。活动第二场——回报：工作人员给每位小朋友发了两元钱的硬币，让他们以购物游戏形式购买小礼品首饰配件，通过观看大屏幕上学习制作工艺，用自己的双手制作送给妈妈的礼物。看见孩子精心挑选并制作的礼物，用其可爱的小手为自

己戴上的那一刻，妈妈们的眼睛湿润了。活动第三场——沟通：孩子们把自己的祝福和想对妈妈说的话写在贺卡上，庄重地挂在亲情树上，然后由嘉宾打开亲情树上的贺卡，当众念出孩子们送给妈妈的那份真挚的爱和特别的祝福。这次活动，让孩子们懂得了妈妈的辛苦，懂得了母爱的伟大。当在场小朋友们齐声喊出“妈妈您辛苦了！妈妈我爱您！”时，现场每一个人都流出了激动的泪水。

1897 年梁启超在《倡设女子学堂启》中开篇写道：“故天下之大本二：曰正人心，广人才。而二者之本，必自蒙养始。蒙养之本，必自母教始，母教之本，必自妇学始，故妇学实天下存亡强弱之大原也。”论述了母亲的重要作用及其对家庭、社会的重要意义。望子成龙，望女成凤，是众多父母的共同愿望，然而，十年树木，百年树人。一个人的成才，并非一朝一夕之事，需要家庭、学校、社会的良好外部环境，尤其要求母亲们有良好的品行、良好的个性、良好的方法和良好的模范表率作用。绥芬河市支中心的特色服务——好妈妈俱乐部，依托文化信息共享工程，为提高母亲的素质，提高下一代的综合素质，提高整个城市的文化品位，从而提高整个民族的竞争力，做着不懈的努力！

点燃心底的梦想

文化共享工程黑龙江绥芬河市支中心　孙伟卢

近年来，文化共享工程黑龙江省绥芬河市支中心在开展文化惠民服务中，始终把为残疾人服务视为重中之重。为了让这部分群众也能充分地享受到普遍、均等的公共文化服务，享受到共享工程所带来的便利和实惠，支中心建立了盲人阅览室，配有语音读屏电脑、无障碍电影、有声光盘、盲文书籍等丰富资源；联同市残疾人联合会设立流动服务站，利用共享工程的资源和设备定期为残疾读者播放电影、举行讲座；安排专职工作人员为有特殊困难的残疾人读者提供上门服务，让他们足不出户，就能像正常人一样满足文化资源的需求。盲人岳金龄夫妇就是受惠于文化共享资源服务的典型案例。

岳金龄出生在 20 世纪 70 年代的农村，一落地就是个双目失明的孩子，从未见过蓝天、白云、绿树、红花，也从未见过自己亲人的模样，五彩缤纷的世界对她而言是一片黑色。家庭的贫困，使岳金龄从未接受过任何治疗，伴着残疾，慢慢长大。随着年龄的增长，她滋生了越来越强烈的读书念头，但因家庭的贫困总是遭到父母的拒绝。后来，在姐姐的帮助下，她进了一所盲人技校学习。在那里，岳金龄付出了常人难以想象的艰辛与努力，学会了盲文，学会了按摩。她的爱人朱新民也是患有小儿麻痹症的残疾人。然而，夫妻俩身残志不残，婚后在借住哥哥不足 30 平方的小屋里开办了金龄穴位按摩店。创业初期非常艰辛，由于地理位置偏僻，乏人光顾，两个人曾经有过连续 6 天吃酱油泡饭的经历。但是，凭借着吃苦耐劳和自强不息的精神，终于苦尽甘来，小店慢慢步入正轨。

过上了衣食无忧的生活后，岳金龄求知的愿望更加强烈。当她接触到全国文化信息共享工程时，立即像磁石一样被深深地吸引住了。绥芬河支

岳金龄夫妇人在盲人阅览室

中心在开展为残疾人深度服务中，了解到这对夫妇的情况之后，把他们作为个别案例进行全方位跟踪服务，中心领导亲自前往了解他们的信息需求，工作人员经常送服务上门。一次，岳金龄需要一本《黄帝内经》馆里没有，工作人员特地从哈尔滨书店采购后送到他们的手中。随着对文化信息资源共享了解的加深，岳金龄知道电脑能让他们获取更多的资讯，于是产生了学电脑的想法。支中心工作人员在得知这一信息后，立即为其提供方便，把他俩接到了盲人阅览室，手把手地教他们进行电脑操作。岳金龄喜欢音乐，工作人员特意教她如何下载自己喜欢的音乐。他们期待着等将来学好了电脑，并有了条件，买专用软件，通过专用软件的语音提示进行上网“冲浪”、打字、听音乐、查阅资料……2012 年春节前夕，岳金陵兴冲冲地告诉我们，她家买电脑了，支中心随即派人上门辅导，帮助他们解决新电脑启用中一个又一个问题，并现场演示基础知识的操作，教会如何使用共享工程数字资源，怎样去找到自己想要的信息。看到岳金龄夫妇俩脸上绽放出灿烂的笑容，工作人员感到无限欣慰。

岳金龄还有一个特长，从小就喜欢背诵唐诗宋词，还经常尝试着自己作诗，由哥哥姐姐帮忙记录。她对音乐情有独钟，一首歌，听三两遍就能哼唱下来，唱着唱着，脑海里会跳跃出一些灵动的旋律。以前金龄告诉家人她想作曲时，家里人不是笑着摇头离开，就是劝她不要异想天开。随着

生活水平的不断提高，自身素质的提升和文化知识的积淀，岳金龄埋藏在心底的那份梦想被点燃了，她强烈地渴望习音乐知识，搞音乐创作。支中心再一次助其一臂之力，购买了有关音乐乐理知识及诗歌方面的盲文书籍，送到她的手中，并推荐共享工程音乐会、相声、小品以及艺术鉴赏、文学欣赏等版块资源，鼓励她积极创作。就这样，在支中心的帮助下，在丈夫的鼓励支持下，夫妇俩白天做按摩，晚上搞创作，妻子哼曲子，丈夫作记录，日子在一天天过去，一首首好听的歌曲也随之诞生了。

几年来，岳金龄与丈夫联手创作的歌曲《赞美绥芬河》《月光下的边城》《让爱温暖人间》获得了优秀作品奖。其中《让爱温暖人间》获得“边城卡拉 OK 大赛”一等奖，原创奖。岳金龄几乎每年都参加市里举办的各类歌咏比赛，均取得了良好的成绩，她也因此成为家喻户晓的盲人歌手。值得一提的是，2011 年在“花样年华杯”青年歌手大赛中，岳金龄取得首届黑龙江省艺术教育成果评比第四名的好成绩，而且是参加比赛的选手中唯一的一名残疾人。

说起绥芬河支中心为残疾人提供的优质服务和对岳金龄夫妇数年如一日的帮助，他俩总是无比地激动。岳金龄说，“由于你们的帮助和付出，我克服了身体的障碍和心里的自卑，树立起了生活的信心和战胜困难的勇气，我的人生不再空白，我的生命因爱而坚强，我感到非常幸福，我要以感恩的心善待生活，做一个对社会有价值的人，尽自己所能回报着社会，回报所有给予关心与帮助的人们。”

绥芬河支中心的同志们也不无感慨地说，岳金龄夫妇凭借勤劳的双手和自强不息的信心，调动自己的潜能优势，战胜先天不足，实现了自己的梦想，也给我们很大教育。每每看到他们愉悦地体验网上生活，看到他们创作的佳绩，看到他们夫妇互敬互爱，由衷地感到高兴。对我们来说，每个人只需要付出一“滴”爱，便可以拯救一个希望，成就一个梦想，这也使我们深深地为服务的价值而自豪，为劳动的收获而幸福。

这只是一个岳金龄，还有很多个被疾病和贫穷束缚了梦想的岳金龄需

要给予帮助。绥芬河市支中心将继续发挥自身优势，不断探索为弱势群体逾越数字鸿沟、调动潜能优势、实现社会价值提供优质文化信息资源服务的道路，营造宽松、和谐的人文环境，使公共文化服务真正成为保障基层群众基本文化权益，连接残疾人融入社会的纽带。

距离不是问题，在南极同样受惠

文化共享工程上海分中心浦东新区陆家嘴工作站　唐倩

全国文化信息资源共享工程上海分中心浦东新区陆家嘴工作站（以下简称“陆家嘴工作站”）于 2007 年 9 月在浦东陆家嘴图书馆建立。几年来，陆家嘴工作站通过网络平台，向新区市民提供了包括实时资讯、视频资源、数据库资源、科技信息、讲座等一系列文化信息服务，满足了当地群众的基本文化需求和所在地区单位的特殊文化需求。其中，为“雪龙号”科考船和极地考察站服务，形成了陆家嘴工作站的服务品牌。

为国家科考船只“雪龙号”和极地考察站提供文化服务，在陆家嘴图

陆家嘴工作站在雪龙号上建立基层服务点

书馆已有 15 年历史。中国极地研究中心的“雪龙号”科考船是我国最大的极地考察船，也是我国唯一能在极地破冰前行的船只。早在 1996 年“雪

龙号”赴南极进行第13次科考时，陆家嘴图书馆在“雪龙号”上设立了“雪龙分馆”。此后，“雪龙号”每次出行远航时，陆家嘴图书馆都会为其配置大量图书和影视碟片，十几年如一日，迄今为止，已累计更换图书5万册，伴随科考人员一次次踏上漫漫征程，又一次次地凯旋。之后，陆家嘴图书馆又先后在南极长城站、中山站和昆仑站分别设立分馆，“雪龙号”把图书馆的流动服务延伸到整个极地研究中心，送到最远的图书馆。极地图书馆受到了科考队员的深度好评，科考人员在遥远的地方以书为伴，尤其遇到恶劣气候，这些精神食粮更显得弥足珍贵。

随着现代经济发展与科技进步，社会对文化信息的需求出现了新的变化，逐渐朝着数字化、智能化和网络化方向发展。全国文化信息资源共享工程启动之后，顺应了社会信息化发展趋势，逐步建立了层次分明、互联互通、多种方式共用的信息传输网络，使基层文化单位的信息化水平和数字资源服务能力得到了跨越式提升。随着文化共享工程陆家嘴工作站的建立，对“雪龙号”和科考站的文化服务也发生了根本性的变化。

陆家嘴工作站成立之后，依托全国文化信息资源共享工程和数字图书馆的广阔平台，先后引进了国研网、中国经济网、CCER、万方数据库、方正Apabi电子图书、CNKI同方知网等25个权威数据库，自建了《陆家嘴地方文献》和《金融中心建设纵览》等特色资源库，另外，通过整合已有数据资源、抓取和加工网上信息资源、采购和新建各类资源等多种方式，建立了包括法律法规、经济、金融、文学、艺术、医疗、旅游、科技、史料和教育等内容的全方位文化数字资源库和电子图书，数字资源总量就达到了13.6T。这些文化信息资源向“雪龙号”极地科考船提供，具有体积小、携带方便、容易保存的优势。因此，2007年后“雪龙号”每次出航前，陆家嘴工作站一改过去准备大量的图书的做法，而是精选一批数字文化资源灌装在大容量移动硬盘中提供。一个方正Apabi电子图书数据库，一下子就能提供4万册电子图书。工作站还将有关南极及其科考的文献资源进行数字化加工整理和汇总提供给“雪龙号”，方便科考队员们在漂洋过海

中随时利用。

南极卫星网络通讯系统于2009年建成使用，极地考察站实现了通过互联网、电话通讯网实时传输科考数据的重大突破。陆家嘴工作站及时跟进，在“雪龙分馆”和几个极地考察站分馆建立全国文化共享工程基层服务点，搭建数字平台，提供远程登录账号，科考队员通过SSLVPN远程登录，可随时访问陆家嘴图书馆和全国文化信息资源共享工程国家中心、上海分中心（上海数字文化网）上的数字资源，实现了优秀文化信息资源的共建共享。陆家嘴工作站还针对科考队员的个性化需求，做特别的数字化加工和传输。例如，有时有的科考队员在极地急需某件文献资料，但随行所带的参考资料不够使用，已有的数字资源中也不一定包含紧急需要的资源,遇到这种情况在遥远的南极无计可施。当他们求助于陆家嘴工作站时，陆家嘴工作人员会立即会想方设法查到所需资料，并进行数字化加工，在第一时间传到考察站以解他们的燃眉之急。

视频资料在“雪龙号”极地考察站是最受欢迎的资源。每次“雪龙号”远航时，工作站都会为其选配300种左右的视频资料。内容包括电影、讲座、话剧、戏曲、文艺演出、生活与科技知识等。声情并茂的视频音像资源让科考人员的旅途和业余生活不再枯燥。如今，南极长城站和中山站均已开通网络，科考人员可在遥不可及的南极，轻松自在地使用陆家嘴工作站的视频资源，这让科考人员有种错觉，好像仍置身于热闹的上海，看到有些经典话剧的时候，仿佛走进了安福路288号的上海话剧艺术中心，大家很享受这种感觉，这让他们的生活更加丰富有趣，精神更加饱满，更加充满热情地投入到南极科考工作之中。

陆家嘴工作站和“雪龙号”、极地考察站并非单向的服务与被服务的关系，双方在合作中也逐步形成了文化信息资源的共建共享：一方面陆家嘴工作站为“雪龙号”等提供书籍和数字化文化信息资源；另一方面“雪龙号”和极地研究中心向陆家嘴工作站提供珍贵的极地资料。如，随船记者科考行程中拍摄的影视光盘和极地生活的记录碟片等，这些都是极其难

求的文献资源，对保存珍贵的文献资料、开展极地研究、满足人民群众多样化的文化信息需求具有重要意义。每年暑期，“雪龙号”和科考站的科考人员会应邀到馆为少儿读者做科普讲座，进行科考宣传，还带领小朋友们去科考船和极地科普馆参观，很好地推动了图书馆的读者服务活动。

依托全国文化信息资源共享工程和上海分中心的信息资源和技术平台，陆家嘴工作站对“雪龙号”和极地考察站的服务和双方的共享共建工作取得了显著的成效，下一步陆家嘴工作站将不断开拓思路，把极地服务向纵深方向推进和完善，继续把这一惠民服务做得扎扎实实。

步步“精心”，打造聋人文化乐园

文化共享工程上海闸北区支中心　沈荣林

近些年来，文化共享工程上海闸北区支中心秉承“一视同仁、耐心细致、及时快捷、想方设法”十六字服务方针，在做好普通读者服务工作同时，加强对特殊群体特别是聋人读者服务，最大限度地为其创造形式多样的阅读平台，帮助他们认识自己、了解自己，树立健康的人生观，充分体现了文化共享工程和谐、均等、以人为本的服务理念，将保障群众的基本文化权益落在了实处。

要让聋人“听”讲座，“看”电影

听讲座、看电影，是现代社会人享受文化生活的重要载体，但对聋哑人来说恰恰因为残疾障碍，使他们无缘这正常人的专属享受。为了让聋人读者平等地参与社会文化生活，闸北区支中心充分利用丰富的文化信息资源，辅以聋人服务的特殊手段，从观看无障碍电影，“聆听”无障碍讲座入手，引导鼓励聋人读者走进图书馆，推进聋人读者与图书馆之间的信息交流。

从 2009 年起，支中心针对聋人读者的需求，不定期地组织无障碍知识讲座，聋人读者不仅能“听”讲座，而且能同样享受到著名专家学者的精彩讲座。例如，有着几千场讲座经历的著名学者王圣民针对聋人读者修身养性的讲座“你的美丽优雅地绽放——与女性朋友谈修养”，受到热烈欢迎，芷江西路街道“无声沙龙”的姐妹百余人参加了讲座；《助您健康》讲座引起了聋人读者极大兴趣，结束后纷纷通过手语翻译向主讲张老师继续咨询健康保健方面的问题，讲座现场公布了主讲医师的电话号码，为聋人搭起了健康服务的短信热线。

2010 年 6 月，支中心启动了为聋人放电影活动。首场电影放映的是

由富大龙、前田知惠、安娜·捷尼拉洛娃主演的《紫日》（无障碍版本），有 80 多位聋人观众观看了影片。无障碍电影大片《让子弹飞》，引得聋人观众兴致勃勃，1 小时 45 分钟的放映过程，笑声不断，看到精彩有趣的画面时观众还互相拍肩膀、打手势进行交流。放映结束后，聋人观众们都坐在椅子上不走，显得意犹未尽，陶醉在电影大片带来的精神享受里。如今，在闸北支中心为聋人读者提供无障碍电影赏析已成惯例：每双周安排一场，专门精选片源，有专人提供服务。

无障碍讲座和观影活动受到了聋人读者的广泛欢迎。无声沙龙成员毛慰祖在留言簿上写下了这样一段话，“感谢你们关心残疾人的文化生活，这对我们这么多年未进电影院的人来说是一件多么有意义的事情。从电影《紫日》里我看到了战争的残酷和对生命的尊重。我们生理上有残疾，但心里不残疾，需要被社会尊重，希望聋哑人的精神生活能像正常人一样多姿多彩！”

让聋人走入阅读的公共空间

讲座和观影活动取得了一定的成效，但这还远远不能满足聋人读者的文化需求，如何更好地为他们服务，支中心动足了脑筋。2011 年 4 月，当第十六届“世界读书日”来临之际，闸北支中心与闸北区聋人协会签约共建，成立了龙雅读书会。丰华英馆长亲手将“一卡通”借阅证交到了每一位读书会会员的手中，热心的管理人员还通过手语，向大家介绍了“一卡通”的使用功能。当支中心领导微笑地宣布，现在可以开始借书时，聋人读者们争先恐后地涌入书库，将喜爱的书籍开心地捧回家。

读书和参加读书会对于普通人来说再简单不过，但对于聋哑人来说，每一次沟通都要付出巨大的努力。在无声的世界里，思想也需要交流，情绪也需要宣泄。在龙雅读书会成立之后，会员们每两月都会自觉地来到图书馆，用手语展开有关阅读方面的热烈讨论，这里成了聋人读书爱好者的天堂。读书会中的“80 后”，上海奥托立夫汽车安全系统人力资源部的职

员陆　感言："有了龙雅读书会这个平台，拓宽了我们的知识面和信息源，让更多的聋人增加了阅读的机会。我相信生命并不因为残疾失去了它原本的颜色，正因为这份残疾，加深了我们对生命的理解。书是所有知识的来源，能改变一个人的命运。我要珍惜这份来之不易的机会。"

携手社会公益组织，拓展服务范围

利用丰富的文化资源为社会弱势群体提供服务，是文化工作者的责任和追求，但仅凭一己之力，无论服务水平还是服务深度总是有限的。

从 2011 年 9 月起，闸北支中心携手"随手执梦手语文化中心"，办起了"手语培训班"，专为文化志愿者提供培训，每期来馆参加人数达 40 余名。经过手语培训班培训的学员，在之后的社会公益服务中发挥了积极作用。例如，培训班的学员每两星期一次到临汾路街道老年聋人沙龙区探望，用手语与他们聊天交流，告知有关社会生活方面的消息。学员们还经常去儿童福利院看望那里的聋孩，帮助他们进行手语训练。这些缺少父母的孩子，看到有大哥哥和大姐姐来探望他们，显得很高兴，"话"也很多，告别时常常拉着学员们的手不放。

闸北区支中心举办"大爱无声"聋人新年联欢会

2011年元旦前，支中心与“随手执梦手语文化中心”一起，在图书馆会展厅举办了“大爱无声”迎新年聋人联欢会。临汾街道老年聋人交流沙龙成员、上海儿童福利院聋孩、悦苗福利院聋孩、崇明海科福利院聋孩、随手执梦手语文化中心志愿者、巴西交流学生等120余人欢聚一堂。整个表演舞台丰富多彩、热火朝天——华东政法大学红十字会学生分会同学的手语歌《隐形的翅膀》，72岁聋人韦德亮扣人心弦的魔术表演，健康人和聋人合作的肢体游戏“COPY不走样”等节目，生动地演绎了聋人的精彩生活，传递了他们的价值观，凸显了残疾人的社会存在感。闸北区聋协主席吴建寅代表全区2000多名聋人向闸北支中心、随手执梦手语文化中心等表示了深切地感谢，同时期待更多的企业和公众参与进来，将关爱弱势群体的公益活动引向深入。

闸北区支中心坚持开展为社会特殊群体（残疾人）专项服务，取得了良好的社会效益，支中心已经成了聋人读者想经常走动的“娘家”，各类“有滋有味”的活动应接不暇。定人、定点、定时、定内容为聋人服务已逐步成为读者服务中的一个常规项目、一张优质的共享服务名片。

让孩子度过一个丰富、充实、快乐的夏天

文化共享工程江苏溧水县儿童图书馆　杨中华

江苏省溧水县儿童图书馆是南京市首批建立文化共享工程站点单位，多年来，儿童馆针对其服务对象特点，充分利用计算机网络设施和文化共享工程数字资源，因地制宜地开展了一系列形式新颖、内容适宜的服务活动。

溧水县儿童图书馆组织的夏令营活动

2005年，为贯彻落实中共中央、国务院《关于进一步加强和改进未成年人思想道德建设的若干意见》，进一步发挥公共文化服务在加强和改进未成年人思想道德建设中的作用，溧水儿童图书馆联合溧水县博物馆，共同举办了“文博之夏”少儿夏令营活动，丰富了中小学生的暑期生活，自开办至今，已连续举办了六届，深受当地少年儿童的欢迎。

溧水县地处秦淮河上游，有着1400多年丰厚的文化积淀。晋代谢灵运、唐代李白曾游历此地，留下传颂至今的诗词名篇。韩国儒学宗祖崔致远、宋代大词人周邦彦、清代文学家袁枚都曾在溧水县任过职。溧水也是

革命老区，是抗日战争时期苏南抗日根据地，1943 年这里曾发生过闻名遐迩的反顽战役，谱写了溧水革命史上的光辉篇章。溧水是百里秦淮发源地，近代文人朱自清写下过脍炙人口的散文名篇《桨声灯影里的秦淮河》，称百里秦淮河，孕育了风情万种的金陵秦淮文化。当地人文旅游资源丰富，白马镇回峰山神仙洞有一万多年前的古人类遗迹，中山八景、江南“小三峡”、无想山森林公园、卧龙湖风景旅游区、傅家边农业科技观光园等，构成了未成年人思想教育得天独厚的优势。

爱国主义教育、历史知识传播、文化艺术培育是溧水县对未成年人思想教育的三大品牌资源。“文博之夏”少儿夏令营活动，紧紧地扣住当地这些宝贵的文化资源和未成年人思想道德教育生动教材和课堂，针对未成年人的身心特点，利用共享工程这一平台，精心推出了电影展映、学生艺术作品竞赛、历史文化古迹旅游、传统文化知识讲座、文博展览展示等活动。例如：在少儿馆三楼多功能报告厅，组织学生观看南京市委宣传部、南京广播电视台联合摄制的电视系列片《金陵文脉》；在板桥社区基层点开设“历史文化遗产知识讲座”。各项活动内容力求做到有趣、有益，寓爱国主义、集体主义、社会主义、民族精神教育于其中。

溧水县少儿图书馆和博物馆联合开展的“文博之夏”少儿夏令营活动有如下特点：一是，公益性强，“文博之夏”少儿夏令营举办期间，所有文物展览展示、文化知识讲座对未成年人一律免费开放；二是，知识性强，“文博之夏”少儿夏令营活动期间举办的文化知识系列讲座，有文物鉴赏、南京民俗文化、太平天国历史与艺术、梅园新村与周恩来、南京城墙等专题；三是，艺术性强，暑期夏令营推出了东方小白鸽艺术交流展示、小小音乐家培训等，令孩子们在艺术欣赏方面眼界大开；四是，参与性强，几乎城区所有居委会均积极参与了“文博之夏”夏令营的组织工作，不算网上活动，先后共有 1200 多名中小学生直接参加了夏令营活动，如，2009 年举办的“东润杯文博之夏”开幕式，由孩子们自己主持，自己上台宣讲，广场上站满了城区学校的学生和家长；五是，主题性强，根据少儿思想道德教育

要求，“文博之夏”电影展映挑选了六大主题：鸦片战争主题、辛亥革命主题、南京解放主题、爱国主义教育主题、中外历史主题、科技教育主题；六是，趣味性强，在这里，学生们有机会听到中小学课本中的《卖火柴的小女孩》《乌鸦和狐狸》的音乐版，能触摸和了解不同的乐器，能观赏民间魔术、彩绘葫芦、剪纸等民俗风情，还可以参加文物古迹旅游，民间作坊馆，踩高跷、滚铁环、走八卦阵等；七是，持续性强，为使学生在整个暑假期间，都能在良好的文化环境里度过，“文博之夏”活动连续两个月，并撑满整个暑期，天天有展览、天天有演出、天天有电影。

“文博之夏”少儿夏令营活动是溧水儿童图书馆、溧水博物馆，依托文化共享工程平台在暑期推出的一项绿色活动。它把当地深厚的文化资源优势转化为少儿教育的工作优势，打造了具有本地特色的未成年人思想道德教育品牌，为他们的健康成长创造了良好的文化环境。这项活动得到了当地政府、社会各方以及新闻媒体的大力支持，在全县上下营造了关心未成年人思想道德建设的浓郁氛围。我们相信，随着文化共享工程资源内容的不断丰富，“文博之夏”夏令营的持续开展，犹如一块巨大的磁铁，将吸引更多的未成年人参与进来，走进公共文化服务网络，远离“网吧”、远离“游戏厅”，度过一个个丰富、充实、快乐的夏天。

农民经纪人魏玉海的故事

文化共享工程江苏大丰市方强镇基层服务点 冯永忠

江苏大丰市方强镇，因纪念抗日战争牺牲于此的周恩来、郭沫若等人的亲密战友方强（原名袁文彬）烈士而得名。全镇总面积 82 平方公里，人口 3.3 万。

方强镇文化站占地面积 14.6 亩，总建筑 770 平方米。2003 年，江苏省在这里建立了首批文化共享工程基层服务点。2006 年，文化共享工程方强镇基层服务点被评为盐城市“服务农村、服务基层”先进单位；2007 年，方强文化站被评为盐城市“十佳乡镇文化站”；2008 年，方强镇作为文化共享工程优秀基层站点获得国家文化部表彰。这些荣誉的取得，与方强镇涌现出以魏玉海为代表的一批农民经纪人、农民致富带头人密不可分。

魏玉海，今年 48 岁，曾在陕西某部队服役 5 年，复员回家后，当过乡办厂厂长，开过修车行，也搞过贩运，可总是因为这样那样的原因，始终挖不到第一桶金。有一年，还在他开修车行的时候，一个经常用摩托车驮运饲料的朋友，向他建议养鸡。这位朋友，靠养殖蛋鸡，在短短几年之内不仅盖起了楼房，手里还有 10 多万元积蓄。

魏玉海动心了，他将父亲留给他的一幢主屋改成了鸡舍。然而，魏玉海第一年养了 800 只蛋鸡不但没赚钱，反而还亏损了 300 多元。他仔细分析得出了结论：自己不懂行，既缺少养殖技术，又不能掌握准确的销售信息，结果是赔了钱。

于是，魏玉海来到了方强文化站的图书室，查找养殖方面的资料。一天，一本关于饲料配方的书吸引住了他。随后，他便尝试根据配方自己加工饲料。第二年，魏玉海用自己配料加工的饲料养了 1200 只蛋鸡，获纯利 3 万元。此后，盐城的朋友又请他帮忙收鸡蛋，每箱鸡蛋给他 1 元手续费，这样的

收入倒也可观。那一年，魏玉海忙得团团转，但最终还是忙中出乱，在贩苗鸡时，因为技术不精，3000 只苗鸡刚到家门，大部分便死于呼吸道感染，让他整整赔了 6 万元。那段日子是魏玉海最难过的时候，几年的打拼，还去债务，只剩下 3000 元的家底。

如何发展养殖业？怎样获得市场信息？老魏将求助的目光转向了自家门市对面综合性文化站的文化共享工程基层服务点。他请文化共享工程方强镇基层服务点的工作人员帮助他查找资料，查找各地的市场行情。

江苏大丰基层服务点为老魏服务

通过查资料、摸行情、分析市场，老魏发现经销蛋鸡饲料，比养鸡更快、更容易挣钱，于是，他做出了一个大胆的选择，将家中蛋鸡全部处理掉，揣上所有的积累，又借贷 7 万元，开始做蛋鸡饲料生意。在整个方强镇没有一个人经销玉米饲料，所有的玉米全靠盐城经销商用卡车运来，而方强镇通往盐城方向有 6 公里坑洼不平、破损严重的砂石路，每次运送饲料，对方都是十分头疼，因此销售价格远远高于其他地方，方强镇的养殖户更是“哑巴吃黄连——有苦说不出”。老魏利用这个商机，与山东、河南等地商家联系调运玉米，结果让他狠赚了一笔。

魏玉海慢慢地发现：老是请人帮忙“用”电脑，太麻烦，于是他一有空就过来，请基层点工作人员教他打字、上网、查信息。他还参加了方强文化站举办的电脑培训班，从对网络一无所知，到能熟练运用网络，从网

络世界中学习到更多先进的养殖技术，找到了致富的捷径。魏玉海在自己学习和利用网络资源的同时，还把他的客户也领到基层服务点看所需要的养殖片。

在多年的摸索之中，魏玉海深知信息的重要性，他请文化共享工程基层服务点工作人员把养殖技术资料打印出来，发放给养殖户，让更多的养殖户熟练掌握最新养殖技术。基层服务点成了养殖户的集聚点，他们在这里交流养殖经验、看养殖片、听讲座。后来，魏玉海的门市部也买了电脑，并成了那些等着买饲料养殖户的小网吧。

通过网络魏玉海及时了解全国各地的饲料价格信息、禽产品市场行情。2011 年 3 月，魏玉海从网络信息中预测到豆粕可能大幅度涨价，他连夜从山东某地和张家港调运 5 车豆粕。4 天后，豆粕果真涨价，他一次抛售一空，净赚 11 万元，他再一次真正尝到了网络给带来的实惠。

老魏致富后，带领乡亲们共同致富。共享工程村镇两级基层点，成为他们查信息、开展培训的重要场所。魏玉海还邀请无锡正大集团的专家，每年四次在方强镇文化共享工程服务点举办技术讲座，200 多养殖户从中学到最新的养殖技术。

更多的养殖户迅速地富起来了后，魏玉海又想到成立一条龙服务网络。他把饲料、苗鸡赊给养殖户，再从他们手中回收鸡蛋、淘汰老鸡。魏玉海实行产供销一条龙服务，每隔一天都有 100 吨玉米车到方强，每三天向苏南、上海等地运送一车鸡蛋。他服务的养殖户延伸到滨海、响水、亭湖、射阳等外县、区，与他建立联系的生产厂家也有近百家。越来越多的群众靠养殖致富。一路打拼下来的老魏，已成为盐城地区屈指可数的农民经纪人。

魏玉海的故事，只是方强众多农民经纪人的一个剪影。据方强镇统计站、电信支局等 4 家部门联合调查，自从镇村二级共享工程基层服务点开通以来，已有 200 多个农民经纪人，利用网络获取各类经济信息，年收入达 30—250 万元，成为新农村建设的中坚力量。他们从最初到服务点上网

找资料，听科技讲座，到现在自发地搞培训、办讲座、现身说法，带领更多的群众走上了致富之路，已成为农村经济发展的领军人物，他们以自己的实际行动回报社会，造富一方。

农民致富的金钥匙

文化共享工程江苏射阳县支中心　陈廷　李广东

江苏省射阳县通洋镇距县城30公里，辖10个村，2个居委会，93个村民小组，共有1.1万户、48000多人口，主要产业以种植粮棉为主。2008年，全镇人均纯收入3800元，是重点贫困镇。

文化共享工程基层服务点在通洋镇建立以后，如何充分利用丰富的文化信息资源开展惠民服务，引导农民走上幸福小康之路，是压在工作人员心头的迫切问题。为此，他们主动与扶贫工作组联系，一起走遍了通洋镇田头、塘口。通过走访了解和分析研讨，基层服务点工作人员找出了落后的根本原因：交通不畅，信息不灵，特别是农民没有一技之长，不敢外出务工，再加择业观念保守，不愿离乡弃土去闯新路。查找原因挖根源后，通洋镇基层服务点工作人员决定从开展劳动力技能培训入手，给农民找到致富的金钥匙。

2010年初，通洋镇基层服务点与盐城市驻通洋镇扶贫工作组签署了《农村劳动力技能培训协议书》，揭开了全镇劳动力技能培训工程的序幕。

资源服务进万家主题活动树品牌

镇基层服务点从文化共享工程资源库查找整理出各类农业、养殖科技专题资源，开展培训工作，一批文化共享工程的"农博士"、"田教授"通过荧屏成了农民的贴心人。

春天是农民们最繁忙也是最需要技术支持的时候。通洋镇基层服务点"文化共享春耕科普行"讲座在塘东村开展，为该村70余户养鸡户、养猪专业户播放了《畜禽饲养及病害防治》等科技片，并现场免费发放农业科技养殖类光盘100多张。

通洋镇基层点工作人员在给蔬菜大棚种植大户顾明生提供技术资料

塘东村近年重点发展养殖业，计划肉鸡年出笼30万只，生猪年出栏3000头以上，急需技术培训视频。通洋镇基层服务点一班人又马不停蹄地赶到曙光居委会放映；塘东村需要的是蔬菜种植方面的技术，基层点同志马上致电文化共享工程射阳县支中心请求支援，在县支中心的帮助下，从文化共享工程国家中心资源库查找、整理了相关视频资源，为该村100余户农民播放了《葡萄种养技术》《蔬菜大棚高产技术》等科教片，受到广大菜农们的一致好评。

文明村村民戴其荣，只有初中文化水平，他积极主动参加农业培训，还注意带领其他农户一起学习，一起发展，并利用在培训班上学到的蘑菇栽培技术，把栽培蘑菇列为发展的重点项目，成了通洋镇栽培蘑菇标准化生产基地的专业户。在他带动影响下，文明村许多农户也跟着栽培蘑菇，使之成了一方产业。

随着村里种植规模的不断扩大，蘑菇销售成了一个大问题，在村基层点技术员的辅导下，戴其荣学会了使用电脑的基本知识和上网利用文化共享工程国家中心网站上的“全国农贸价格和销售信息”栏目开展了蘑菇网上购销业务，使文明村的蘑菇销往辽宁、山东等全国大部分地区，不仅拓宽了销售渠道，还取得了巨大的经济效益。戴其荣逢人便夸：“文化共享工程真是帮助我们农民致富的金钥匙。”

重覆盖多举建点镇村组携手互动

通洋镇基层服务点下设的12个村级基层服务点，还在学习和实践中探索出了多样的建点模式：

一是互联网模式。通洋镇基层服务点在通洋港居委会、文明等3个村基层中心，都建起了电子阅览室，并建立健全了统一电子阅览室规则、管理人员职责、读者须知等各项管理制度，为农民学科技用科技提供了方便的平台。

二是共享机制模式。全镇12个村与党员远程教育网共享开展服务，2个村与中小学现代远程教育网共享开展服务。

三是有线电视模式。利用全镇有线电视自办电视节目平台设有文化共享专栏，每星期定时通过有线电视网络传输文化共享工程的资源节目。

四是移动硬盘／光盘模式。通洋镇基层服务点通过硬盘、光盘存储专题农业技术节目，根据镇、村需求上门服务，并携带刻录机现场为群众刻录所需资料光盘。他们对光盘实行统一管理，分类存储，按需流转，无偿使用。

2010年6月，青龙村1000多亩水稻遭到虫害，严重影响了水稻生长。村民们都无法辨别是什么虫子所致，于是求助到文化共享工程青龙村基层服务点。村服务点立刻将情况汇报给镇基层点，并联合到文化共享工程国家资源库查资料找案例，最终根据查找到的《如何防治稻纵卷叶螟病害》视频内容，对比确定这些水稻原来得了稻纵卷叶螟病，并按照资源里的专家讲解确定了用药方案，终于使这1000多亩水稻避免了一场灾难，为群众及时挽回了损失。

擎农技创业电脑“三轮齐转”致富路

原来在县纺织厂上班的通洋镇牡丹村村民顾明生，于2011年初，参加了通洋镇基层服务点举办的农民创业技能培训班，通过系统培训，了解

到大规模种植大棚蔬菜效益高，是个发财致富的好路子。培训一结束，他就辞掉工作，到信用社贷了款，又流转了30亩土地，搭建了9个蔬菜大棚，放开手脚发展蔬菜大棚。通洋镇基层服务点把他列为重点跟踪服务对象，不间断提供文化共享工程资源库里最新农业科技资料，给他学习和帮助解决种植过程中碰到的各种问题，顾明生兴奋地说："今年仅蔬菜大棚一项纯收入就达到40万元以上，多亏了你们文化共享工程不断无偿提供最新技术资料帮助，我才能走上脱贫致富的道路。"

通洋镇基层服务点还组织了农民培训工程讲师团，围绕"一村一品"和农业新品种、新技术等培训内容，提供了涵盖10类25个课题的培训菜单。同时发挥本地人才资源优势，举荐本镇农技人员和农村乡土人才供村民选择，结合镇村主导产业具体情况和农耕农时，到培训课堂现身说法。

农民创业技能培训不仅提高了农民的种田技能，还增加了农民的种田收入。据通洋镇基层点初步统计，凡是接受了实用技术培训的农民，比没有接受培训的农民收入要高约500元左右。

通过培训，全镇已有4000多户菇农奔赴省内外40多个大小城市菜市场安营扎寨，每年户平纯收入4万元以上，形成了全镇主导产业。此外培植水蛭养殖基地1个，生猪养殖基地2个，蔬菜大棚2000亩，原生态葡萄园1个，食用菌基地1个，曙光居委会成为蔬菜专业村，徐庄村成为畜禽养殖专业村。文明、牡丹、等村成为食用菌专业村，塘合村成为水产养殖专业村。近些年全镇共输出劳动力1万多人。先后涌现出种植大户280多户，养殖大户300余户，从事三产大户600余户。

截至2012年，通洋镇基层服务点开展农业科技培训视频播放达到近4000小时，到田头、场头播放农业科技专题片180多场，共培训5万多人次，累计转移劳动力1万多人，其中近万人从事食用菌栽培，创产值1.2亿元。

共享一个温馨的家

安徽省安庆市太湖县寺前镇综合文化站　王永鹏

“仅尽情领受，千重山色，万顷波光……”

安徽省太湖县寺前镇，是一代宗师赵朴初先生的故乡。1990 年，朴老回乡视察，饱览故乡风光，写下了这样的诗句。

然而，由于这里属贫困山区，经济基础薄弱。全镇 15 个行政村，3 万余人，约 7600 余人长年在外务工，有留守儿童 1300 多人，大部分与祖父母生活，有一部分寄养其他亲戚家中，少数儿童独自守家。这些留守儿童缺乏父母关爱，缺少亲情和家庭温暖，不同程度地存在着管教不到位的问题，情感相对冷漠，人际交往能力差，思想感情较脆弱，影响了学习和生活。

针对留守儿童这一特别现象，2011 年 6 月，寺前镇在文化共享工程基层点设立了“留守儿童之家”，使他们在放学后、节假日有了一个学习、活动的好场所。“留守儿童之家”一成立，很快吸引了镇区周边学校 100 多名留守儿童的到来，基层点广泛搜集资源，寓教于乐，开展丰富多彩的服务活动，努力为他们营造了一个温馨的家。

唱起来，乐起来

十岁的刘尚南打小就是个内向的孩子，父母外出打工，将他丢在了祖母身边。所以刘尚南显得孤僻、话少、胆小，在读课文的时候，声音就像蚊子哼，更别说敢放声唱歌了。

俗话说“喜欢音乐的人会快乐一辈子”。而共享工程设备可以让孩子们获得全方位的视、听觉享受，每次只要孩子们来到这里，基层点的工作人员就利用“酷我”软件为他们播放好听的歌曲。在播放中我们发现，孩

文化共享工程太湖县寺前镇“留守儿童之家”

子们总会不自觉地跟着一起唱，跟着一起拍手。

刘尚南是和同学们一起来的，一开始，他还是非常拘谨，只是看着同学们唱。后来，同学们的劲头感染了他，也激发了他属于孩童天性，他也和同学们一起唱了起来，脸上开始现出少有的笑容。

就这样，给孩子们播放 MTV 歌曲，成了基层点每天必做的事情，《外婆的澎湖湾》《两只老虎》《小燕子》等经典歌曲很快在孩子之间传唱。歌曲学熟了，就让孩子们过一把 K 歌瘾，开始他们害羞，不敢唱，工作人员就带头为他们示范，在好奇心的驱动下，大胆的就想试试了，慢慢地许多孩子一到 K 歌时就抢着唱了。让我们想不到的是，一向最不活泼的刘尚南逐渐放开了，甚至和同学们抢起了话筒。我们发现，这孩子很有音乐天赋，唱得非常好。我们还辅导他一些歌唱技巧，渐渐，他成了一个“小歌星”了。

在其林小学庆祝建党 90 周年的联欢会上，刘尚南上台演唱了《小红帽》，赢得了阵阵掌声。张文灿校长特别为刘尚南颁发了奖状，表扬他突出的表现。第二天，张校长专程赶到文化站向我们说了刘尚南的精彩表现，

并感谢基层服务点为孩子们所做的一切。

现在的刘尚南与以前相比，完全变了一个样，爱说爱唱，学习成绩也提高了。歌声让留守的孩子们唱了起来，乐了起来，让他们享受到了城里人在KTV里K歌的乐趣。只有乐起来了，孩子们才懂得生活的意义，学习的意义，才会鼓足干劲去做事，去学习。

他们懂得了感恩

汪大海是六年级的学生，父母长年在外打工，自己被寄宿在姑父家。姑父、姑母对他疼爱有加，可是他每次回家什么事都不做，还不听姑父母的话。他姑父每次到我们这里来接他的时候，总是和基层点的工作人员诉说他心中的苦恼。

这事引起了我们的重视，后来，经过调查，留守孩子不知道感恩的还确实不少，他们都觉得寄宿的家不是他们的家，在这里他们像客人一样，不爱做事，有较强的逆反心理。为此，我们在网络上搜索关于感恩的资源，找到了手语歌《感恩的心》，电影《妈妈再爱我一次》等，利用节假日开展为留守儿童服务播放公益电影活动，并与学校取得联系，要求孩子们看过后写观后感。

在播放《妈妈再爱我一次》时，我们注意到，当看到在风雨之夜，志强躲在庙外避雨，秋霞等人到处找不到，第二天找到志强已昏迷不醒时，所有孩子们都泣不成声，汪大海的眼里也是含着泪水。电影结束后，孩子们齐唱起了《世上只有妈妈好》，久久不能平静。于是，我们与汪大海谈心，让他说说姑父母对他好不好，让他想想如何与他们相处的。

不久，汪大海在学校布置的《我最想感谢的人》的作文中写道，“我最想感谢的人不是我的爸妈，而是我的姑妈，是她每天为我做饭，为我洗衣，为我检查作业……”。大海的姑妈偶尔发现了这篇作文，很是感动，她把作文专门送给我们看，感激之情溢于言表，说大海这段时间变了许多，能帮她做做事，总是姑妈姑妈地叫着，叫得很甜。

当看到孩子们在“留守儿童之家”，拍着手，做着动作，唱着“感恩的心，感谢有你……”的时候，我们想父母永远是他们的最爱！让留守孩子有了感恩之心，那么他所寄宿之处就会成为他温馨的家，让他们能勤奋地做些事情，对于孩子的成长，将是影响巨大的！

千里来相会

如今，每到周末，基层点电子阅览室里的几台电脑，都会被家长和孩子们围个水泄不通。他们纷纷通过视频，与千里之外的亲人见面说话。

思念父母是每一个留守儿童心里的痛。三年级学生张宗理，寄宿在外婆家，父母在浙江打工，平时很少打电话回家，只是暑期让老乡把孩子带到浙江住一段时间。张宗理非常想念爸爸妈妈，每天总是郁郁不欢，学习成绩不是很理想，在学校还老爱做些小破坏，很让老师头痛。

为使像张宗理这样的孩子能与父母之间建立一条亲情联系的纽带，通过了解，在城里打工的家长一般星期日休息一天，而城市里电脑比较普及，于是基层点的电子阅览室派上了大用处。基层点组织了“快乐星期日”活动，让孩子们通过 QQ 视频与远在城市的爸爸妈妈在网络上见面、聊天。

记得第一次在视频里看到父母，张宗理高兴得跳了起来，激动得不知道说些什么，想好的话都忘了，远在浙江的父母也很激动，泪流满面。QQ 视频让亲情得以传播，也给孩子的学习增加了动力。在学校期中考试中，张宗理成绩有了明显的进步。随着张宗理的进步，电子阅览室变得更加忙碌了，每逢星期日，这里就会变得拥挤、热闹，情意浓浓。

“爸，您在外面好不好？”看到视频顺利接通，寺前初中初三学生刘尚美眼睛笑成了一条缝。“好着呢。好好念书没，有没有帮奶奶做家务？”尚美的父亲看起来也很开心，他向女儿述说在外打工的艰辛，叮嘱她注意身体，好好学习，听奶奶的话，多帮奶奶料理家务。尚美一一点头应下，泪花模糊了她的眼睛。

这样的情形真是牵动人心，这样的镜头还有一幕一幕。冰冷的机器传

达的是暖洋洋的温馨，留守儿童也因此变得比其他的孩子更加坚强，更加勤奋。

面对这些留守儿童，作为文化工作者，我们深深地感到确实应该为他们做些事情，从多方面去关心、辅导这些孩子，让他们拥有无私的、父母般的关心、关爱和关怀！文化共享工程拥有丰富的资源，拥有最新设备，我想，通过努力，学校、家庭、社会携手共事，一定会成让这些留守儿童共享一个温馨的家！

服务零距离 农工喜读书

文化共享工程江西靖安县支中心　李高淑

农民工徘徊在城乡边缘，既属于城市，又属于农村，是一个游离于城乡两种文化形态的边缘性群体。共享工程江西省靖安县支中心把为农民工服务作为支中心的重要工作来抓，为全县全部8000多名农民工，特别是在县城务工的5000多名农民工建档建卡，掌握他们的基本情况和具体需求，有针对性地跟踪开展各类文化服务，做细、做实、持续、深入，取得明显成效。

从业培训进行时

农民工从乡村来到城市，绝大部分不懂技术，缺乏起码的从业条件。角色转换后的他们，最迫切的是尽快掌握一技之长，融入城市生活，进而不断地改善生存条件。靖安县支中心从开展农民工技术培训入手，利用共享工程设备资源有针对性地组织包括电脑知识和操作技能培训、各种实用技术培训，让一大批农民工掌握了谋生技能，为他们在城市务工经商，站稳脚跟增添了筹码。2009年以来，靖安县支中心先后举办电脑培训15次，各种实用技术培训9次，文化艺术培训18次，培训农民工及其子女3000多人次。

胡美秀，一位普通的农民工，在参加县支中心举办的医药技术基础培训后，顺利地在县城的一家药店就业。她在给县支中心的感谢信里说："我是一个啥都不懂的农村人，家庭经济非常困难，共享工程给了我免费培训的机会，让我掌握了一门谋生技术，找到了一份满意工作，我衷心感谢县支中心给我们提供的无私帮助。"李修明，靖安县水口乡周家村的农民，进城后一直在装修公司当工人，月收入不足千元。他参加了靖安支中心举

办的电脑技能培训班后，学会了打字、上网、利用网络查找资料信息，从此改变了命运。他说："我原来是跟别人打工，收入很低，一家人的生活都难以维持。经过共享工程的培训，掌握了基本的电脑操作技术，开阔了眼界，激发了创业热情，自己成立了装修公司，利用网络与客户沟通联系、洽谈生意，年纯收入超过20万元。现在我有房有车，一家老小都在县城生活，其乐融融，是共享工程的培训，提高了我的文化素质和从业技能，带领我走上了致富之路。"

引导阅读零门槛

在开展培训服务的同时，靖安县支中心还注重在农民工中开展各种形式的文化素质提升服务，进企业，下社区，关注农民工业余文化生活，搭建文化活动平台，引导阅读无门槛，针对农民工开展了网上阅读、网上看世博、送春联、办书展、农民工通读党史专题热线、书法大赛等一系列活动。2011年4月，全省开展了"读好书、多读书、好读书"活动，靖安县支中心积极响应，着重开展了农民工阅读推广促进工作，以推广优秀红色经典图书的阅读、视频的播放，激扬农民工爱国情怀，激发大家的阅读兴趣。有农

2012年江西文化共享工程迎春系列惠民服务暨"文化年货带回家"农民工服务活动在靖安县启动

民工说，读好书、多读书、好读书，就是让我们把阅读学习作为生活的内容，作为成长的阶梯，作为增强能力的加油站。

王武云，一位在县城工业园务工的农民工，参加了支中心举办的“网上看世博”活动后激动地说：“世博虽然在中国举行，但总觉得离我们还是比较遥远，但没想到在支中心足不出户就能看世博，不花钱就能参与世博，感受世博，让我们开了眼界，外面的世界真精彩。”在广东省东莞市打工的本县农民工书法爱好者王峰，在听说 2011 年 5 月靖安县支中心将举办全县“七月之光”书法大赛后,专程从广东赶回来参赛并获得二等奖。他在领奖时不无感慨地说：“县支中心为书法爱好者搭建了互相学习、切磋的平台，更重要的是我们农民工也有了展示风采的舞台。”丰富的业余文化生活，陶冶了农民工的情操，也培养他们逐渐拥有了健康文明的生活方式。

不输在起跑线上

靖安县支中心在开展农民工服务中还认识到，切实保障农民工的基本文化权益，还应包括解决农民工家庭的后顾之忧，让他们的子女获得良好的教育，不输在起跑线上。几年来，县支中心在寒暑假、双休日为农民工子女举办了各种文化艺术培训班，开展演讲、才艺表演、视频讲座、电影展播等一系列文化活动，丰富了农民工子女的课余生活，帮助他们学习文化艺术知识，让他们像城里孩子一样接受综合的素质教育。

在农民工子女文化艺术培训中，支中心根据他们不同年龄、爱好，组编了读书写作、英语口语、电脑培训、书法、绘画、舞蹈等学习兴趣小组。2011 年 7 月，支中心还从华中理工大学聘请了一位美籍教授专门为农民工子女开设了英语口语教学，采取做游戏、提问、对话、唱歌等生动活泼的教学方式，激发农民工子女的英语学习兴趣。县小四年级学生、农民工子女周嘉琛，从小酷爱舞蹈，是一棵跳舞的好苗子。由于家庭经济条件所限，无法接受正规的舞蹈训练。支中心同志得知后，主动上门邀她参加支

中心的免费舞蹈班。如今，周嘉琛已通过了国家舞蹈四级考试。她说："感谢共享工程铺就了台阶，我的人生将从这里起步，我要一直跳下去，实现自己的梦想。"

永新原生态红米“重出江湖”

文化共享工程江西永新县支中心　刘志宏　贺小燕

江西省农民人口数量占了全省人口的三分之二，农村土地占了全省土地的三分之二。两个三分之二决定了文化工作的重点在基层、在农村。江西省自实施全国文化信息资源共享工程以来，以服务基层、服务农村为重点，充分利用文化共享工程数字资源和设备，大力开展农村实用人才培训，至2010年底“十一五”收官之时，全省已建设文化信息资源共享工程村级基层服务点11368个，各分、支中心累计举办各类农村实用人才培训活动486期，引导6万余农民名鼓起农民创业致富之翼。

位于赣西罗霄山脉中段的革命老区永新县，2006年起试点实施全国文化信息资源共享工程，在国家财政投入的引导下，县委、县政府克服困难，筹措40万元配套专项资金，按标准陆续完成了文化共享工程县支中心和全县100%的乡镇基层点和100%村级基层点的建设，有效地构建了结构完整、功能齐全，遍布县、乡、村的三级服务网络。

春到田园，正是农家春耕备耕忙。2011年3月18日，永新县文化信息资源共享工程支中心的工作人员携带着文化共享工程提供的放映设备、科普图书和精心印制的宣传资料等来到里田镇南城村，开展一年一度的“文化共享助春耕”活动。“共享工程来服务了，各家各户都来人听听，一定会受益的。”此时，一位40多岁的农民忙着走村串户招呼村民，他就是龙桃仔。两年前龙桃仔受益于“共享工程”数字资源的帮助，掌握了原生态红米的种植技术，不仅让原生态红米“重出江湖”，自己也走上了致富路。

2009年，龙桃仔到邻县高安务工，一个偶然的机会，他在龙门镇铁境山中采摘到野生红米水稻，怀着好奇心他引回了稻种试种，可是因没有种植原生态红米水稻的经验和相关技术，一时让他不知如何下手。正在龙

桃仔左右为难时，巧遇文化共享工程永新县支中心工作人员到该村开展“文化共享春耕行”服务三农的宣传活动。龙桃仔便向县支中心的一名工作人员询问原生态红米稻种植技术。没过两天，支中心工作人员就从国家中心下发的数字资源中找到了关于原生态红米稻种植技术的相关资料，并刻成了光盘专程送到他家，还热心地为龙桃仔提供了几本创建无公害粮田的农技书籍。工作人员鼓励龙桃仔说：红米是大米中稀有品种，口感和色泽独特，内含丰富的铁、磷、维生素等元素，营养丰富，具有改善缺铁性贫血、抗激素等多种功效，希望他试种成功。

龙桃仔细看了光盘后，了解到原生态红米稻属高山环境下生长的野稻种，枝叶少，阳光入田充足，抗病能力强，与平常种植的绿叶茂密的杂交稻相比，原生态红米稻衍殖禾虫既少又慢，不需用剧毒农药，且偏爱农家肥，难吸收化学肥料。按照光盘上示范的种植原生态红米稻技术，龙桃仔一步步对照着辛勤耕耘，一季下来，收获的原生态红米稻亩产超过了 500 公斤，更让他惊喜的是，红米销路格外得好，城里人称，原生态红米属纯天然绿色食品、安全性高、有益于人体健康，小孩、妇女食用还能预防贫血。龙桃仔引种了 10 亩地，当年收入就有 2 万多元。

他的左邻右舍闻讯后，先是用白米换来红米品尝，然后换谷种试种。与以前施用化肥、农药的杂交稻相比，原生态红米稻，产量一亩要高出 20%，成本低出 30%，价格还要高出 3 倍，种植红米让大家都获了益。尝到了甜头的村民们积极性一下子高涨起来，争着抢种红米稻，南城村 200 多户农家都“鼓捣”起原生态红米稻，原生态红米也“蹿红”了市场，村里产出的红米供不应求。在龙桃仔种植原生态红米稻影响下，邻村的汤溪、洋溪、夏幽和沙市镇、高溪乡的农家也纷纷前来取经求术，加盟种植原生态红米稻，这已成了永新当地农民增收致富的新路子。

桃仔欣喜地说：“共享工程提供的资源真好！帮助我走上了让原生红米‘重出江湖’的致富路。”而今的龙桃仔在文化共享工程的继续帮助下，再接再厉，已将原生态红米稻亩产增到 1200 斤，成了远近闻名天然绿色

食品的种植大户。当笔者来到龙桃仔家中访问时，只见他播种备耕在即，家里屋外，不见一丁点化肥和农药的影子，全部采用生态化农家肥模式，并且已备好早稻红米的测土配方和有机农家肥，杀虫用的“诱蛾”灯等新“家什”也一一“就位”。

在文化信息资源共享工程的助力下，南城村已成为远近闻名的纯天然原生态红米生产专业村。为更好地引导红米稻种植，文化共享工程永新支中心将南城村基层服务点设在了龙桃仔家里。如今，南城村村民在电脑上轻点鼠标，便可以享受到相当于1500万册书籍的文化、信息资源。在村委会的带领下，村民们正在运筹成立原生态红米合作社，统一施农家肥、统一田间管理、统一回收、统一加工、统一包装和销售，申请统一商标。文化共享工程像一个巨大的文化资源宝库，源源不断地为广大农民群众提供优秀的先进文化技术，为农民勤劳创业注入动力，引导革命老区的群众，在科技致富奔小康的道路上焕发新的光彩。

农民龙桃仔在共享工程基层服务点

一段有着起、承、转、合的优美“交响曲”

文化共享工程山东分中心　刘伟　翟晓乐　王增增

全国文化信息资源共享工程实施以来，在山东省图书馆（文化共享工程分中心）人来人往的馆舍内，在行色匆匆的各色读者人群中，曾发生过很多感人的故事。今天所要讲述的这个案例，是我亲身经历的，一个从公共电子阅览室服务中收获希望的故事，一段有着起、承、转、合的优美“交响曲”。

起——一次偶然的咨询

与小光的妈妈李女士第一次接触，缘于她来我们公共电子阅览室的咨询。小光是我市一所中学的初三学生，学习成绩名列前茅，但就是偏科现象较严重，英语成绩一直不能令人满意。这种现象如果不能及时纠正，则会影响到后续的升学问题。父母的严厉说教，使处于青春期的小光产生了严重的逆反心理，从而导致整个家庭气氛紧张，无论是父母还是孩子都很苦恼。一个偶尔的机会，经朋友的推荐，李女士得知了山东省图书馆内有定期举办的少儿英语培训班讲座，就前来咨询有关孩子英语学习的问题。那天，刚好我值班，在相应的自我介绍后，李女士向我叙述了小光以及发生在她家的一些事情，我也逐渐了解李女士此时此刻的想法和心情。我向李女士介绍了文化信息资源共享工程启动以来，针对未成年人这一特殊群体加强服务的一些做法。当李女士了解到，这个即将举行的少儿英语培训班完全是公益性的，并且讲课的教师都是经验丰富的志愿者时喜出望外。于是，我将当期少儿英语培训班的举办时间和地点告诉了她，并互留了联

络方式。

承——多次辛勤的努力

时间过得很快,转眼之间就到了举办少儿英语培训班的日子了。那天,李女士早早地带着儿子小光来到了我馆举办培训班的青少年公益电子阅览室。

下午14:00,培训班准时开始。英语王老师以其风趣、幽默的授课风格,在很短的时间内就拉近了与学生的距离。孩子们刚开始的拘谨慢慢地散去了,跟着老师的发音大声地朗读起来。授课老师注意到小光在课上的表现并不是很好,于是,在接下来的授课中,老师稍微放慢了一下速度,让小光这些基础比较薄弱的学生能够跟上。老师在课上专门向小光提了几个问题,并且对其回答一一作了点评,还夸奖小光的回答得好。渐渐地小光的学习兴趣被调动了起来,在课堂上的表现也越来越活跃。转眼间,两小时的课程结束了。李女士和小光离开培训阅览室时,专门到我这里来,询问下一期英语培训班的日期。我详细地向他们告知了时间和地点,同时,还向李女士和小光介绍了前一段馆里举办的《口语学习的革命:如何说一口流利标准的英语》活动,和《孩子成长的天空——新东方家庭教育中国行》等。我建议李女士在周末或假期,可以带小光来参加馆里举行的其他一些活动,一方面能够丰富小光的课外生活,拓展他的知识面;同时也能够加深母子之间的了解,为家庭的和谐创造

少儿英语培训班老师在给孩子和家长讲课

条件。

转——令人开心的收获

在“数字英语学习资源库——MyET”培训活动之后，小光对于原来英语学习的抵触情绪有所下降，兴趣不断提升。慢慢地小光不用妈妈陪同，自己就来到馆里听课。之后，他又陆续参加了如何培养优秀的英语学习习惯以及新东方听力、口语风暴等学习。小光还积极参加了文化共享工程举办的《周末100分》《公益电影展播》活动。经过这些活动，小光的知识面得到了很大的拓展，对于英语学习的兴趣越来越高，成绩直线上升，性格方面的阳光特点也逐渐展现出来，与父母之间的关系越来越和谐。在之后的中考中，小光英语成绩有了质的飞跃，以优异成绩考入了我市重点中学。李女士对于图书馆和文化信息资源共享工程的感激之情更是溢于言表。

合——一份会心的感悟

“一滴水滴能够折射阳光的色彩。”小光的案例，让我真真切切地看到文化共享工程对于促进和谐社会建设的意义。家庭是社会的细胞，要追求社会的和谐，首先要实现家庭的和谐。在这个故事中，由于小光的英语学习问题，进而导致了其家庭的不和谐，通过我们的服务工作，逐渐增强了小光对英语学习的兴趣，提高了其学习能力并取得成功，也使这个家庭重新实现了和谐。从中我也感受到了做好读者服务工作的价值。作为山东省文化资源共享工程的工作人员，在以后的工作中，我将继续努力，保持良好的精神风貌和工作作风，为文化资源共享工程的发展继续贡献一份力量。

张而草莓的“大文章”

文化共享工程山东济南市历城区支中心　李宗斌

“红草莓红红火火小康路，金张而潇潇洒洒大文章。”2012 年 1 月 5 日，第五届张而草莓文化节迎来一年一度的庆典，包括济南市副市长，山东省农科院院长等数十位贵宾，同 3000 多名慕名而来的游客一起，走进温暖如春的草莓大棚，品尝草莓的甘甜，共享科技农业带来的喜悦。文化节开幕式上，被农民亲切地称为“草莓大王”的村党支部书记赵顺桂动情地说：“张而草莓能成为远近闻名的品牌，成为农民奔向小康之路的‘幸福果’，这得益于我们更新传统的农业观念，让草莓种植插上科学的翅膀，因而才有了具有张而特色的观光农业。这一切，更应该感谢文化信息资源共享工程，他像随时都在我们身边的科学顾问，引导我们一步步写好草莓种植、观光农业这篇大文章。”

张而草莓喜获丰收

赵顺桂的这番话是发自心底的。从 1995 年到 2011 年，张而草

莓种植走过 16 个春秋，从当初的 5 个大棚到今天的集观光采摘、科研销售为一体的万亩草莓种植基地，文化信息资源共享工程这个平台发挥了巨大作用，正如果农吕素宝贴在自己草莓大棚上的一副对联所述："文化共享科技为媒，描锦画绣张而文章。"短短 16 个字，道出了张而果农的心声。

改变观念，让草莓种植插上科学的翅膀

山东省济南市历城区董家镇张而村原来没人种草莓，却出产"光棍儿"、"小偷儿"之类，是远近有名的落后村。1995 年，村里的干部想干点事，就派人到河北满城学种草莓，回来草草建了 5 个棚。春节前，鲜艳欲滴的小果果一上市，每公斤最高卖到了 120 元！厚利让村民瞪起了眼，家家都想种草莓。从 1995 年到 2005 年，草莓种植户发展很快，但因为缺乏科学管理，果农们全凭自己的想象，或者学学别人的种法，因此产量不高、种出的草莓也参差不齐，品质不高，价格也上不去。因此，果农们当初靠种植草莓致富的愿望不能得以实现。

2005 年，张而村建立了文化信息资源共享工程基层服务点。果农们在文化共享工程网络上了解科学种植的方法，学习了先进的大棚管理经验。同时，村里还聘请了沈阳农大、泰安果科所、莱阳农学院等单位的专家讲课，先后引进并推广应用了以色列微滴灌、日本 EM 生物、异花授粉、立体栽培、微机控制恒压变频节水灌溉等 20 余项国内外先进农业技术。共享工程服务点一开课，大喇叭一喊大家争着去，去晚了就没座位。谁家上了新技术，研究了新品种，都争着去看、去学。传统的草莓种植终于插上了科学的翅膀，村民种草莓的热情也被"点燃"了。

观念一变，小小草莓带来了巨大的效益，果农的腰包鼓了，同时也启发带动了董家镇其他村的种植。全董家镇一下建起了 1.5 万多个大棚，并注册了统一的"张而"牌商标。

培育品牌，小小草莓创出大市场

张而草莓有了名气，但品种还是单一，缺乏长久的竞争力。为了让张而草莓立于不败之地，让果农吃上“定心丸”，赵顺桂一方面请教专家，一方面利用文化信息资源共享工程搜集学习全国各地的先进种植经验，考察吸收，千方百计培育自己独有的品牌。

2006 年，张而村草莓种植率先实现了无公害草莓栽培管理，从选种、育苗到开花、结果每一步都严格按照国家无公害标准栽培管理进行，在草莓苗生长过程中，果农根据天气变化及时调控棚内光照、温度、湿度，当草莓苗开花后，将棚内放置蜂箱，利用蜜蜂进行授粉，坐果后，重点调控光照，以利浆果形成，草莓成熟前 2 至 3 天，给根浇灌牛奶，成熟后的张而无公害草莓营养丰富、颜色纯正、个头均匀、口味独特，不含任何激素，是名副其实的绿色食品。

随后，张而人又从文化共享工程网络中看到西芹种植过程中浇灌牛奶，并由此得到了启发，尝试牛奶滴灌，结果大获成功，使生产的果实又香又甜，极富营养，受到消费者的欢迎。现在，张而草莓从过去的品种单一发展到 6 个品种，其中培育出的“甜宝”闻名省内外，供不应求。

小小草莓创出大市场。张而村申请注册的“张而”牌优质无公害草莓先后荣获“济南市旅游暨特色农产品优质产品”及“中华名果”称号。被国家农业部确定为“全国首批 100 家农村经济合作组织试点单位”。张而草莓种植基地被命名为“济南市科技兴农示范园”、“山东省富硒农产品基地”、“山东省冬暖棚草莓标准化生产示范区”及“山东省星火科技示范基地”。张而草莓远销北京、上海等国内十几个大中城市。

文化塔台、草莓唱戏，冬天里的春天

利用文化信息资源共享工程资源，张而村的草莓文章越做越大，视野也越来越开阔。赵顺桂想：果农们的腰包鼓了，但精神面貌也应来个焕然

一新。2008年12月，张而村经过多方努力，举办了首届“张而草莓文化节”，让文化搭台，草莓唱戏，以此提高村民的文化素质，让草莓之乡荡漾文化氛围，展现新时代新农村的精神风貌。

首届草莓文化节大获成功，慕名而来的游客络绎不绝，到2012年岁首已成功举办了5届。文化节的内容丰富多彩，包括“草莓大王”评选、文艺演出、草莓采摘、对联征集等6项活动，果农们自编自演，游客亲身参与，红莓飘香，其乐融融。文中开头的“红草莓红红火火小康路，金张而潇潇洒洒大文章”对联就是对联征集活动中的一条。还有“满园春色一路风光好，万亩暖棚十里草莓香”、“雨润玉桃风光秀，梅映红莓岁月甜”等果农自己创作的作品，表达了他们对家乡、对生活美好的描述和祝福。

如今，一个适合市民休闲采摘旅游的现代化草莓基地已在张而村形成。宽敞的环形采摘旅游道路行车畅通无阻，为游客提供方便的绿色通道，还有新建的200米草莓文化观光长廊和1200平方米的农家乐，草莓俨然有了“文化味儿”，让每一位冬季到这里的人切实的感到浓浓的春意，领略万亩草莓大棚“冬天里的春天”。

“文化信息资源共享工程像一座科学致富的桥梁，又像每时每刻都站在我们身边的老师，我们尝到了甜头，并越来越离不开他了。”“转动鼠标，就解决了疑惑、看到了市场、分享了成功的喜悦。”正像村支书赵顺桂说的：“有了文化信息资源共享工程，我们感到和文化科技没有了距离，富裕文明就在我们身边。”

张而的草莓文章将会继续写下去，写出更新更美的精彩篇章。

文化共享牵线 花卉种植致富

文化共享工程山东郯城县支中心 周朝启 孙磊

他叫焦强，是山东郯城县郯城镇北关四村的花卉种植户。五年前的一个偶然机会让他爱上了种花木，从此，他和花木结下了不解之缘。如今，他的花木事业越做越大，成为郯城镇远近闻名的“花木大王”。

走进焦强100多平方米的塑料花房里，满眼是姹紫嫣红，一股浓郁的花香扑面而来，八仙、杜鹃花，鸭掌木20多个品种的花卉争奇斗艳，绣球花吐出了粉蕊，金丝莲擎起了黄花，珍珠吊兰、银杏流溢着翠绿。尽管此时市场对鲜花的需求已不在旺季，可买花的客户仍然络绎不绝。焦强笑着告诉我们：“这些年，大家的生活条件改善了，生活水平提高了，养花既休闲，又赚钱，干净实惠，比养家畜强多了！”“他的创业致富之路，受益于文化信息资源共享工程。”

抓住机遇，文化共享工程助推创业路

郯城镇作为一个传统的半经济作物地区，80年代以前一直以种植玉米和小麦为主。2006年开始，焦强搞起了花卉种植。当时很多人心存疑问，种花养草也能赚钱？他却心里有底，看准了花卉需求的潜在市场，因为随着生活水平的提高，城市小区建设的趋热，人们对绿化环境、庭院布置、居家装饰、礼仪花卉的需求必然日趋上升，花卉业的前景应该是广阔的。焦强先后到过湖南柏加镇、浙江萧山、河南潢川等地考察。起初，他在自家门前的三分地里，用水泥板搭起简易的花房，种植了菊花、月季进行试验，但由于对植物的生长习性及对土质的要求没有细致研究，导致植物缺乏微量元素，发生病变，种植的种苗损失过半，直接经济损失2万多元。

这次失败使焦强意识到了“知识就是生产力”的重要性。一次偶然的

机会，他接触到了全国文化信息资源共享工程，发现了《月季花栽培使用技术》《菊花栽培使用技术》《花卉病虫害防治》等课件。他如获珍宝，反复观看课件并不断地向文化共享工程郯城支中心的工作人员求教。支中心工作人员根据焦强的需求，从文化共享工程资源中，又搜集了许多关于花卉种植的课件送到他的手中。就这样，焦强白天侍弄花卉，晚上观看课件钻研种植技术，把理论与实践结合起来，边种植、边学习、边研究，系统了解了各种苗木的习性，掌握其培育方法，不懂的技术就在网上寻访专家和业内的网友互相探讨。

养花种草是个琐碎而精细的功夫活，浇水、施肥、修剪每个环节都马虎不得，稍不小心就会前功尽弃。养花人都知道，菊花栽培技术要求高、难度大，只要能养好菊花，就可以做到心有灵犀，侍弄别的花草也都能举一反三，触类旁通。焦强在养花过程中，肯动脑筋，也特别用心，通过孜孜不倦地学习，他系统掌握了花卉种植的相关知识和技能，并丰富了实践经验。经过辛勤劳动，2007 年焦强靠出售花木、盆景净赚 6 万多元，捞到了“第一桶金”的他，就搭建了眼前这座花卉温棚。

从此，焦强成了文化信息资源共享工程的忠实用户，他将郯城支中心的网页联为家中电脑的主页；文化共享工程网站也成为他浏览次数最多的网站。自从郯城县全面开展文化共享工程惠民服务后，他更积极了，不断抓住文化共享工程进基层、进家庭的契机，壮大产业规模。如今，焦强建的盆景园已颇具规模，占地 5 亩，内有三个长 50 米、宽 8 米的大棚，常年种植的花草近百种，每年纯收入达 20 多万元。

科学产销，文化共享工程助推品牌路

在成为远近闻名的花卉专业户后，焦强就不甘于一般地种植销售了，他把注意力转到了提高花卉的质量和档次，增强鲜切花的市场竞争力上。对此，焦强下了不少工夫。一是，加强新品种的开发和引进。他利用共享工程网络平台了解世界花卉种植趋势。在观看《时尚园艺觅新宠》课件后，

他从网上订购并引进了百合、非洲菊、香石竹、马蹄莲、唐菖蒲、鹤望兰、天堂鸟等10多个新品种，使花卉种植形成以百合、郁金香等高档鲜切花为主，辅以其他常规品种百花齐放的局面。二是，积极采用科学的种植技术。他一方面加强与大专院校、科研院所的联系，利用文化共享工程网络平台借脑引智，接收外地专家提供的技术指导；另一方面与郯城县农经部门合作，开辟了实验基地，研究并实施了多个科技创新项目，不断规范花卉大棚种植及切花生产流程。三是，实施品牌战略。为了增强郯城花卉的市场竞争力，他注册商标，统一行业标准，通过网络宣传推广，不断提升自产花卉品牌的知名度。

先锋领创，文化共享助推共富路

焦强科学种花致富后不忘众乡亲，毫无保留地向大家传授花卉生产技术。文化共享工程郯城县支中心聘请焦强为“土专家”服务团成员，制作了花卉种植传播课件，积极引导其他党员、群众走上花卉种植共同致富路。郯城镇先后有70多名种植大户成为文化共享工程联络员，更多的农户则通过文化共享工程网与“土专家们”结成了帮扶联系户。郯城镇花卉种植区域不断扩展，学用成果明显。目前，全县花卉种植户达200多户，从业人员超过了900人，年产鲜切花1.5亿株，创产值3200万元。

下一步，焦强准备设立苗木花卉销售处，聘请一批园林、园艺、农学等专业对口的大学生，提供技术指导服务；加强精品大苗和集约化经营，使得花木产品和劳动力附加值不断提高；成立花卉种植合作社，3—5年内发展成员100户，将园林花木种植面积从现有的300亩发展到500亩以上。在合作社整体事业发展上，调整各成员单位的种植品种，设立园林花木组、绿化工程组；多渠道经营，大力发展苗木订单产业，带领合作社成员共同致富。

梅花香自苦寒来。在繁花似锦的事业背后，焦强付出了辛勤的劳动。那一盆盆争奇斗艳的花草、栩栩如生的根雕、隽秀多姿的盆景，无不凝聚

着他的汗水。别人问起焦强的致富经时，他总是说："文化信息资源共享工程是我的领路人，我能致富全靠它。"

郯城镇北关四村花卉种植户焦强的花卉大棚

颖青绿茶的腾飞

文化共享工程山东诸城市支中心　张玉莲　薛中文　李雪莲　刘治国

从一个种茶采茶的普通茶农，到茶厂生产规模名列前茅的企业家，山东诸城桃林镇山东头村的王景昌与茶叶结缘 10 年，是文化信息资源共享工程帮助他实现了事业发展的腾飞。王景昌出生于 1966 年，没有赶上“南茶北引”，却从小熟知了当地引种的茶树，如今他已是高级经济师、高级农民技师、潍坊市科协会委员、诸城市茶叶协会会长，谈起当年的种茶、炒茶、卖茶的经历，他还是忍不住一阵唏嘘。

技术难难倒好汉，销路愁愁煞英雄

10 年前，王景昌在自家承包的 2 亩山地里栽种了茶树，风里来雨里去忙碌了一年，眼瞅着茶树长高了，长大了，他看在眼里喜在心里。但很快问题就出现了。由于王景昌头一回种茶、制茶，没有经验，产出的茶叶品质极不理想。然而更雪上加霜的是，由于不谙冬季茶园管理，辛苦种出来的茶树一个冬天冻死了将近一半，眼看着一年的投入打了水漂，王景昌欲哭无泪。

痛定思痛的他，决心要发奋学习种茶技术，但姚林镇地处偏远山区，要学到一流的先进技术谈何容易。于是，王景昌打起了背包四处奔走，先后去了浙江大学茶学系、山东农业大学、青岛农业大学等登门拜师，请求建立科研合作关系、设立北方绿茶科研基地。工夫不负有心人，在专家们帮助下，王景昌引进、驯化、推广了“无性系龙井 43#”、“福鼎大白”、“浙农 113”等茶树新品种，并不断地接受专家对生产流程的科技指导。慢慢地，王景昌的茶树管理走上了正轨，种植、炒制出来的茶叶也得到了本地群众的认可。

没来得及高兴几天，王景昌很快又发现了一个问题，自己种植的茶叶，虽然品质好，但名气不响，拿到市场上叫卖，几乎无人问津。他想了许多办法推销茶叶，又经过一段时间，王景昌炒制的茶叶，逐渐在诸城以及邻近的胶南、平度、青岛等地有了点小名气，并发展了些客户。然而，本地的市场毕竟有限，如何才能打开更大的市场？这对一个普通茶农来讲是件太不容易的事情，王景昌陷入了深深的苦恼之中。

文化共享雪中送炭，如虎添翼事业大转

2007 年，诸城市文化信息资源共享工程普及到桃林山村。初次听到这个消息，王景昌并没有太在意，然而，一次偶然的机会，却让他彻底“陷”进了这个信息服务的大世界。一天，王景昌到社区办事，看到一群小孩子正在电子阅览室上网。出于好奇心，他站在一个小朋友身后看了一会儿，恰好这个小朋友无意中点开了一个介绍茶园冬季管理的教学视频，一下子把王景昌吸引住了。本想看一眼就走的他，此时的腿就像是生了根，直到把整段视频看完。教学视频里面关于茶园管理的详尽介绍，让王景昌大开了眼界。

自此以后，王景昌如鱼得水，在文化共享工程基层点上网学习达到了如饥似渴、废寝忘食的状态。通过文化信息资源共享平台，他发现了网络的神奇所在，不仅有先进的茶生产管理技术，还有众多的商家信息，足以让他足不出户就能跟外面的世界挂上钩，为困扰他多年的茶叶销路搭上桥。于是，王景昌一头扎进共享网络的世界，不断扩充着自己的知识储备，慢慢地积累着人脉关系。渐渐地，他种出来的茶叶品质越来越好，他把茶叶的品牌定为“颖青绿茶”，订货商纷沓而至，事业发展出现了大的转机。王景昌成了群众眼中公认的“能人”。

借助信息再接再厉，致富路上一马当先

凭借自己的努力，借助文化信息资源共享工程网络的力量，王景昌先

富起来了，但是富起来的他并没有忘本，而是积极地投身到“共同致富”的行列中来。

为了发挥团队作用，让农民们“化零为整，抱团闯关”，王景昌通过共享工程网络平台，查找各种经验做法，发起成立了诸城市北端茗茶叶生产专业合作社、诸城市茶叶协会，制定了统一的《诸城绿茶》标准，实行行业自律，维护行业利益；建立起山东省农业厅认定的无公害绿茶基地400公顷，为保证绿茶品质与科技含量，坚持规模化、标准化生产。他与合作社共同投资2300多万元建立了诸城市颖青茶厂，引进了国内最先进的清洁化绿茶生产流水线，建立农产品检测室、化验室，通过了省质监局的QS认证。颖青绿茶畅销山东、北京、上海、重庆、浙江等省市自治区，为使产品保真，满足不同客户的需求，合作社还在济南、青岛、临朐、诸城等设立了专卖店，在消费者中树立了“北方绿茶、颖青独秀”的口碑。2008年颖青绿茶荣获为山东省著名商标、山东省名牌农产品等荣誉称号。

颖青绿茶采摘忙

此外，王景昌捐款12万元，在山东头村建设了文化信息资源共享工程电子阅览室，免费向茶农和百姓开放，成为茶农学习交流的场所。针对茶叶企业大小不一，参差不齐，想法不同，部分茶农缺少依靠的实际，王景昌努力发挥茶叶协会、北端茗茶生产专业合作社的作用，利用共享工程网、远程教育网的资源，组织茶农、茶叶生产企业参加的科技培训班和科普讲座，以文化信息资源

共享工程公共电子阅览室为桥梁和纽带，把合作社和协会打造成培养新型农民的学校。在桃林镇现已形成“合作组织＋品牌＋企业＋基地＋农户”的一体化、产业化发展格局。辐射带动了周边40080户农民发家致富，使茶农民的收入由原来的每亩4000元增长到2011年的36000多元，有力地推动了地方经济的发展。

在很多人眼里，王景昌成功了。近几年，他获得的荣誉称号不计其数：“潍坊市农村实用人才”（享受政府津贴）、“潍坊市科普工作先进个人”、“山东省优秀诚信农村经纪人”、“山东省农村科技致富带头人”、“潍坊市优秀社会工作者”、“诸城市现代高效农业领军人物”、“优秀党支部书记”、“诸城市社区教育模范”、“新中国60周年茶事功勋”等，他是山东农业大学、青岛农业大学、山东省畜牧兽医职业学院的特聘教授。但是，面对荣誉，王景昌很淡然。他的想法要建立茶文化信息资源共享网站，为乡亲们铺平铺稳一条增收致富的道路。也许在他的眼中，只有更多乡亲们满意的笑容，才是最高的褒奖吧。

红色电影放映月的几个场景

文化共享工程山东德州市支中心　崔志飞

2011 年 6—9 月，为庆祝伟大的中国共产党成立 90 周年，文化共享工程山东德州市支中心举办了以“讴歌丰功伟绩，感悟伟大历程，凝聚奋进力量，展望美好未来”为主题的“红色电影放映月”活动。

支中心上上下下对实施此项活动非常重视，调动人力、物力组成多路放映队伍；认真选择放映地点，尽力把红色电影送到广大居民的家门口；精心准备放映月里播放的红色电影：有《建国大业》等大制作的新电影，有群众耳熟能详《地道战》等经典老电影，还有获得“金鸡奖”、“百花奖”优秀获奖影片。

德州市支中心“红色电影放映月”活动

久违的露天电影

今晚共享工程支中心要到社区来放电影，小区居民争相传递着这个信息。天还没黑，南龙社区的赵书记带着物业葛师傅早早地在社区办公室门前小空地上，摆放了一圈凳子，迎候着“红色电影放映月”进社区的人马。当工作人员载着设备来到南龙社区不久，电影荧幕、投影仪、音响等就在早已备好的场地上矗立了起来。赵书记边忙活着，边对工作人员说：“这里是社区老年人活动最集中的区域，在这儿放电影，地方是现成的。这类丰富老百姓文化生活的活动，以前在农村是很受欢迎的。”看得出，他对进社区播放电影活动很期待。

晚饭后，设备调试完毕，电影《建国大业》开始播放了。富有个性的人物和风云变化的岁月，吸引着上百双入迷的眼睛。“那些白头巾，棉麻衣是我们小时候穿戴的。”60多岁的张秀英边看电影边感叹，“现在日子真是一天比一天好，建国初期那会儿是真苦。”不一会儿，附近小区的数十名的居民也围了过来，大家看得津津有味。“你们什么时候也来我们小区送电影啊？”家住邻近小区的李女士看完电影后说，“我们小区人多，大伙也爱在露天活动，如果送电影过去，肯定受欢迎。”

男女老少拎着马扎，围坐在露天荧幕下，一幕幕引人入胜场景，一片专注的眼神……老辈人记忆中露天看电影的情景，又重新回到了南龙社区居民身边。

叔叔，明天还放电影吗？

距电影放映还有半小时，鲁班御景园小区广场已人流如织。此时，正是暑假期间，有了空闲玩耍的孩子们在广场上跑来跑去。

“红色电影进社区”的条幅拉起来了，偌大的银幕竖立在小区中央。一群孩子围着电影放映机跑着跳着，玩得可开心了。“奶奶这是做什么呀？”一位小朋友拉着王老太太的手问道。奶奶摇着蒲扇说：“这是要放电影。”

她告诉孩子，看露天电影是她那个时代最热闹、最受欢迎的一件事。

“这个小区里的小朋友们真多，好热闹。”来自上海的钟文同学兴奋地说，上海的小区里没有露天电影看，中小学生放暑假后都是在家里玩。

华灯初上，电影开始了。二三十个开场还在蹦蹦跳跳的孩子们立即安静了下来，他们自觉地坐在银幕前的空地上，聚精会神看起了电影。电影情节里，一群热血青年抱着救国救民的理想一同来到北京，他们对理想追求和对信仰的坚守，感染了所有的人。电影情节引人入胜，在场的人看得如痴如醉，包括那群天真烂漫、涉世不深的孩子。李女士说，这种活动挺好的，虽然孩子们现在还看不太懂红色电影，但“熏陶”的意义也不小。

电影一结束，十几个孩子围着放映机不愿离去，不断地问：“叔叔，明天还放电影吗？”“要是你们一天送一场电影那该有多好啊！”

邻里间沟通的平台

当德州支中心工作人员把放映设备送到印染宿舍小区前的健身广场支架子的时候，几位年轻人便凑过来，询问是不是要放电影、放什么电影。当晚放映的红色电影《紫日》受到居民们的热捧。

“孩子们忙工作，老人留在家中很孤独，借着看电影的机会，邻居们聚在一起聊电影，增进了彼此之间的关系！”来看电影的老人赵大爷说，现在生活节奏快，八小时以外的文化生活很少，大伙在广场上看一场电影，对于80年代以前出生的人应该不陌生，可后来电视普及了，很少再有广场电影这样的机会聚聚了。

另一位看电影的居民王先生说：“下班后，不是在家上网就是看电视，跟街坊邻居接触的机会太少了，像原来那种邻里间的温情越来越淡薄，住在一个楼道中，只是见面打招呼，没有机会坐下来聊聊天，缺乏凝聚力。现在，大家在轻松的气氛中看一场电影，给街坊邻里间创造了一个沟通的平台。”

广场上荧幕前还坐着一大片全神贯注地看着电影的外来务工人员。他

们有的居住地没有电视，有的因为屋里太热没有空调。租住在小区的李国勇当得知“红色电影进社区”活动后，便带着女朋友早早地在小区的花坛边找了个地方坐下，等着电影开场。据李国勇说，这几个小区周边有一些工业园区，不少外来务工人员在这里打工，他们工作以外的文化生活很少，小区的广场是他们休闲和纳凉的好去处，还可以与社区居民们熟悉熟悉。李国勇希望把“红色电影进社区活动”，宣传得再广一点，办成定下点儿的经常性活动。

“红色电影”走进警营

列队、报数，跑步向前找到自己的座位，20多名官兵整齐地坐在银幕前。7月31日晚，文化共享工程德州市支中心工作人员，把红色电影放映月活动，送进了武警德州中队，这一天恰好是“八一”的前夕，支中心为武警战士带去了节日的祝福。

“平常都是训练、执勤，闲暇时间看看书、看看电视。”坐在队伍最右边的战士小王说，“这是我们八一节收到的最好的礼物，平时能这么放松的机会不多。”中队指导员邱万勇说：“这种送电影进警营活动很好，送来的不光是精神食粮，更是感动。我们肯定继续做好本职工作，为德州的安保作出贡献。”

这次红色电影放映月进警营活动，旨在进一步丰富战士们的精神文化生活。此前，支中心已给德州武警部队送来了上百部电影光盘、图书，及其他文化共享工程视频文化资源，深受官兵们的欢迎。

当晚放映的影片为《浴血太行山》，这是一部抗日战争题材的影片，讲述了太行特等杀敌英雄赵亨德的英勇事迹，再现了其超人的胆略、英勇的气概和卓越的功绩。暮色中，官兵们整齐的地坐在一起，被精彩的剧情所吸引，影片中抗日英雄的悲壮故事、跌宕起伏的情节，强烈地震撼了每位同志，大家深深地感受到了红色精神文化的力量。

德州市支中心，抓住契机，积极发挥职能，延伸基层文化服务，通过

“红色电影放映月”活动，走进市民广场，走进居民小区，走进军营、警营，在当地掀起了抒发爱党爱国情怀的红色浪潮，营造了庆祝建党 90 周年的热烈气氛，也收获了良好的社会反响。

小乡村有了大变化

文化共享工程山东阳信县支中心　王宗文

在美丽富饶的鲁西北平原黄河三角洲开发区，闪烁着一颗璀璨的明珠，这就是著名的中国鸭梨之乡——山东阳信县。近年来，文化共享工程阳信县支中心因地制宜，通过独具地方特色的公共文化服务体系建设，推动当地的经济、文化发展，老百姓的生活因此而发生了巨大的变化。

共享工程助力传统养殖业焕发新辉

魏家枣行村具有悠久的养牛传统，村里养牛能手李荣昌就是受到文化共享工程信息资源的启示，办起了第一个科学养牛场，通过科学选种和科学喂养，使肉牛养殖业和经济效益大幅度增长。

据李荣昌介绍，早先村里尽管养牛的多，但牛都是本地的品种，养牛的效益并不太好。他心里一直有一个愿望，希望能引进好的肉牛品种，可是苦于信息闭塞，心有余而力不足。恰逢此时，村里建上了文化共享工程基层服务点，听说此信息后，李荣昌怀着宁可信其有不可信其无的心态，走进了新建成的村电子阅览室。在管理员的指导下，他学会了上网。当李荣昌在网络上看到一条山东农大鲁西黄牛养殖育种基地的鲁西纯种黄牛，品种优，销路好、利润高的信息时，不由得眼前一亮。他如获至宝地立即联系到了该养殖基地，引进了 2 头母牛和 1 头公牛。一年之后，两头母牛就产下了小牛。李荣昌算了一笔账，原先养一头本地牛，出栏的时间是 1 年多时间，去掉成本只能卖到 1000 多块钱，通过选用良种鲁西黄牛并科学喂养，每头种牛能卖到 5000 多元，一年能出栏两批牛，这样算来，收入比以前翻了五倍，如果再算上出栏时间短，一头牛卖出的就不仅仅是 5 头牛的价格。仅几年的工夫，李荣昌种牛繁育的小牛在全村扎了根，光卖

小牛犊，一年收入就达到 20 多万元。魏家枣行村现全村家家户户都养牛。针对养牛这一传统特色，阳信支中心与翟王镇政府一起推动魏家枣行村与本县的少数民族村刘庙村联手开展互动促增收活动。刘庙村以经营牛羊肉为主，在全国有很多客户。通过两个村的合作，形成了上下游的供销产业链，农民们不但养殖增产，经营也有了保障。此外，阳信支中心还为当地养牛专业户与农科站之间搭上桥梁。过去，牛生了病，大部分靠老一辈传下来的土方子来医治，病牛的死亡率很高。村民们向村基层服务点的管理员反映了这方面情况后，管理员及时地联系支中心并联系当地农科站开展科研服务。支中心还为村基层服务点补充了许多相关的书籍和电子信息资源。现魏家枣行村村民们掌握并形成了一套科学的牛病预防治疗体系，年肉牛养殖死亡率几乎为零,仅此一项一年就为全村挽回经济损失 300 多万。

现如今，魏家枣行村已经成为远近闻名的养牛致富先进村。2011 年全村肉牛养殖达到 7000 头，产值 6000 万元，纯利润 2300 万元。李荣昌逢人便说，“以前每年养牛累死累活，收入还不到 2 万元，现在轻轻松松就能赚到几十几万，都是党的政策好，几台小小的电脑就能让收入和生活大大地改变”。

文化信息推动农民务工走出新路

随着农村、农业的科技进步，翟王镇的农村剩余劳动力开始增多，不少年轻人走上了外出打工的道路。由于招工信息的滞后和各色信息良莠不齐，造成许多农民兄弟盲目应聘，受欺骗的几率大大增加。为了解决这个问题，阳信县支中心充分发挥翟王镇文化共享工程基层点的作用，搭建农民外出务工信息提供服务平台。

基层服务点的工作人员，一方面通过网络平台搜索、整合用人信息，一方面派专人实地考察用工单位、用工环境和用工条件，再将处理过的招工信息通过基层服务点发布出来。通过这种方法，翟王镇有 1000 多名农民工兄弟找到了环境和薪金都比较满意的工作，带动了农民工外出打工的

积极性。

小朋友在魏家枣行村阅览室娱乐

从2010年下半年起，翟王镇的部分村庄还实行了适宜外出务工劳动力信息的上报工作，收集了5000多名外出务工适宜年龄段人员的年龄、特长、性别、家庭情况、健康情况、职业倾向等信息。根据各村的具体情况，县支中心有针对性地组织了有意外出务工人员的实用技术培训。这些措施的实施，改变了农民工求职的盲目性和困难性，推动了用工方和求职方的双向选择，有效促进了农村剩余劳动力的转移就业，也让农民切实感受到共享工程带来的便利和实惠。仅2010年全年，魏家枣行村全村外出务工人员320人，人均年增收2万元。在采访村主任李振亭时，他语重心长地说了一句话："这都是文化共享工程给我们农民带来的实实在在的好处呀！"

农村的物质生活丰富了，农民精神生活的需求也相应提高了。现在山东阳信县各村的公共电子阅览室成了基层群众休闲娱乐的好去处，在那里可以听音乐，看电影，搞文艺活动。农民们说，现在农村有了文化新气象。原先一到农闲，村里打扑克、搓麻将的人到处都是，现在年轻人忙着在外打工，年龄稍长点关心网上的科技致富信息，小孩子们则在电子阅览室看电影、动画片。农村赌博的没有了，打架的基本见不着了。文化共享工程的实施，给农村信息化进步带来了翻天覆地的变化，也正在悄悄地改变着农村的精神文明面貌。

一处不一样的文化茶馆

文化共享工程河南分中心　杨向明

美丽富饶的豫西南明珠邓州市，是河南省的历史文化名城。这里是千古名篇《岳阳楼记》诞生地，文化底蕴丰厚。邓州史称“东连吴越，西通巴蜀，北制郑洛，南控荆襄”，现丹江水库码头可通江达海，焦枝铁路贯通南北，高速公路纵横交错，与南水北调中线工程渠首毗连。千百年来劳作之余的邓州人多有约伴品茶、聊天、唱曲的雅兴，传统小茶馆遍布城乡，孕育了甘甜醇香的茶文化。

近年来，文化共享工程的服务网络延伸到了这最基层群众聚集的活动场所——小茶馆。小茶馆具有贴近百姓，方便群众的特点，农民喜欢到这样惬意的小天地品茶休闲，一边喝茶，一边听当地的豫剧，也可以跟着哼唱，甚至“登台”表演，还可以在这里下棋，翻阅墙边书架上摆着的报刊书籍，交流情感，传递信息。因此，各个乡镇的一些茶馆是文化共享工程建立基层服务点的理想场所，在这里拉近了与农民群众的距离，更能发挥文化信息资源的优势。于是，小茶馆们华丽转身，成为邓州人引以自豪的文化茶馆，形成了邓州独具特色的文化建设模式。

家住邓州林扒镇的茶馆老板周正海，五十来岁，肤色古铜，笑起来两撇小胡子引人注目。周正海介绍自己的茶馆时，不忘强调自己的文化特色：“咱这个地方茶馆比较多，但是文化生活方面不是很丰富，想看个书报比较困难，自从创办了文化茶馆之后，现在大家都到这里来看书下棋。”

2005 年 6 月，第一批以丰富农民文化生活的文化茶馆开始在邓州出现了。镇政府补贴了老周五百块钱，邓州市支中心为他的茶馆配了 VCD、茶碗和五百多本书，加上自己筹集的一些书。这样，老周的文化茶馆就初步建起来了。

说起丈夫办茶馆，老伴王喜珍挺自豪。她说："老周是个能说会写的人，当过兵，还干过村长，退休之后也闲不住。他爱好文化，经常跟这些喝茶的讲道理，讲国内外形势，所以男女老少都喜欢来我们茶馆。"

茶馆慢慢地红火了。热闹的时候，茶客多达五六十人，五毛钱一碗茶，可以在茶馆里呆上大半天，续水免费。自从文化茶馆开办以来，乡亲们与周正海更亲近了，不光因为他开茶馆，他还经常给邻里帮忙："大人出去打工了，他把人家孩子留在自家吃饭，不计任何报酬"；"非常好，我经常到这里来坐，喝喝茶，看看报纸和电视，还能聊聊天"；"老周这个人很不错，对人热心，出手大方，忠厚、老实"！

邓州市支中心依托农村"文化茶馆"，把文化信息资源送到了广大农村群众的家门口，探索出了具有自身特色的延伸服务方式，使远离城市的农民也能享受到应得的公共文化服务，充分体现了平等、公益、开放的理念。

周正海介绍说，开张以来，光顾他家茶馆图书角的人越来越多，市里还免费给茶馆提供了《河南日报》。大家以前一般都喜欢看一些武侠小说，后来慢慢地喜欢看科技类的图书了。有时候有的村民想把书带回家去看，他就让他们打个借条儿，改天再还回来。村头的马建慈就因为在周正海的茶馆读了科技书，受到启发，办了个养鸡场，现在每年收入已经有两三万元了，这样的收入在当地相当于普通农民收入的两倍。马建慈发家致富的故事，给周正海的文化茶馆扬了名。一位经常在茶馆翻阅科技书籍的老人说："看看这个科学杂志，种植业的、养殖业的、加工业的，增添了知识，以前我们几个老头在一起打麻将的习惯现在改掉啦，哈哈哈。"

让周老板得意的还不止这个。2007年，河南文化共享工程IPTV机顶盒装到了周正海的茶馆，通过这个"小匣子"能看戏、看电影，还能查询外出打工信息与农产品市场产销动态，周正海的茶馆更火了。张湾村民张学力是一名养猪专业户，到文化茶馆喝茶时，周正海利用文化共享设备专门为他反复播放规模化养猪的视频，还把《畜禽营养与标准化饲养》等专业书刊借给他回家研究。张学力掌握了生猪市场信息和科学养殖技术，利

用学到的知识修建标准化猪舍，利用猪粪修建了沼气池，实现了生态立体养殖。在他的带动下，周围 30 余户农家共同走上了养猪致富的道路，这个村也成为远近闻名的生态养殖专业村。

老周介绍说，一些顾客茶友，通过信息交流之后，他们认为哪个地方打工比较能够挣钱。还有些在外面打工的，来茶馆喝茶，传授一下在外面干啥，在外面学了些啥技术，以后有啥打算，在外面咋挣钱，相互沟通信息。

此外，文化茶馆里还有文艺表演，茶客不光能欣赏，还可以上台表演。每隔一段时间，就有村里的戏曲爱好者自发在茶馆露一手。一位村民演员说，“以前我们喜欢到麻将场去赌博，现在不去啦！到这里来唱唱，聊聊天”。品一杯清茶，看一本好书；选一曲新戏，听一首新歌；打几手扑克，对搏一下棋艺，陶情逸性，其乐融融。

河南南阳邓州文化茶馆所形成的独具特色农村公共文化服务模式，丰富了农民群众的文化生活，增进了人际关系的和谐，使“小茶馆”承载起了“大文化”。邓州文化茶馆先后荣获第三届文化部创新奖、文化部第十五届群星奖。邓州市委书记刘朝瑞认为，文化茶馆的意义就在于传统文化的传承和发展，通过民间艺人、民间表演艺术，把这里变成一个现代信息传播的阵地，一个群众娱乐的阵地，一个群众文化活动的阵地。邓州文化共享工程以点带面，创新服务方式和内容，实现了传统茶馆经营服务与数字化的共享工程服务有效对接，遍布全市农村的文化茶馆保证了共享工程村村通的实现，使其真正得以扎根农村并有了长久的生

邓州文化茶馆

命力。

2011 金秋，国务院下发了《关于支持河南省加快建设中原经济区的指导意见》，明确提出打造华夏历史文明传承创新区。从豫西卢氏深山老乡渴望了解外面世界的眼神里，从豫南邓州文化茶馆周老板致富的笑容中，从豫北林州农家大院传来的锣鼓声，从豫东淮阳村民春耕忙碌的背影里，我们再次感受到了文化共享助推“中原经济区”的动力。真是“共享工程就是好，当代农民离不了；机顶盒小功能大，电视传情联万家；致富讲座天天有，电影戏曲全拿下；芝麻开花节节高，未来生活更美好！”

文化共享工程服务“三农”前景广阔

文化共享工程湖北浠水县支中心　蔡应朝　聂凌

湖北省浠水县位于鄂东中部、长江中游北岸，属大别山革命老区的组成部分，全县1949平方公里，耕地面积65.6万亩，水面13万亩，是湖北省畜牧水产大县，辖13个乡镇、2个国营场、1个省级经济开发区、649个行政村，103万人。浠水县于2007年起实施文化信息资源共享工程，在县委、县政府重视下，投入88.9万元建起公共电子阅览室、多媒体报告厅和高标准的中控机房；投资230万元，建成13个乡镇基层服务点，647个村基层服务点，安装电子阅览设备720台套。

县支中心自成立以来，努力发挥文化信息资源惠民作用，坚持做好“建、引、管、用”四篇文章：一是建阵地，高标准建设共享工程服务网点，提高覆盖率；二是引导群众走近共享工程，让大家知晓文化信息资源共享工程是什么、干什么，通过典型带路，引导更多人利用文化信息资源；三是努力提高县支中心的管理水平，确保各个基层服务点的设备正常使用、良好运转；四是着力提高使用效益，在服务过程中，引导群众正确甄别选用新知识、新技术，结合实际、结合产业发展，力争做到学一个、用一个、见效一家、示范一片、带动一群、致富一村，极大地满足了当地经济发展、新农村建设和农民群众的服务需求。

“科学家”受益信息资源

清泉镇东门河村杨代胜，因家庭困难初中毕业后回乡务农，由于没有太高的学历和专业技术，一直没有找到稳定的工作。2008年初，在村干部帮助下，他建起了3000多只规模的养鸡场。不久，他养的鸡感染了病毒，找畜牧站兽医治疗，疫情未得到控制。村干部得知后，让他去图书馆

试试。于是，杨代胜来到县支中心，在工作人员的帮助下，很快在网上查找到了病因，他按提供的配方用药后，疫情很快得到控制。尝到共享工程信息资源甜头的杨代胜，之后只要有空，就来电子阅览室上网学习。很快，杨代胜又在网上获得“鸡戴眼镜”可防止鸡打架被啄死、蛋被啄破的信息。他按网络提供的联系方式，订购了一批“鸡戴眼镜”给鸡试戴，竟然完全杜绝了啄鸡、啄蛋的现象。同行们得知这个消息后，纷纷上门学习技术，并在自家鸡场再试戴，都获成功。仅此项，为浠水县养鸡大户一年挽回损失15%左右。杨代胜的经验在电视台播出后，在周边的县的养鸡专业户中也得到推广。如今，在浠水蛋鸡养殖户圈子里，杨代胜有了一个很好的外号“科学家”，一个仅有初中学历的好学青年，受益于信息资源共享工程，不仅学习了知识，还赢得了周围的尊重，成为农村经济发展的实用人才。

杨代胜的养鸡场

“共享人”服务助农增收

受传统习惯、知识层次等影响，在接受新事物、新技术方面，农民相比其他群体来说要落后一些。浠水县支中心在宣传推介文化共享信息资源和引导农民群众上网学知识时，采取了“送、教、评、树、带”等措施，即，“送”宣传资料，“教”电脑上网，“评”学习标兵，“树”致富典型，让学得好、用得好、有效益的群众“带”更多的人参与学习、使用新知识、新

技术。

竹瓦镇张茅村种田大户胡荟容来县城种子站购买稻种时，收到了支中心编印的《水稻栽培技术》宣传单。凭借多年的种植经验，胡荟容敏感地发现这份宣传单里蕴藏的“真金白银”。当他得知宣传单上的内容是从文化信息资源共享工程网上下载后，立刻来到县图书馆公共电子阅览室，在支中心工作人员指导下，他用了整整一上午时间，认真查看了水稻栽培相关技术，并请求工作人员帮他下载打印。回去后，胡荟容按照新技术育种栽培了 15 亩水稻，亩平均增产较原种植模式提高 17%，还节省 4.3 个劳动力。这以后，胡荟容成了县支中心的常客，还成了竹瓦基层中心和村基层服务点的“铁杆网虫”。他利用自己的成功经验，带动 40 多名群众参加基层服务点组织的电脑知识和上网知识培训，掌握增产致富的本领。

“基层点”虽小广通天下

关口镇华咀村农民胡江元，收购经营稻谷、花生、菜籽、芝麻、豆类、高粱、棉花等农副产品已有十几年。创业初期，他凭着原来的一些老关系搭建的销售网络还可以应付，但随着企业的逐步壮大和群众种植面积的增加，他感觉经营有些力不从心了。看到“胡氏农贸公司”运行困难，关口镇党委、政府在县支中心的帮助下，率先在华咀村建起了关口镇第一个高标准的文化共享工程村级基层服务点，帮助引导“胡氏农贸公司”利用基层服务点网络平台寻找市场。在相关技术人员的帮助指导下，胡江元在村基层点学会了计算机操作和上网，尝试着利用共享工程网站发布的有关农副产品购销信息，与客商联系，很快，就得到了一个大订单。如今，“胡氏农贸公司”经营的稻谷、花生、棉花、绿豆、芝麻等农副产品已远销到福建、江西、浙江等地。通过不断扩大规模，公司拥有仓储量 250 万公斤的仓库 5 栋，年加工能力 250 万公斤的工厂 1 个，年销售额达到 5000 万元，实现利税 50 万元，网罗关口镇及周边乡镇农户 3.8 万户种植基地 10 万亩，开创了政府、企业、农户多赢的新局面。用胡江元自己的话说：“共享工

程是购销农副产品的千里眼、顺风耳，不仅共享信息，还共享财富。”

五指山下的文化共享小园地

文化共享工程海南五指山市支中心　李树林

此时静静的，三三两两男女老少坐在那里，聚精会神地看着投影银幕，眼前的画面深深地吸引着他们……这是一天晚上，海南省五指山市水满乡新村的小园地村民观看电影的情景。

五指山市水满乡坐落在五指山脚下，新村是该乡其中一个苗族村寨，现有130户人家，共有520多人。新村文化共享工程基层服务点是2007年建立的。自从那时起，这个村积极开展了文化共享工程影视展播活动，尽管当时村基层服务点只配有29寸电视机，但村里唯一的一个活动场地还是变成了村民聚集观看电影的文化共享小园地。

加强城乡文化建设的强劲东风，吹遍了神州大地，也吹到了五指山黎族苗族山区。2010年底，在中央和省的大力支持下，五指山市全市7个乡镇、59个行政村全部建立起文化共享工程基层服务点。新村这个苗族村落发到了投影机、大银幕、音响、DVD播放器等一套设备。在统一向全市乡村基层服务点发放设备仪式的会场上，新村党支书书记、村委会主任感慨地说："这次发给的设备比以前高级多了，用大银幕放电影村民该更高兴了！"

村里的"小园地"虽然小，但却为这个山里的小村庄敞开了一个新天地。这些年来，由于文化下乡、科技进村的热潮，村里的老老小小不同程度受到了耳濡目染，特别是小园地的文化宣传、科技宣传，使农民的落后观念渐渐转变，勤劳致富的想法步步增强。而农民们也尝到了努力学习农业种植养殖技术的甜头。"富胜，你吃完饭就帮我先拿椅子到园地放好，老伴你也和儿媳快手快脚地把家务活收好，一起到园地看电影去。"一位70岁高龄、村里老少尊称前辈叫"苗公"的老人，在跟他的儿子和老伴说着。此时，村里的广播喇叭响了，传来了该村卢支书的声音，他在通知村民，

今天晚上要放映相关的农业种植技术科教片和故事片。

近年来，中国与德国合作对五指山地区进行农业生物多样性保护的计划开展实施。这是一项长期而艰巨的工作，需要多方面投入，特别是当地农民要积极配合参与，尤其要提高农民的思想认识和相关种植技术能力。新村等村庄的农民积极参与这项为保护五指山区植物生态环境，逐步恢复其生物多样性，抢救濒危植物物种，补充种植五指山区特有农业植物的计划活动。苗公虽年事已高，但劳动干活的劲头一点儿不亚于四十岁左右的人。他带头学习农业技术，实用技术，这些年来带领全家老少种植不少益智、胆木、山兰、槟榔、橡胶以及一些五指山区特有和濒危植物物种等作物，还热心传授给村民们。由于他的努力，他家种植的农作物产量逐年增加，卖到了好价钱。通过多年积累，苗公家盖了一所近200平方米的大房子。苗公在前往小园地的路上，不停地与村里的兄弟话语："今晚的电影是农业技术的，不看不行……"

村支书卢书记对笔者说，我们这里经常放的电影，有农业、科技、革命历史等内容的影视片，放映前都要通过广播通知村民，每次放映1至2部，吸引全村男女老少，甚至村外的人们也前来观看。以前村民们很少聚在一起，现在通过放映电影开展活动，大家会聚在小园地，又是娱乐、又是宣传、又是学习、又是教育，男女老少有说有笑，和睦共处。

在一片叶色绿绿的益智种植坡地里，一位农民在劳作忙碌，向他问起新村的小园地放电影的事情，这位农民饶有兴趣地笑着说道："村里放电影，让我们有事做，大家都忙碌起来了……文化共享让我们这些祖祖辈辈住在山里的农民，能够用到新技术、好技术。你看，我种的这大片益智长势多好啊！"

站在山坡上远望前方，是一片广阔的天地。

五指山支中心为瑶族村寨群众播放共享工程资源

融入城市，让生活更美好

文化共享工程重庆分中心　兰晶

超过两亿的进城务工人员群体，一直是中国社会关注的焦点。随着他们的成长、成型，其精神文化需求受到更加广泛的关注。重庆市进城务工人员主要以20—45岁的青壮年劳动力为主，小学、初中文化程度占88%。由于受教育程度偏低，使其中大多数只能选择工资较低的建筑业、制造业等体力型劳动岗位。据各方面材料表明，进城务工人员中约72.4%的人没有参加过职业技能培训，70.2%的人没有任何专业技术。他们之所以没有参加职业技能培训，除了观念意识差、经济困难、培训费用过高等主要原因，还有不知道哪里能参加职业技能培训等客观因素。

近年来，重庆市依托文化信息资源共享工程这一平台，充分整合利用现有资源，积极开展进城务工人员培训，努力探索培训方式和方法，获得了一些经验，取得了良好效果，为推进进城务工人员素质提升，服务社会主义新农村建设作出了贡献。

电脑普惠培训促进城务工人员走进城市生活

针对进城务工人员的生存现状，文化共享工程重庆市分中心紧紧围绕“关注进务工人员，促进其就业”的主题，提出了“整体推进，重点突破”和“设立长期常规培训、集中进行重点培训”的工作思路，把进城务工人员培训工作作为一项重点民生工程来抓。

在多次调研的基础上，重庆市分中心结合本地企业和进城务工人员的需求，为其量身订制了基础性电脑知识以及部分特殊专题的培训计划，同时为强化培训效果，采取了边授课边操作的培训方式。进城务工人员到公共电子阅览室免费进行上机练习，工作人员对其进行一对一的指导，引导

他们使用电子阅览室丰富的网上资源，包括共享工程视频、维普万方等多种数据库资源，还协助他们收集劳动维权、职业道德、行为规范等相关内容，切实提高参训人员实际从业竞争能力。自 2009 年至今，重庆市分中心坚持每月举办一期进城务工人员免费电脑培训班，已成功举办 30 期，共培训进城务工人员 1800 余人。

马龙君是山西省昔阳县大寨村人，她和丈夫来重庆打工已经 6 年有余，一直在重庆市沙坪坝区凤鸣山一带从事家政服务。2010 年，她得知重庆分中心正在举办进城务工人员免费电脑培训班，就报名参加了。刚参加培训班之初，马龙君告诉老师的第一句话是，我怕把电脑弄坏了！由当初工作人员为她打开电脑，到现在马龙君已经基本掌握上机、上网的技能，并能较熟练地操作电脑，她还利用 Internet 查询最新的务工信息，不断接受一些新鲜的事物。逢到周末，马龙君都要来到分中心电子阅览室，利用 QQ 工具与远在老家的女儿聊天，每次网上见面聊天，她都激动不已，在视频里，了解女儿的学习情况、父母的身体状况……有聊不完的话题，总觉得时间过的得太快。

每年春节回老家，买火车票就成为一件令进城务工人员十分头疼的事情。2012 年春节期间，重庆市分中心推出了系列服务进城务工人员活动，其中“文化共享助回家一票难求我来帮”网上订票活动更是深受大家的欢迎。马龙君得知消息之后，早早地来到了公共电子阅览室，和其他进城务工人员不同的是，她能够按照网上订票流程自己上网独立操作订下春节回家的火车票。

在重庆市分中心举办的进城务工人员免费电脑培训班上，还有很多像马龙君这样的读者，这项活动已经得到了他们的热烈欢迎和积极参与，成为共享工程重庆市分中心的一个服务品牌，效应不断彰显。

实用技术培训帮助进城务工人员掌握致富技能

巴南区是重庆市的传统工业老区，在城镇化过程中，进城务工现象比

较突出。巴南区支中心在调查中发现，附近企业中所用的进城务工人员较多，但文化素质低下，专业技术技能参差不齐。由于技术技能差，工资较低，人心不稳，他们迫切需要进行提升培训。从 2008 年开始，巴南区支中心选定重庆几家企业联合举办“进城务工人员免费技能培训班”，进行实地培训。通过培训，这些进城务工人员基本掌握了企业所需要的专业技术，或在原来的基础上有很大的提高。这些实用技术的培训直接为企业创造了经济效益，也提高了工人的自身素质。至今巴南区支中心已培训进城务工人员约 5000 余名。

今年 26 岁、家住重庆巴南石龙镇大桥村的村民李平，父亲去世，母亲常年多病，还要照顾年近 80 的爷爷奶奶，初中毕业后他就辍学了。为了减轻家里负担，李平很早就出来打工。由于没什么文化，一直在主城当棒棒。当棒棒现在的业务比以前少，对于年轻的李平来说，不甘愿一辈子当棒棒，他想趁着年轻多学些东西，改变一下境遇。2010 年，当他听说共享工程巴南区分中心和印刷企业联合开设技能培训班的消息，并且也针对像他一样无技能、文化水平不高的人，立即报名参加。起初，他觉得自己文化低，缺乏自信，后来经工作人员不断鼓励，他调整心态，经过一段时间的培训，出色地掌握了印刷技术，并且和重庆华林印务有限公司签订了聘用合同。

经过几年时间，由于李平勤奋、踏实，在公司干得很出色，得到了领导的重用，他现已经升为公司主管。每当李平回忆起过去那段艰苦岁月，总是经不住地感慨：“如果不是当初报名参加技能培训班，说不定现在还是在当棒棒，生活肯定不能和现在相比。共享工程给我们带来了实惠，让我过上了好日子。”

全市培训联盟保障进城务工人员融入城乡统筹

今年伊始，重庆市文化共享工程分中心为全面贯彻十七届六中全会精神和全国农村教育工作会议精神，面向工业化、现代化、城镇化的发展方

向，综合运用财政扶持政策和市场手段，建立了全市进城务工人员培训联盟体系，多渠道、多层次、多形式地开展引导性培训和职业技能培训。

重庆市分中心将几个具有特色进城务工人员培训的区县支中心组织在一起进行试点。在开展试点过程中，加强调查与预测，坚持按需培训，增强培训的针对性；坚持培训与职业技能鉴定相结合，提高培训质量和效果；坚持引导性培训与职业技能培训相结合，扩大培训覆盖面，全面提升参训者的综合素质；坚持培训与配套服务、转移就业相结合，增强培训的实效性；坚持利用各种教育培训资源，调动各方面积极性，实行资源共享，充分发挥现有优质教育培训资源的作用。同时，积极探索开展进城务工人员培训的有效方式、有效机制，为全市铺开进城务工人员培训联盟体系的工作推进积累经验。

重庆分中心举办的“融入城市 让生活更美好”聚焦农民工主题活动

以文“化人” 润物“无声”

文化共享工程重庆北碚区支中心　谭玮

在重庆市北碚区东阳镇的西山坪，有一块方圆5600亩的特殊地区，这里是重庆市西山坪劳教所、重庆市劳教戒毒所、重庆市北碚劳教所、重庆戒毒康复所所在地。其中，重庆市西山坪劳教所是重庆市最早、最大的劳教所，现有民警432人，职工55人，在管特殊学员1200余人。几年来，文化共享工程北碚支中心在全区17个乡镇街道、118个行政村实现共享工程资源服务全覆盖的基础上，创新工作思路，把西山坪的劳教人员作为特殊读者也纳入了服务范围，开展了有针对性的服务，推动文化共享工程向纵深延伸，取得良好的社会效益。

2011年3月17日，“携手共建筑文明，红色文化育新人”活动启动仪式在西山坪劳教所二管区篮球场举行。共享工程北碚支中心现场向劳教所捐赠2000余册图书和10张文化共享工程资源光盘，支中心的4名同志被聘为西山坪劳教所教育矫治指导老师。此次服务活动还包括建立特殊学员图书阅览室、文化共享工程资源展播、电子资源查询培训、时事科教图片展览以及专题

中心的4名同志被聘为西山坪劳教所教员

讲座等系列内容。

此后，在北碚支中心工作人员的悉心指导下，西山坪劳教所图书室建成并受到学员们的喜爱。为了引导他们选择、阅读好书，培养良好阅读习惯，结合第16个世界读书日，北碚支中心特邀西南大学图书馆副馆长苏延科先生到西山坪劳教所举办了题为《阅读——通向彼岸的桥梁》专题读书讲座。两个大队的100余名学员和30名帮教干部到场聆听。苏老师内容丰富、寓意深刻的讲座，让学员们感悟到“恐惧源自无知，阅读使人心安；浮躁源自空虚，阅读使人心静；冲动源自放纵，阅读使人向善”的道理，同时也认识到优秀的中华文化所承载的真善美和高尚情操，大家纷纷表示要将学到的阅读方法运用到经典阅读和学习中，坚持每天读几条新闻、看几页书籍，日积月累，养成习惯，使自己不与社会脱节，不被飞速发展的社会淘汰，进而洗涤心灵、重塑灵魂。

为了引导学员们树立正确的人生观、价值观，北碚支中心工作人员坚持每月到西山坪劳教所放映文化共享工程资源电影，宣传革命战争年代和社会主义建设时期的英雄人物，启发学员们对人生对生活的热情；同时支中心的同志还以教育矫治指导老师的身份与学员们亲切交流谈心，为他们做心理疏导。

2011年6月初的一天，北碚支中心陈兴无同志在三大队二分队为学员们放映电影《红河谷》，细心的他发现一位周姓学员情绪低落并时常处于烦躁状态。经向管教民警了解，得知这个学员家住重庆市永川区仙龙镇巨龙村，现年22岁，曾因盗窃被判刑，仍不思悔改，再次因盗窃他人财物被送劳教。周姓学员性格孤僻，在队劳教期间时常与同教发生矛盾，思想波动较大，对改造缺乏信心，有一定反改造行为。最近，他还在学员舍房将被套撕成条状藏于床下，后被值班民警及时发现。陈兴无在放映完电影后，主动与周姓学员谈心。他以《红河谷》电影中的纯美人性，启发这位学员对美好生活的向往。在电影的感染和陈兴无真诚的关心下，周姓学员说出了他的苦闷。原来自入所以来，他的家人从未前来探视过。前几天

眼看其他学员亲属都来探望而自己却无人过问，心里很难过，觉得生活毫无意义，于是准备将被套撕成条结绳自杀。陈兴无拉着他的手亲切地说：“你可以把我当亲人，每月上来放电影时我都来看你。”陈兴无说到做到，每次到西山坪放电影时，他都会带上一些生活日用品探望周姓学员，告诉他外面世界的新鲜事，激发他对未来生活的信心。

根据这个案例，北碚支中心本着让这些特殊学员认真改造、早日回归社会的愿望，在重庆分中心的大力协助下，在西山坪劳教所一管区活动大厅举办了《七彩纽带——畅通重庆摄影大赛获奖作品展》，全所 1200 名特殊学员参观了展览。此次展出的 120 幅优秀摄影作品用艺术手段较为全面地展示了近年来“畅通重庆”建设的丰硕成果。不少学员们在张张照片前不时地进行品评，发出声声感叹。有的学员指着作品说：“这里是……原来……现在变得完全不认识了，我们解教回家指不定会迷路呢。”摄影作品中最吸引大家的是一幅《蛟龙过江》，照片以俯视的角度拍摄了菜园坝长江大桥从南坪到渝中横跨长江的矫健身姿。一位家住菜园坝长江大桥南桥头的学员说：“我家就住在这附近，几十年了，从来没有认真看过家门前的江景。生活在这样美丽的城市中，我却只顾抱怨生活的不如意，实在错过了太多，现在后悔极了，将来解教后一定用心工作、用心生活、用心感受这座城市的美丽。”这次展览活动在全所学员中引起强烈反响，一幅幅鲜活的场景，让学员们形象地感受到了家乡的巨大变化，大家纷纷表示，飞速发展的重庆需要大量的建设者，我们一定认真学习，努力改掉身上的陋习、恶习，尽快以合格公民的身份融入建设重庆、发展重庆、美化重庆的时代洪流中。

北碚支中心的工作人员以优秀的文化资源，以多彩的文化活动，以崇高的责任使命，关爱、帮扶这些特殊读者以健康的心态早日返回社会。他们在开展文化共享工程工作中，以文“化人”润物“无声”，全面解读了公共文化服务的意义，为共建和谐社会做出了特殊的贡献。

农二哥的键盘时光

文化共享工程四川成都市龙泉驿区支中心　曾明伟　魏平

在一个偏远的村庄，有一方小小的鱼塘，这一方小小鱼塘的发展，借助鼠标一点，就与整个世界的信息相连。

鱼塘边的林家松跟我们聊起了家常："我搞鱼苗养殖有10多年了，过去疾病防治一直是困扰我的一大难题。当我在村委会通过文化信息资源共享工程上网查看了科学养鱼的信息后，知识有了，眼界开了，一年就增收10万元……现在，我的渔场达到80多亩，成了集垂钓、餐饮、娱乐为一体的远近闻名的渔家乐！"

数字时代：一网打尽山山水水

在龙泉驿区，西河镇天平村村民林家松是通过文化共享工程基层服务点实现增收致富的一个缩影。可以说，龙泉驿区的每一个村，甚至每一个边远山区村，都能看到农民通过文化共享工程科学致富的生动场景。

说到龙泉驿区文化信息资源共享工程，还得从2007年说起。

有着"现代工业高地，山水花园新城"美誉的主城区外，龙泉驿山区和坝区星罗棋布着信息相对闭塞的100多个村和社区。在家门口就能上网看世界，是这些村和社区百姓心中的城市梦。

"在乡场上，在村子里都能上网看书、看电影，查找农产品信息，硬是安逸哦。"看着施工人员在家门口紧锣密鼓安装文化信息资源共享工程设施设备，洪安镇村民张成珍仿佛一下子看到了自己美好的未来。

这一年，龙泉驿区被国家列为文化信息资源共享工程试点区（县），区政府随即成立"文化信息资源共享工程"领导小组，出台《文化信息资源共享工程实施方案》，设立文化信息资源共享工程建设的专项资金。

截至2009年12月，累计投入资金1000余万元，在龙泉驿全区建成了1个区级支中心，12个乡镇基层服务点，134个村、社区基层服务点，覆盖率达到100%。文化信息资源共享工程全面进入到乡镇、社区、村组，通达万千农家，基本实现了文化信息资源城乡一体化，为农村、农民和农业的发展搭建了一个广阔的平台。文化共享工程像久旱的甘露，洒到了这块充满渴望的田野上。

资源整合：世界就在村里、就在眼前

文化专干小杨告诉笔者："我们大面街道文化共享工程基层服务点电子阅览室共有电脑20台，通过上网，可在线进行2万余种全文期刊查询，2000部中华优秀影视剧作品的收看。基层服务点集信息浏览、报刊阅览、电子阅读为一体，免费为上网读者做技术服务，每天来这里上网学习、查资料的有100多人次。"

目前，全区基层服务网点以乡镇文化站为依托，实行"一站（网）点两牌"制，基层管理人员实行"一肩挑"，各村、社区新进大学生既负责远程教育又负责文化信息资源共享工程。区支中心承担了全区网点的管理，资源更新、日常技术维护、人员培训等。

区支中心和基层服务点工作人员根据城乡居民的需求，以服务"三农"为重点，除利用电子阅览室提供网络资源查询、电子图书推荐外，还下载资源数据，利用投影仪和视频在线播放功能，深入农民集中居住小区、山区田间院坝开展农业技术、就业指南、市场信息培训与讲座，并播放农民喜闻乐见的戏曲、电影、小品等文艺节目。通过一系列高效优质的服务活动，大大增强了文化信息资源的知晓率、点击率和利用率。

通过文化共享工程的网络平台，全区乡镇（街道）、村（社区）实现了借书还书一卡通，读者凭一张借阅证，可以借遍区、乡镇（街道）、村（社区）图书馆、图书室的20多万册图书。龙泉驿区由此成为西南地区第一个实现"区域图书馆自动化集群管理"全覆盖的地区。

茶店镇龙泉湖村4组的毛绍渠、谢家昌，以前种植的水果品质低、产量低，年收入只有四、五千元。为了增加收入，她们就到村上文化共享工程基层服务点和图书室重点学习枇杷、水蜜桃优质高产的管理技术和无公害技术，还在网上随时了解市场动态，水果品质对路了，网上订单越来越多，年年都能卖上好价钱。

说起这事，毛绍渠喜不自禁："现在，我们的水果变优质了，外头的价格也晓得了，水果进入到了成都华联、欧尚等知名超市，年收入达2.8万元，加上农闲时的务工收入，家庭年收入达到了5万元以上！"

信息惠民：修建长效运行平台

柏合镇工农村6组生猪养殖户曾义，经常到村基层服务点上网查阅养殖技术和品种改良信息，很快就成长为当地的技术骨干。他自己致富了，就毫不吝啬地把信息、经验与周围的群众交流分享，大大提高了周边小规模养殖户的经济效益。

万兴乡公平村外出打工的朱福顺，由于金融危机影响，年初从广州回到家乡，回来后却找不到新的出路，这时候，文化信息资源共享工程给他带来了希望，他从网上了解到区共青团组织搞了一个青年创业培训班，通过创业思路、创业规划、创业口岸选择、创业管理和技术等方面的系统培训，带动许多年轻人创业成功。他马上就加入了这个培训班，很快找到了自己的创业平台，在万兴乡开办了一个野鸡养殖场，取得可观效益。

龙泉驿区把公共电子阅览室日常运行和管理作为文化信息资源共享工程建设的重中之重，实行建管并举，建章立制。目前，全区148名专兼职管理和技术服务人员，经过培训、考核，都取得了省中心颁发的上岗证书。

龙泉驿区还加大对基层服务点的检查力度，通过会议、文件、通报、现场经验交流会等多种形式，奖励与批评并举，严格进行考核评估，有力促进了文化信息资源共享工程工作健康开展。

为充分了解广大基层群众对文化信息资源共享工程信息资源的最新需

求，明确资源投放方向及内容，及时更新资源内容，龙泉驿区支中心管理人员走遍全区山山水水，在各基层服务点开展资源需求调查，下发调查表，不仅做到有的放矢，还起到了很好的宣传推广作用。

走在文化信息资源共享这条旭日东升的大道上，龙泉驿的追求是“更宽广、更快捷、更优质”，目标是“惠民、惠民、更惠民”！

龙泉驿区文化共享工程活动专栏

湄潭茶乡百姓的快乐

文化共享工程贵州湄潭县支中心　陈桂萍

又值清明时节，初春的湄潭，一片生机盎然。绿绿的茶山上遍是采茶的人们，随着他们上下舞动的指尖，伴随着一阵阵欢声笑语，一把把的茶尖嫩芽流进了茶兜，流进了路边的小货车，流进了茶山下的加工厂里……好一派繁忙热闹的景象！

今年，核桃坝的村支书陈廷明特别忙，外地茶商纷纷来村订购茶叶，看到茶农们把一匝一匝的钞票攥进衣兜，陈支书满脸笑容，满怀感激地对记者说："要感谢共享工程、感谢县支中心的同志们啊，是他们经常给我们送一些茶叶种植、加工、营销的科教片、光盘、书籍、信息资料来，让我们找到了致富的门路……"

其实，湄潭县支中心惠民服务的历程并非一帆风顺，也曾遭遇过挫折，故事就发生在这个核桃坝村。

那是 2006 年，县文化共享工程支中心成立不久。5 月的一天，县支中心主任陈桂萍与工作人员小姜，按照约定的时间到核桃坝村开展上门服务活动。当晚播放的影片是电影《我们村里的年轻人》。放映开始后，不一会，村民们就不再专心看下去了，现场渐渐有人离去，一个、两个、三个……走了差不多一半的人，这令陈主任、小姜和陈支书都有些尴尬……事后，陈主任一直在想，这是湄潭县支中心成立后的第一次上门服务，

送农科资料到茶园

这第一次怎么就没能吸引住村里多少年来都没有机会看电影的村民和那些从未看过电影的孩子们？经过与陈支书的交谈和询问部分村民，才知道是片子没有选好，不合大家的胃口。

找到原因后，县支中心的同志们都希望尽快找机会弥补第一次放映的不足和遗憾。约十天后，便又与核桃坝村的陈支书联系，希望再去为村民们放映。到约定日期那天，县支中心工作人员正要出发再次前往核桃坝村时，却接到了陈支书打来的电话，这段时间村民们太忙了，难以集中，放映活动的事就往后推一下吧，但具体推到哪一天，陈支书在电话里却没说。放下电话，陈主任心里清楚，这不过是陈支书的托词罢了，第一次放映没有吸引住村民们，他们对放映活动不感兴趣了。

怎么办呢？惠民利民的共享工程是党中央、国务院高度重视的文化创新工程，已连续两年被写进了中央一号文件，工程凝结着专家们的智慧和辛勤的劳动，那么多优秀的文化信息资源怎么会不受欢迎？陈主任经过冷静的思考，积极从自身找原因，召开了全馆会议，让大家想办法，出主意，谋发展。

经过认真的讨论分析，大家一致认为，应加强宣传，像馆里办的《信息窗》那样，在县政府网上设专栏宣传。于是，陈主任亲自登门请县信息中心领导支持。2006 年 6 月，设想就变成了现实，县政府网专设了“共享工程”专栏。从此，县支中心利用这个专栏推介共享工程的丰富资源和多种形式的服务，报道县支中心及乡镇共享工程工作动态及业内重大要闻。

湄潭县支中心还采取编制专题视频资源推荐目录和专题信息资料送往镇、乡、村等办法，吸引群众利用共享工程。很快，一些乡镇、村纷纷邀请县支中心去播放电影、举办讲座……

然而，县支中心同志们始终惦记着核桃坝这个全县乃至全省都闻名的茶叶专业村和新农村建设示范村，没有因为第一次上门服务的失利而轻言放弃。大家寻思着怎样才能让核桃坝的村民们喜欢上共享工程？经过考察调研，决定以核桃坝村的茶产业为突破口，针对其正着力打造乡村旅游业

的特点，及时提供相应的资源开展服务工作。

2006 年 8 月中旬的一天，陈主任和支中心的两位同志再次来到核桃坝村，将茶叶种植、加工、营销及乡村旅游、环境美化等方面的视频资源目录、光盘及资料送到了陈支书的办公室，并在陈支书的陪同下，深入农户家中，用易播宝播放《优质茶园无公害生产技术》……

8 月下旬的一天，核桃坝村的陈支书来电话请县支中心去开展服务活动。这让陈主任十分惊喜，便和小姜不顾夏日的炎热，带着设备又一次来到了核桃坝村。走进刚装修完毕的村会议室，室内已座无虚席。设备安放完毕后，陈支书邀请陈主任对村民们讲几句话，会议室立即响起了热烈的掌声，随后银幕上呈现出一幅美丽的茶海风光幻灯片，跳动着“向核桃坝村民致敬”的精美文字，伴随着欢快的乐曲，拉开了放映活动序幕。首先播放了《全国文化信息共享工程宣传片》，翔实的资料、生动的解说，让村民们进一步了解了共享工程。随后播放了经典的小品《价廉物美》，诙谐的语言、搞笑的动作，让一村的男女老少不时开怀大笑。最后播放了科教片《优质茶园无公害生产技术》，清晰的影像，详细的讲解，牢牢地吸引着村民们，除了要上学的孩子，没有一个人提前离开，村民们一直专注地观看到剧终。

放映活动结束后，村民们都说：“原来共享工程的资源这么好，文艺节目精彩，科教片适用。”在支中心的同志收拾好设备准备离开时，陈支书说：“你们以后可要经常来呀！”

如今，在西部茶乡湄潭，村民们常利用农闲及各种喜庆日子，邀请县支中心的同志来自家门口放上一场电影、一台戏曲、一场歌舞或是一个精彩的讲座等。一些懂电脑的村民还利用赶场天，走进了县支中心多媒体阅览室，用手中的鼠标和键盘享受着数字文化的乐趣，也有不少村民到县支中心查询下载资料，拷贝视频资源、刻录光盘。

随着县支中心广泛深入地开展共享工程上门服务工作，村民们的生活也悄悄地发生了变化：村里打牌赌博的现象少了，东家长西家短等闲扯的

事情少了，治安也好了很多，村民科学致富的干劲更足了……

文化信息资源共享工程湄潭县支中心的工作人员以满腔的热忱，用心而细致地服务于广大农民朋友，将丰富的文化信息资源送到山乡村寨、田边地头，让茶乡湄潭的老百姓实实在在地感受到创新的文化惠民工程带来的快乐与实惠。

社区里的数字文化学习乐园

文化共享工程陕西西安市大唐社区基层服务点　周思红

我们生活在这个时代，不能不感慨幸运和福气。记得大唐社区文化共享工程基层服务点筹建初期，雁塔区文化局领导亲临社区现场调研和指导文化建设工程，一次调拨 2000 多本不重样的新书籍和几组书柜；陕西省文化厅配送了电脑并接通了网络。文化信息资源共享工程进社区这一惠民利民举措，使社区的居民受益良多。

“文化共享工程进社区”在大唐社区受到特别的重视。我们先在全社区利用专栏、海报、信息提示等，广泛宣传全国文化信息资源共享工程的内容和好处，吸引居民到社区的基层服务点来体验。该工程的即时性、互动性以及海量存储的信息资源，使接触到它的居民即刻就感受到了方便和快捷，浏览新闻、读书学习、交流信息、听歌观影、玩游戏样样可行。于是，一拨一拨的人争先恐后地围坐在电脑前登录信息共享网站，60 平方米的社区服务点热闹非凡。

为了优化基层服务点的服务环境，社区为大家增设了免费的开水供应，订购了杂志和报纸，并聘请志愿者做兼职工作人员，为大家排队、登记，引导读书，辅导学生做作业、绘画等。在基层点上网浏览的人一多，电脑被较多使用后，出现了一些状况，如中毒、死机、耳机没有声音、视频不出画面等，另外，还有软硬件设备维护、应用程序安装，网络系统维护等工作大量增加。我们在基层点配备了专职电脑维护员，又动员了一名北京理工大学毕业的居民当义工，经常来基层点帮忙解决这些问题，并辅导中小学生的电脑应用技能。

社区居民有了共享工程基层点这个优雅的学习环境后，倍感文化生活的快乐和幸福指数的提升。最让社区居民满意的，是借助基层点较好的硬

件条件，社区成立了小学生课后托管班，解决了许多家长的后顾之忧。现在，社区里不少适龄孩子一放学就到文化信息共享工程服务站来。他们通过点击有关图书馆的网站，阅读他们喜欢的书籍，开阔自己的思路和视野；查询并完成老师通过网络传输布置的作业，或把不会做的数学题放在网上或QQ上，向班上学习好的同学请教，方便地解决了自己学习中遇到的难题；还有的同学把自己的作文放在网上，由别的同学修改和评论，互动之间，学习的兴趣得到了很大的提高。有的孩子爱上网聊天、爱打游戏、爱听歌、爱看电影，社区工作人员就从有利于学习和进步的角度进行管理，推崇他们上网聊天的内容，规定他们打游戏的时间，帮助他们选择看电影的片目，这些耐心而认真的管理都让家长看在眼里，喜在心上，纷纷申请让自己的孩子放学后来社区享受文化信息共享工程带给他们的诸多便利。

在一次社区文化信息资源共享工程应用交流会上，不少家长发自内心地诉说了文化共享工程进社区后给他们家庭、生活、孩子教育带来的变化。有位家长说，有句名言叫做“书籍是人类进步的阶梯”，自己的亲身经历和感受也明白知识的重要性，孩子爱看书，但家长或没时间给他买或者买不到，而且，现在每本书价格都不菲，有时经济条件有限真还承受不了。现在，家门口建了文化信息资源共享工程，孩子想看哪本书就有那本书，不用家长去花钱，也不用家长到处奔波寻找。还有，以前孩子要看的书，家长不知道内容的好坏，现在文化资源共享工程基层点有管理人员，跟孩子相处得很好，又负责，他们能指导孩子读好书，这让家长很放心。

有的家长说，以前孩子在学习中遇到的困难，家长也不会做，只好搜肠刮肚地找人帮忙或者请家教，既难为情又要花钱，现在不用了，孩子自己在信息共享工程基层点上网与别人交流，好胜心也被激发起来，上课格外注意听讲，不知不觉学习成绩就上去了，各方面表现也进步了，回到家里也乖了，做家长的直纳闷，这信息共享工程怎么会有这么大的威力和作用呢！

还有家长说，最重要的是，以前孩子放学一个人在家，家长身在单位，

心在家里，很不放心，请人托管，不但要花钱，一边花钱一边还担心怕给孩子一些不好的影响。现在文化信息共享工程基层服务点既正规又负责，学习氛围和环境都不错，社区里的义工文化程度高，学习又好，学生既有安全保障，又能学到知识，家长也能安心地工作，自然很放心了。这文化信息资源共享工程，就是社区里的数字文化学习乐园，名副其实的利在当代，功在千秋！

大唐社区基层服务点工作人员热心帮助社区居民上网

让老人们感受网络时代的快乐

文化共享工程陕西咸阳市支中心　郭旭晔　介雪芙

70多岁的李长燕老人是咸阳市图书馆（文化共享工程咸阳支中心）的老读者。以前，他经常把一天中的大部分时间花在图书馆的书刊阅览室里。但从有一天起，李长燕却成了电子阅览室的常客。看着他手握鼠标娴熟地浏览网页，不时地露出会心的微笑，你一定会以为他是一位电脑高手，其实在这之前，他只是个一窍不通的“电脑盲”。

“家里有电脑，就是不会使，有时候想问问儿女们吧，看着他们每天回家后疲惫的身影，再加上听说上电脑搞不好会把病毒带下来，我就打消了这个念头。”像有李长燕这样想法的老年人不在少数，每次经过电子阅览室的时候，看着年轻人在熟练地上网，他们总是默默地内心兴叹，啥时候自己也能学会这玩意。从咸阳市支中心举办第一期中老年人电脑培训班开始，李长燕老人彻底告别了对电脑望而却步的过去，成了一位在网络世界畅游的时代新手。这件事还得从文化共享工程咸阳市支中心新公共电子阅览室开放说起。

一

2011年4月，总投资近80万元的咸阳市支中心公共电子阅览室升级安装调试完毕，即将对读者重新开放。在规划新电子阅览室开放后的服务工作时，大家不约而同地想到了举办老年读者电脑培训班的事宜。在近些年读者服务工作中，工作人员普遍感觉到：越来越多的老年人开始接受现代文化传媒形式，希望学习电脑知识。让更多老年读者感受网络时代的快乐，顺利地走进电子阅览室，利用计算机网络进行学习，发挥文化信息资源现代传播的作用，是基层公共文化服务工作者的责任和义务，为此，咸

阳市支中心搞了一个针对老年读者的学习电脑知识的培训活动计划。

为了让更多的老年读者知道要在咸阳市图书馆公共电子阅览室举办中老年电脑培训班，支中心除了在公告栏中发布活动的消息之外，还通过《今日咸阳》和《咸阳日报》等媒体将消息公之于众。没想到电脑培训的消息刚一见报，立即引起了老年读者的普遍关注，上门报名和打电话报名的络绎不绝。工作人员不停地接听热线电话，耐心地给每一位来电、来访的老年人进行介绍、解释，并将他们的有关信息登记在案。有些读者电话报名后还不放心，又亲自跑到馆里来重新予以确认后，才算放心。

4 月 24 日培训活动开班的当天，报名的和未报名的，一下子来了 100 多人要求参加培训。工作人员向那些没报上名的老年人耐心解释，引导他们去别的阅览室看书，并将一些年龄较大、行动不便的读者与第一班次的学员调换，使他们不跑空路。

二

培训开始后，工作人员打开自己精心准备的课件滔滔不绝地讲了起来。我们注意观察老人们的听课反应，发现除了个别人脸上露出会心的微笑之外，大多数人都是一脸的茫然。于是，培训老师及时地叫停了授课，改为现场调查，倾听老人们想学些什么，如何教他们才能接受。通过调查，工作人员了解到老年人不像青少年那样反应敏捷，对于计算机知识不但不知道，甚至还有一种畏惧的心理。因此，教学辅导不能用常规的方式方法，而应像幼儿园老师一样，采取直观的、循序渐进的诱导方式，逐渐、反复地讲授。

授课老师和辅导员干脆抛开课件，采用观摩式方法，引导老年人从认识计算机外观部件名称、开关机、鼠标用法等开始，一步步深入，每讲 10 多分钟，都留出一些时间让大家实践消化。这回大家都很投入地学了进去，好些老年读者还不时地举手提问。在学习的过程中，工作人员一方面积极鼓励学员在电脑上大胆操作，不要怕出错，有问题大胆提问；另一

方面，给每个老人将每天所学内容按照操作步骤写在纸上，帮助他们提高记忆。个别不太敢动手操作的老人，工作人员手把手地教他们操作好多遍，对许多年轻人来说只需要半个小时就可以接受并记住的知识，有时用了一个半天才学会。

第一期老年电脑培训班第一天的培训课程，用了整整3个小时。许多同志都感到很累，但看到那些接受培训后开心微笑的一张张老人的脸，大家觉得这些付出是值得的。那些天，为了他们能尽快地掌握计算机知识，许多工作人员一上班几乎忙得连水也顾不上喝一口，但眼见着这些老人计算机操作技能一天比一天熟练，大家从心里感到十分愉快。

三

一分耕耘，一分收获。就这样，咸阳支中心历时2个多月，连续举办了14期老年读者电脑培训活动，面授培训700多人次，零散辅导2000多人次。参加的老年读者，通过电脑培训学习，都能自如地使用计算机，查找到自己需要阅读的网络信息。这些老年人惊喜地发现网上居然有那么多自己需要的文化信息，不用翻阅资料就可轻松找见。之后，他们变成了电子阅览室的常客，每天按时到这里来查阅自己需要的信息，有人在工作人员的帮助下，还学

咸阳市支中心开展老年培训班活动

会了从电脑上下载资料等技能。

那位李长燕老人不但学会了计算机操作，还开通了自己的博客，并将老伴也带到支中心上网、看电影、电视剧。他把工作人员当成了自己的朋友，不介意时说起，以前在家里老两口经常为争电视拌嘴，现在他们俩又经常为争电脑和儿女们拌嘴，为了不引起家庭矛盾，他们就到图书馆的公共电子阅览室来上网写博客、发微博。

如今，在咸阳市图书馆的公共电子阅览室每天接待的读者中，有近40%是像李长燕老人一样的老年人。说起自己学习电脑的经历，大家都异口同声地说，多亏了咸阳市支中心举办的培训活动，为他们打消了电脑神秘不可测的顾虑，使他们能和年轻人一样轻松上网，接受时代新生事物。有老人在电子阅览室的读者意见本上写道：过去我总感觉到，退休以后自己成了一个没有多大用处的废人，自从在支中心学习了电脑知识以后，在电脑里找回了自我，有了自己的粉丝，网络使我的退休生活丰富起来了，我感觉自己好像又年轻了几十岁。感谢支中心的同志们，是你们使我变得强大了。

一呼百应 送您回家

文化共享工程新疆维吾尔自治区分中心

2012年1月，临近春节的乌鲁木齐处处洋溢着节日的气息，各族群众都在为迎接龙年的到来做着准备，外来务工的农民工朋友也在紧张地忙碌着手头的活计，争取早一天回去与家人团聚。然而就在大家为铁道部新出台的春运政策叫好时，网络购票却成了回家过年农民工朋友的心事。

新疆拥有来自五湖四海的农民工和城镇务工人员，忙碌一年的人们就盼着春节能将打工赚的钱带回家。但是，账号、邮箱、网银……这些对不少人来说已经习以为常的名词，对于农民工来说却是如此陌生。不会电脑、不懂上网、没有网银，网络购票要面对的一系列问题，让农民工朋友实在

新疆分中心工作人员在帮助群众购买火车票

不知所措。

就在大家为此一筹莫展的时候，自治区文化厅党组书记韩子勇提出了尽快帮助农民工回家过年的好创意，为农民工网络购票提供服务，得到了新疆维吾尔自治区图书馆、文化共享工程分中心的积极响应。在文化厅领导高度重视下，分中心的同志随即着手准备，制订方案，精心安排部署，在全疆范围内开展起了“为群众网上购买火车票免费服务”的活动。

12 月 28 日，新疆维吾尔自治区共享工程分中心下发了《关于积极开展为群众网上购买火车票免费服务的通知》，要求全疆各级图书馆、文化共享工程支中心依托公共电子阅览室平台，积极为需要网络购票的群众提供免费服务，尤其是帮助广大农民工、进城务工人员解决回乡返城网络购票问题。为了使此次活动落在实处，分中心专门制订了工作方案，成立了以馆长为组长的领导小组。同时还通过电视台、广播电台、报纸、微博、张贴海报等多渠道扩大宣传面，尽可能地让更多群众知晓在区图书馆、共享工程分中心的公共电子阅览室，有为基层群众、农民工朋友提供网络购票服务的免费、安全、绿色的通道。可喜的是，还没有到 1 月 7 日开票日，已经有很多农民工朋友通过媒体得知了在自治区分中心电子阅览室可以得到免费帮助购买火车票服务的消息，纷纷前来询问。

说起那时的服务活动，许多工作人员都感到非常难忘。来自陕西渭南的刘成涛是新疆某电力工程公司的打工者，多年未回家的刘成涛在得知共享工程新疆维吾尔自治区分中心能够免费帮助广大群众网络购票的消息后，第一时间来到分中心的电子阅览室寻求帮助。由于正处于春运期间，火车票非常紧张，工作人员张阳反复操作着网络购票都没能成功。于是，他想到了自治区图书馆利用腾讯、新浪微博开展的“一呼百应送您回家”的活动，拟通过网络的力量帮助刘成涛。张阳在微博上发布了农民工刘成涛购票需求信息和手机号码，当天晚上 23 点，一位伊犁网友成功地帮助刘成涛买上了火车票。刘成涛激动地给张阳打来电话，一个劲说着感激的话。还有许多可圈可点的实例，由于大部分农民工没有网银，也不懂如何

开通，工作人员陈明多次将自己的银联卡刷爆，然后再去银行还款，回来后继续帮助农民工们购票；工作人员蔡小菲为了尽快帮助务工人员买到车票，经常放弃吃饭的时间，生怕会错过任何机会，购票成功的群众被她的敬业精神所感动，送来饭菜表达谢意；更有工作人员利用休息时间在家里帮助农民工朋友进行网上购票，使农民工朋友们深受感动。

新疆维吾尔自治区分中心急群众之所急、想群众之所想，为农民工朋友网络购票，帮助大家回家过年的惠民举措，在社会上引起了热烈反响，《文化报》、《图书馆报》、《新疆都市报》、乌鲁木齐《晚报》、《晨报》等各大媒体争相报道，有的媒体甚至在头版头条刊登出了“买车票不会上网，着急；图书馆出手相助，暖心”的醒目标题。新疆维吾尔自治区分中心的服务活动被越来越多的群众了解和肯定，越来越多的群众也知道了是文化共享工程为大家带来的福音。国家文化信息资源共享工程建设管理中心在得知新疆分中心的工作后，给予了高度的评价和充分的肯定，并号召全国各省级分中心向新疆维吾尔自治区分中心学习，在全国范围内推广为农民工网购火车票免费服务活动。

授人以鱼不如授人以渔。在开展完第一阶段春运网络购票服务后，新疆维吾尔自治区分中心工作人员意识到，帮助购票只是一时应急，从长远看，应该向农民工、中老年人等不懂电脑的人群普及网络购票的操作技能，使其在家中就能方便、快捷地操作，从根本上解决网络购票问题。2012年2月，　自治区分中心及时举办了四期关于网络购票的知识讲座，还在公共电子阅览室开设了“网上购买火车票流程”的手把手培训课。许多外来务工人员、中老年人和学生前来参加学习，每节课听课人员多达70余人次。由于大家对电脑知识掌握的程度不一，在授课过程中工作人员也遇到了很多困难。有些群众反映听不懂，有些群众反映讲得过快，有些群众希望多一些实际操作。分中心的工作人员及时调整授课模式，将计算机知识零基础人群和懂得简单操作人群分类教授，并在学员中间形成学会一个就去帮助另一个的良好氛围。大家学习热情高涨，并在实际操作中与工作

人员反复交流沟通，很快，许多人熟悉了网购车票的操作流程，学会了自己操作。

为群众网络购买火车票提供免费服务活动开展得非常成功，截至2012年2月20日，新疆分中心共为300余人次提供了购票服务。活动结束后，新疆维分中心的工作人员坐在一起回顾一个月来的工作，个个感慨万千。大家都认为，虽然牺牲了不少自己的时间，可却收获到了很多，了解到农民工的需要，也越发清楚今后工作发展的方向，非常值得。

文化信息资源共享工程是文化惠民工程的重要组成部分，为群众网络购票提供免费服务本身虽小，但是意义却非常之大。这是充分发挥公共文化设施职能的真实体现，是文化惠民的具体实践，也是文化重视民生，服务民生，亲民爱民的及时之举。在保障基层群众基本文化权益公平、普遍、均等实现的服务理念下，通过这种“走出去”的方式，让各阶层群众都能共享到文化建设发展的成果，对进一步促进全社会的和谐与稳定，将发挥公共文化春风化雨的普世功用。

榜样篇

祁县权勇“文化大院”

——记文化共享工程山西祁县昭余镇丰泽村基层服务点管理员权勇

文化共享工程山西分中心　张利民

山西祁县，晋商故里，有闻名全国的乔家大院、渠家大院。有一处大院与之不同，这个大院其实是一处再普通不过的农家小四合院，但大门上方却挂着数个铜牌　　“全国文化共享工程基层服务点”、“农家书屋”、“农民工文化基地”、“青少年教育基地”……院内的墙上贴有电影海报，有“向雷锋同志学习”主题展板，还有写着“少抽一支烟，多看一本书；少打一次麻将，多学一点文化”的公益广告。这就是坐落在祁县县城北侧昭余镇丰泽村的“权勇文化大院”，是由该村的“破烂王”权勇办起来的。

多年来。这个大院成为支撑当地农民精神文化生活的一方领地。这里有两个可以容纳六七十人的图书室、放映室和两个电影拷贝库，藏有7600多册各类书籍、1000余张爱国主义教育图片、8000余张电影海报和1600多部电影拷贝。北面连着门楼的小二楼宽敞明亮，楼下是一个正规的小型阅览室，所有图书均分门别类整齐地摆放在书架上，靠门的桌上，放有一册电脑打印的《阅读登记表》，屋角展示着40块爱国主义题材的展板，其中不乏让人眼前一亮的珍贵图片。

阅览室上层，是可容纳数十位观众的小型电影放映厅。洁白的银幕、深色遮光窗帘、几排红色条椅，放映机、倒片机一应俱全。每个周末，村民们都可以来这里免费欣赏电影。而这里最吸引人的，仍是令人目不暇接的锦旗、绶带和荣誉证书，其中有“感动山西十大人物”、省五一劳动奖章等。

管理员权勇从1983年至今一直是村里的电影放映员。1996年他自己办起了文化大院。由于经济拮据，无法购置电影拷贝，老片子又没有人看，

放映工作一度出现了窘况。这种情况在2006年发生了根本的改变，文化共享工程山西省分中心在权勇文化大院建立了基层点，配置了设施、设备。权勇可以不断地从共享工程获得电影资料。利用这些文化资源，权勇文化大院每月开展各种活动20多次，成为全村最热闹的地方。权勇文化大院不仅为当地农民送去了丰富的致富信息、文化信息，更是把欢歌笑语送给了农民，受到多家媒体的广泛报道。

权勇的妻子成宝兰在家里当图书管理员，权勇则抽空去收破烂，收到自己中意的图书、资料便如获至宝带回家。他把卖破烂的钱都投到文化大院建设上，自己用着一部花100元买来的旧手机。在权勇收藏的图书中，有大量农业种植、养殖、农业机械方面的书。有时候，夫妻俩照着书本给村民们普及农业基本技能。村民养牛大户杨建德是这里的常客。杨建德靠在权勇文化大院看书、看科教片学会了养奶牛，不仅自己养了30头奶牛，还带动全村发展奶牛1000余头。现在丰泽村村民们已经养成了良好的阅读习惯，进院后便静静看书，离开前在本上登记。每逢阴雨天或重要节日，权勇总会在放映室里免费为乡亲们放电影。从最初的一辆人力三轮车，到现在的小面包车，权勇放电影的足迹踏遍了全县12个乡镇和周边4个县的大小村镇，最忙时，一个晚上要放两场，一年能放电影四五百场。被他服务热情所感动，文化共享工程山西分中心多次为他送书，送光盘资料，保障他的设备。

权勇的文化大院吸引了不少外地同志前来参观学习，河南工大把大院作为该校保持共产党员先进性教育基地。宁波市文化局一位领导看过权勇的大院后，不无感慨地表示：权勇文化大院院子小，精神大。

2005年4月，时任山西省省长的张宝顺来大院考察调研时，为其更名“权勇文化大院”；2005年7月16日，中央政治局委员、中央书记处书记、中宣部部长刘云山到大院参观后说，叫文化大院也好，叫文化专业户也好，值得研究推广，并勉励权勇继续为农村文化事业做贡献。

2007年4月11日，时任国务委员的陈至立来山西省考察调研，在省

领导的陪同下，也来到权勇文化大院。走进权勇的农民书屋后，陈至立问：“权勇，这些杂志哪来的？”权勇如实回答：“收破烂收来的，人家单位上不看了，一毛钱一本卖给我，新的得几块钱一本呢。”紧接着他又连忙补充：“省图书馆、省新闻出版集团、省文化厅等许多单位，也给我送来不少好书。”陈至立说：“主要还是因为你是热心人。他们把书送给你，放心。这是一种文化循环……”陈至立同志赞扬权勇：“你是一个文化人、热心人，还是一个有心人啊。农村文化条件不好，需要你这样的人，应该支持！”

最近，权勇碰到了一个大困难：一直在身边默默支持他的妻子成宝兰，突然被查出患有癌症，并且急需手术。权勇既担心妻子的病情，又发愁治疗费用，还好有农村合作医疗保险负担了一部分，又向亲戚借了点，妻子的手术才得以进行。得知权勇遇到困难，文化共享工程山西省分中心领导非常重视，中心领导李小强亲自前往祁县看望慰问权勇夫妇，送去了米、面、油、奶等生活必需品，并筹措了资金给权勇补贴家用。李小强馆长说：“你的文化大院办得很好，是我省其他基层站点学习的榜样，文化共享工程建设就需要你这样的人，热爱

权勇（右）文化大院里的早期电影拷贝资料室

文化事业，希望你继续为新农村文化建设做出贡献，有什么困难提出来，大家一起来想办法解决。”权勇握着李馆长的手激动地说：“谢谢省中心领导的关怀，有你们的支持，我就有信心把文化共享工程工作做好。”随后权勇以更高的热情投入到为群众服务中去。

在权勇的带动下，目前祁县类似的文化大院不下数十个，权勇文化大院所在的丰泽村近年来没有发生过一起治安和刑事案件，为新农村建设做出了大贡献！

坚守祖国最北的文化人

——记文化共享工程黑龙江漠河县北极镇基层服务点杜东林

文化共享工程黑龙江分中心

漠河，北极乡，中国的最北点，冬天最低温度可达到零下 50 度，“北风卷地，雪高盈丈，马死人僵”。然而，自从 18 岁踏上这片北极大寒之地，进入乡文化站工作，掐指算来，老杜已经在这里整整坚持了 26 个春秋，他说，自己还会坚持下去。

“我的根在这里，乡亲们需要我，作为一名乡文化站站长，我能做的就是让乡亲们单调的茶余饭后丰富起来，让他们闭塞的眼界开阔起来，让他们在文化站里学到知识，陶冶情操，从而改变他们的精神面貌。”杜东林如是说。

说这话的时候，他的背后是一个 2000 平方米的综合文化站，眼前，则是乡亲们正在文化站院内扭秧歌，唱卡拉 OK。

一定要让大家伙儿有个地方活动

屋外白雪皑皑，气温又降至零下 30 度，夜色之中，杜东林像往常一样，独自锁好文化站的门，踏着厚厚的雪回了家，其实那时还不到下午 5 点。北极乡就是这样，夏天晚上 11 点天还没黑，冬天下午 3 点天就全黑了。

1981 年，杜东林从黑龙江黑河市到漠河县上学，4 年后，主修经济管理的他选择到北极乡政府做了一名税收专管员。不到半年，乡文化站招聘，写得一手好字的杜东林应聘上岗了。从税务部门转到文化部门，杜东林没有犹豫，“虽说文化站有点像清水衙门，但我就是特喜欢文化方面的东西。”可眼前的景象着实让他有些吃惊：这哪是文化站啊？两间办公室，加起来不到 40 平方米，几张桌子板凳，架子上有些旧书，除此以外一无所有。

搞活动，没地方，搞事业，没经费，一天连个说话的人都没有。

22岁的杜东林当上文化站长之后，决心彻底改变这一状况。他说："当时我入党不长时间，真的是以党员的名义在心里暗自发誓，一定要干出点样来。"在他的多方奔走下，文化站逐渐有了音响和电影放映机，建了100多平方米的活动室。"虽然设备差，但是毕竟有比没有强。"杜东林说。村里能放电影了，能唱卡拉OK了，这在80年代末、人口不满千的北极乡可成了爆炸新闻，文化站人开始多了，唱歌跳舞的，读书看报的，定期观看露天电影的……

2008年，占地2000平方米的标准化综合文化站落成，其中室内活动室面积有650平方米。当时，按照统一规划，黑龙江省文化厅给每个乡镇文化站下拨的启动资金是20万元，但北极乡属于高寒地区，一年只有八十几天无霜期可以施工，对房屋和设备的要求也更高，20万元完全不够。经过乡政府和文化站不断争取，漠河县政府先后拨款130万元支持文化站建设。

篮球场、图书室、微机室、活动室、文化共享工程专用设备和数字资源，一应俱全，北极乡村民的业余文化生活从无到有，从单调到丰富，每一步都浸透着老杜的努力和汗水，他觉得自己这个文化站长没有失职。

"一定要有人坚持"

对杜东林来说，有了好的设备，能够做的事就更多了，他把大屏幕投影仪、音响等设备搬到街边热闹的地方，放热门电影和农业技术资料片。杜东林记得，有次放电影《冲出亚马逊》，来了好几百人。新文化站有小剧场，他就将放映常态化，定期播放养殖、种植资料片和文艺节目。

夏天的时候，每天有100多人来文化站，室内容不下这么多人，老杜把音响搬到文化站门口的水泥地上，"大家扭扭秧歌、跳跳舞，也不用花钱。"杜东林说，那是一年中最忙的时候，晚上还要加班加点。到了冬天，由于天气太冷，有时文化站好几天都没一个人来，即使这样，他每天也会早早

地到岗："万一有人要来看看书打打球呢？"

文化站不仅给村民们提供了休闲的好去处，也让他们学到了致富知识。北极村农民郭亚军几年前开始种瓜，这里无霜期短、技术条件差等因素，使他干得并不顺利。2009 年，郭亚军成了文化站的常客，通过文化共享工程网站学习各地西瓜、香瓜的栽植技术，从中他总结了适合北极村的种植经验。郭亚军种瓜的经济效益大幅度提升，产品远销全省乃至全国各地，后来他还申请注册了"最北瓜"商标。

曾经，人们习惯了祖祖辈辈种田、打鱼的生活，山外的世界，很遥远。如今，北极村名声在外，北极光节、冬至节、冰雪汽车拉力赛、神州北极石、北极广场、索金大酒店，新鲜事物、新生事物不断充斥着古老乡民的眼球。大家观念变了，生活方式变了，精神面貌变了。在杜东林的眼里，这些转变正是文化大发展、大繁荣的机遇。他说："这些年，北极乡乡民对文化的需求猛增，作为文化工作者，我们不是已经做好了，而是万里长征刚走完第一步。这里虽然接受了很多外来新生事物，但是，毕竟还是地处祖国边陲，人们的观念、意识、思想、面貌与沿海地区相比还有差距，我们还是要尽全力去做这个事情，提高文化素质不是一朝一夕的事情，所以一定要有人坚持。"

文化信息共享——一个新的征程

全国文化信息资源共享工程的实施给了杜东林一个契机。他要带给村民的已经不止是"唱歌跳舞放电影"那么简单了，而要从灵魂上给乡民一个真正的精神家园——以高尚的精神鼓舞人，以高尚的作品激励人，以高尚的情操塑造人。

为此，老杜又忙开了。

挖掘北极村民间文化。文化站组建了北极村民间艺术团，现在已经发展到 100 多人，他们多次参加省、地、县的文艺演出。特别是 2007 年参加了省电视台举办的"咱村也有文艺人"节目后，引起了社会各界的广泛

关注，国家、省级的一些文化媒体和艺术家们纷纷为艺术团搭建展示平台。

建立开放式文化站。依托农村党员远程教育系统、文化共享工程资源，组织开展“乐在农家、美在农家、艺在农家、学在农家、富在农家”系列活动。文化站经常组织科技讲座、信息交流、文艺汇演、体育比赛、知识竞赛等群众活动，满足农民求富、求知、求乐、求美的精神文化需求。截至目前，北极乡已成立农村文化协会 5 个，发展文化专业户和文化中心户 17 户。

对涌现出来的文明家庭、致富能手等先进事迹进行广泛宣传，有效解决一些婆媳、邻里不和问题。在国家、省、地的关心和大力支持下，全乡文化信息资源共享工程基层点全部达标，保障了农民群众的文化共享权益。

2008 年 7 月 29 日，中央政治局常委李长春同志在黑龙江考察时来到北极乡。他详细了解农村文化和综合文化站建设情况，给予充分肯定。杜东林至今记得长春同志临别时的话：“要高度重视农村综合文化站建设，明确职能定位，完善保障措施，确保公益性质，充分发挥文化站提供公共文化服务、组织开展文化活动的积极作用，不断丰富农民群众的文化生活。”

杜东林觉得，肩头的担子更重了……

杜东林（右）经常深入田间地头，走访农业种植户，了解服务需求

有了赵文化，致富、学习不用愁

——记安徽繁昌县平铺镇寒塘村挂职党总支书记赵文化

文化共享工程安徽繁昌县支中心　管霞

说起挂职村支书赵文化，村民们无不骄傲地说：我们的赵书记不愧是赵文化。有了赵文化，致富、学习不用愁。

赵文化是繁昌县人力资源和社会保障局干部，2010 年 10 月下派到本县平铺镇寒塘村挂职，任党总支第一书记。赵书记到寒塘村挂职后，首先想到的就是如何尽快帮助一方群众走上致富道路。

寒塘村自然环境优良，物产资源丰富，但面对好山好水却不知道从哪里寻找到致富的门路。在工作中，赵书记发现，村里这几年也招来了一些商人，办了一些企业，但实际上只是富了外来的客商，老百姓并没有得到多少实惠。更重要的是，寒塘村虽然地处交通干线，但信息依然相对闭塞，村里有线电视尚未普及，有电脑的农家很少，更不用说利用现代化的网络来获取致富的信息了。打破信息闭塞的状况，让村民拥有和掌握现代信息传播渠道，学习先进的种植、养殖技术和致富信息，从根本上帮助广大村民奔上致富的道路。有了想法，赵书记便开始行动了。经过赵书记的奔走、联系，全国文化信息资源共享工程公共电子阅览室终于落户寒塘村。

在兴建电子阅览室的时候，遇到的第一个问题就是场地问题。村里的办公用房十分紧张，根本挤不出多余的房子用做公共电子阅览室。正在焦急中，赵书记忽然瞥见了自己住的宿舍……如果让出来，再从食堂用房中挤出一间，大约有 35 平方米，正好建一个公共电子阅览室和图书室，视频播放和农科培训放在村部会议室。在村两委会上，赵书记提出了心中早就盘算好的办法。有人问："赵书记，那你住哪儿呢？"赵书记开心地说："我就住摆放杂物的楼梯间。"同志们纷纷说，那地方没有窗户，不通风，夏天闷热，冬天阴冷，雨季潮湿，对身体有害。赵书记笑着说："没关系，

挂职书记赵文化将自己的宿舍改成公共电子阅览室

不就是晚上睡觉吗？”

意见统一了，马上实施，光纤、电源、设备、书架、图书、室内布置等，让村委们着实忙了一个月。在文化信息资源共享工程繁昌县级支中心的帮助下，一个集文化共享工程基层服务点、公共电子阅览室和农家书屋为一体、多功能、小而全的村民公共文化活动室在寒塘村落户了。为加强管理，村委会特别安排一名大学生村官负责电脑维护、书屋日常管理，村民利用计算机网络查找信息辅导等。

自村公共文化活动室建成后，如何更好地利用文化信息资源共享工程庞大的信息资源帮助群众致富，丰富群众文化生活，解决群众生产和生活中的实际困难，又成了赵书记思考的新题目。赵书记除了逢会必讲、逢人必提，大力宣传、介绍电子阅览室的功能和对农民、农村发展的作用，还利用晚上的时间亲自担任起村图书室、电子阅览室的管理员。一开始，村民们三三两两来看个热闹，赵书记不嫌烦，不顾深度近视，手把手教他们上网看视频、查资料，慢慢地，看热闹的村民成了电子阅览室常客。渐渐地，寒塘村部大院的晚上热闹起来，看书、上网、查资料、看电影的村民越来越多，连热衷打麻将的村民也来赶凑新“玩意”了。村民业余生活丰富了，生产、务工有了信息帮手，大伙从心底里认可了这位忠厚、文静的书记。村民们开心地调侃：赵书记不愧是赵文化。有了赵文化，致富、学

习不用愁。

年初，寒塘村种植大户王金荣和朱宗发经赵书记多方做工作，通过土地流转的方式合伙承包了200余亩水稻田，到了收获季节，老王和老朱望着长势喜人的金灿灿的稻谷却发了愁。这么多的稻谷怎么收割、翻晒？王金荣找到赵书记，说出了心中的困难。赵书记给老王倒了一杯水说：不急，不急，车到山前必有路嘛。便拉着老王来到村电子阅览室，打开网页，登录有关网站，搜索有关的惠农政策和措施。根据相关惠农政策的信息，由村部出面将要求解决老王困难的报告递交到了上级有关部门。不久，在县农机局的扶助下，老王购回了收割机，并成功地申请到了由县邮政储蓄银行代办的惠农小额无息贷款10万元。尝到文化信息资源共享工程带来的甜头，如今，王金荣、朱宗发等村民成了村电子阅览室的常客。

村里粮食收储大户周桂萍夫妻二人一个忙着收购，一个忙着销售，一年到头走南闯北，难得着家，在村小学读书的孩子无人照看，一颗心经常牵挂着两头。得知这些情况后，赵书记带着村委们来到周桂萍家中，建议周桂萍试试利用电脑网络在网上进行粮食经营活动。周桂萍抱着试试看的心理，走进了电子阅览室。在赵书记的指导下，她很快掌握了电脑基本操作技能，上网查找销售信息，通过QQ、电子邮箱等与客户进行联系，进而能利用网上订单开展网上贸易。现在，周桂萍足不出户就能将收购的粮食销售一空，有时为了满足客户需要，还要从南陵等周边县市调购粮食。她通过文化共享工程电子阅览室信息平台卖粮，不仅增加了经营收入，还能兼顾家庭和孩子。

寒塘村的电子阅览室不仅成了村民查阅相关资料，学习种植、养殖技术，搜集生产、生活信息的大平台和了解外面世界的窗口，也成为在外打工人员和家人之间网络联系的桥梁。村民郑里宝、陈海霞夫妻俩常年在常州打工，家和两个孩子全部交给了老人。平常孩子们想爸爸妈妈了，也只能通个电话，自从有电子阅览室，孩子们就想着和爸爸妈妈进行视频聊天了，这可让郑里宝夫妻俩头痛了，没办法，夫妻俩也在打工地学会了QQ

视频聊天。现在，一家四口人不再是每年春节相逢，平时想见就能见着了，孩子胖了、瘦了、高了，在外打工的爸爸妈妈放心了，在家上学的孩子们安心了。

看着电子阅览室、图书室里进进出出的村民们，望着专注观看电影的老老少少，赵文化书记仿佛看见了一条通往富裕、文明的大路正在寒塘村村民面前展开，他略显疲惫的脸上露出了欣慰的笑容。

田野上的文化传播者

——记文化共享工程福建龙岩市红坊镇基层服务点管理员张水荣

文化共享工程福建分中心　王其标

在福建西部莽莽群山之中，有一个不起眼的乡镇，它在全省九百多个乡镇中，论规模和经济实力都不出彩，但是，说起设在红坊镇文化站的文化共享工程基层服务点，却声名远扬，为福建文化共享工程服务基层群众树立了标杆。该文化站站长张水荣曾作为福建省文化共享工程基层服务点唯一代表进京介绍服务经验；这个基层点搭起的群众发家致富“信息桥”，被当地群众亲切地称之为联系党和群众的“连心桥”。

2002 年，福建省文化厅将红坊镇文化站列为福建文化信息网络工程基层试点单位，为其配备了电脑、投影仪等设备，接上了互联网。2005 年，文化部在全国开展文化共享工程国家级设备补助基层示范点建设，又陆续为该基层点配置了服务器、移动播放器、液晶电视以及卫星接收器等设备，同时还接收了大量的国家中心、省分中心的数字资源，为群众提供服务。在红坊镇文化站站长张水荣的带领下，该基层点近年来在丰富基层群众的文化生活、传播惠农信息技术、

镇文化站长张水荣正在为群众播放文化节目

带动群众发家致富等方面发挥了积极的作用，为老百姓带来欢乐的同时，带来了信息，带来了财富。

依托平台，搭建信息“高速公路”

红坊镇地处福建边远山区，信息技术条件比较薄弱，农产品的销售主要依靠传统的方式进行。自2002年设立文化共享工程基层点以来，张水荣站长一直在思考如何借助文化共享工程的平台，帮助农民朋友打开农产品的销路，让农民借助科技和信息的力量多一种销售渠道。凭着自己的努力，他自学了计算机网络技术，在当地政府的支持下，办起了“红坊农民服务网”，开始帮助乡亲们发布养猪、种甜椒、种莲藕等信息。起初，乡亲们并不买账，没觉得互联网能给他们带来什么好处。随着发布信息越来越多，开始有外地客商来电话联系购买农产品，乡亲们切实感受到互联网带给他们的魅力。有一次，张站长得知一村民长期被糖尿病困扰，他从农村党员远程教育频道上下载了相关资料送到这位村民手中，帮他了解糖尿病的治疗和保养，这种来自乡土的感同身受的服务，感染并吸引乡亲们到文化站看稀奇。一下子服务点热闹起来了，有来查阅信息的，有来阅读电子书刊的，有来观看视频节目的，吸引了大量村民来服务点上网，特别是老人和小孩。

文化站针对农民的个性化需求，依托文化共享工程平台，为他们提供信息服务，比如，为种养户拷贝专题资源、帮助专业户制作网页、发布产品信息等等。同时，辅导农民利用互联网与外界沟通，帮助他们掌握网上营销技术，了解市场动态，化解市场风险等。养殖大户郑东川培育的种猪原来只局限在新罗区销售，一年只销售200多头，通过建立网页后，湖南、江西、海南、广东等地的客商纷纷来电，或咨询，或订货，产品供不应求，现在一年可销售3000多头，甚至种猪脱销。

私车公用，为群众搭起信息桥

基层文化站普遍资金缺乏、人员少、任务重，红坊镇基层点也不例外。为了让偏远山区的村民享受到最基本的文化服务，张站长只好把自己的私家车当公车用，载着电脑、投影仪、幕布、移动播放器等设备到乡村给农民朋友们播放影片。他通过卫星接收器下载党的方针政策、科学文化、种养殖技术、电影、远程节目等信息，送到民间庙会、老人活动室、养殖场、学校、幼儿园等场所开展服务，一边宣传文化共享工程的资源，一边收集群众需求的信息，并将相关信息用移动硬盘复制到群众家中的电脑，方便群众使用和学习。他还经常利用“五一”、“十一”黄金周时间，开着私家车上门为不方便出门的老年朋友播放影片。

挖掘本土文化，创办“龙津民间文艺网”

闽西是客家地区，那里保存着丰富的原生态民俗资源及非物质文化遗产项目，民间文化活动异常活跃。闽西汉剧、静板音乐、龙岩山歌、采茶灯等都是深受群众喜爱的当地本土文化资源。为传承弘扬优秀的民族民间文化，抢救这些非物质文化遗产资源，文化站利用文化共享工程平台及丰富的数字资源，创办了“龙津民间文艺网”。该网站通过视频、图文等形式，挖掘、整理和保护龙岩采茶灯、静板音乐等民间文化遗产，宣传本土优秀文化，让旅外乡亲感觉乡音，受到网友高度评价。张水荣站长经常带着摄像机下乡采拍原生态的资源。每逢节庆、喜事，到处都能看到身着鲜艳服装、手提采茶灯的欢乐歌舞队，这些都成了张站长文化采集的素材资源。如今，当你进入“龙津民间文艺网”页面，打开红坊文化视频空间，红坊的历史、地理、经济和浓郁的乡土文化生活可以饱览，“龙津民间文艺网”的点击率高达百万，充分展示了“根”文化的魅力。

现在，到红坊镇基层点享受现代科技带来的乐趣，成了乡亲们再平常不过的事情了。基层点在给乡亲们带来实惠的同时，也成就了张水荣站长。

2008年，新罗区红坊镇文化站被文化部全国文化信息资源建设管理中心授予“全国文化信息资源共享工程优秀基层服务点”，张水荣站长被授予“文化共享工程基层服务点先进个人”荣誉称号。同年9月，张水荣站长作为福建省唯一的代表到北京参加全国文化信息资源共享工程优秀基层服务点经验交流会。作为基层站长，他既是文化传播者，也是文化守望者。正如他在基层经验交流会上所说的，这里有他热爱的民间文化，有需要他服务的群众，只要心中装有文化共享工程，不管设备有多简陋，照样开展服务。他是当之无愧的“田野上的文化传播者”……

文化微尘：诠释爱心的精神符号

——记文化共享工程山东东平县沙河站镇前河涯村基层服务点管理员吴岳

文化共享工程山东分中心　周浩

沙河站镇前河涯村是山东省泰安市东平县一个普普通通的村，可自从2009 年以来，村里流行起一个词——“文化微尘”。

蔚衍清是前河涯村的一位村民，2008 年以前家里主要靠种玉米谋生，可是一场突如其来的美国白蛾病虫害，使得他家种的玉米都长了病虫害。虽然省里专门开发了山东省文化共享工程防治美国白蛾专题数据库，但是美国白蛾实在来势太凶，当他看到防治美国白蛾专题数据库中提到的灭蛾

吴岳（中）正在田间向农民发放农业技术资料

方式方法时已经为时已晚，玉米早已被吃得精光，损失惨重，一家人十分难过。第二年，他放弃了种植玉米，借钱搭了大棚种植大棚西瓜，天天盼着西瓜成熟后卖个好价钱，能让自己家摆脱这种揭不开锅的困境。一天早上起来，他发现种植的大拱棚西瓜叶子开始发黄，他向其他村民请教后，按常规方法在小范围进行试验防治，增施叶面肥提苗复壮，结果喷施叶面肥后的第二天，三个大拱棚里的西瓜叶子全蔫了，全家人顿时如五雷轰顶般傻了眼。

当时文化共享工程东平县沙河站镇前河涯村基层服务点的管理员吴岳，正巧骑着自行车带着文化共享工程流动放映设备去村里广场放计划生育视频，他看到蔚衍清呆若木鸡的表情后停了下来，了解了相关情况。得知事情来龙去脉后，吴岳在第一时间与东平县文化共享工程支中心取得联系。在村里放完计划生育视频后，天气突然转阴下起暴雨。吴岳的家人知道通往广场的路下雨天不好走，多次发短信嘱咐他安安全全地回家吃饭，可他已经与县级支中心约好了过去搜集关于种植大棚西瓜的文化共享工程资源。当吴岳骑着自行车路过自家门口时连口大气都不敢出，生怕家人看到自己。由于道路泥泞，他在路上狠狠地摔了一跤，全身都是泥，可硬是坚持骑着自行车迎着暴雨来到县级支中心。在县级支中心查阅相关资源后，才知道蔚衍清是因为叶面肥用过了量把瓜叶烧了。他立即把视频刻成光盘，原路返回送到了蔚衍清家，让他按照视频上的方法清洗瓜叶并在小范围进行试验。没两天，瓜苗的叶子又恢复了正常，而吴岳却因受凉发烧好几天。西瓜收获的季节到了，一个个西瓜又甜又大，蔚衍清高兴得合不拢嘴，逢人便讲："真是跑破脚板皮，不如光盘放一放。"这件事吴岳没有给任何人提起。可是文化共享工程东平县支中心的工作人员却看在眼里，把此事告知了村委。好事渐渐传遍了整个村子，蔚衍清得知事情的全部经过后，写了一封感谢信送到村委会，村里送给吴岳一个外号，叫"文化微尘"。可当别人向吴岳提起这个昵称时，他每次都指着身边的一台台用于开展文化共享工程服务的计算机和电视机说道："这些才是咱村的文化微尘啊……"

前些年，前河涯村与山东沿海地区的村子比较属于经济发展相对滞后的村子，个别农民外出务工，只能将孩子留在家里由老人或亲戚监护。吴岳负责的这个村基层服务点，还经常帮助村子里的留守儿童。吴岳常说，鸟有巢，人有家，家才是亲情的港湾。可现实生活中仍有少数孩子远离那温馨的港湾，得不到与其他孩子同样的爱与温暖。缺少父爱母爱的孩子，如果不能及时地给予爱心，他们会因缺少亲情而陷入深渊。因此，我们应该多给他们一些关怀。每逢节假日，吴岳便组织村里的留守儿童和儿童监护人一起收看文化共享工程影片，渐渐地吴岳和他这个文化共享工程村基层服务点，成了孩子们最好的伙伴和去处。一天，有个孩子在看完电影后哭了，说是想爸爸妈妈。吴岳安慰了孩子之后，向孩子的爷爷要来在济南打工爸爸的手机号并进行了联系。接着，吴岳带着孩子和爷爷来到村基层服务点，打开计算机等待着孩子父母的出现。五分钟过去了，十分钟过去了……半小时后，当孩子的爸爸在距离打工地方不远的一处公益上网场所——山东省图书馆公共电子阅览室打开计算机，从屏幕上出现的时候，孩子“哇”的一声哭了出来。“爸爸，我想你！”

孩子们喜欢跟大人学，也跟着称吴岳叫“文化微尘”。在“文化微尘”呵护下，孩子们健康、快乐地成长。现在的前河涯村在党的社会主义新农村和建设小康社会春风的吹拂下，实施了农业标准化生产，正被建设成为东平县南部最大的生产资料批发市场，留守儿童越来越少，但“文化微尘”照顾孩子们的事迹却始终是留守在村民心中的一段佳话。

文化如水，滋养万物。时间久了，全村掀起了学习“文化微尘”的热潮，数以百计千计被“文化微尘”感染和影响的人们加入到“文化微尘”的行列，成为一位位新的“文化微尘”。2010 年的一天，一位老年人拄着拐杖颤巍巍地走进东平县红十字会，掏出 200 元钱交给工作人员。老人说，他家住前河涯村，今年 70 岁了，白天儿子、孙子都上班，自己就独自一人到村里文化共享工程基层服务点公共电子阅览室找工作人员帮助自己上网。玉树地震之后，他通过村基层服务点的电视机，看到那么多人在为玉树奋斗，

很感动，也想尽自己的一点力量。老人说，当天早上，他拄着拐杖，走了一上午才走到县红十字会。“这点钱微不足道，但这是我的心意。”当工作人员给老人开收据时，他连连摇手说，“我要向文化微尘学习，不留名字。”像老人这样捐款不愿留姓名的人还有很多。一位来捐棉衣的孕妇说，因为家里有很多棉花和布，本来她缝制了一些棉衣想送给边远山区的孩子，但是从村文化共享工程基层服务点看到现在玉树的孩子更需要，于是就改变主意把棉衣捐给玉树的孩子们。这位女士同样不愿意留下名字。还有一位来红十字会捐款的老人，说他孙子在烟台龙口一个社区打工，从定期播放的文化共享工程节目中，看到播出玉树灾区的内容时，捐了1000元，还给他打电话。“这不，今天我也来捐款了。”老人随之掏出100元钱捐了出来，别人让他写下名字，他用发颤的手写下四个字：“文化微尘”。

在前河涯村，“文化微尘”正在凝聚更多的爱心，“文化微尘”已经超越了一个名字的称谓，它是一个通过文化共享工程获益并不留姓名无私服务、无私奉献的群体，一个诠释爱心的精神符号。长期伴随在“文化微尘”身边的是一台台用于开展服务的普通计算机或者电视机，而无私奉献却成了他们永恒的追求。掌声在身后，鲜花在远方，“文化微尘”永远在路上！

播种希望的人

——记文化共享工程湖北浠水县支中心主任蔡应朝

文化共享工程湖北浠水县支中心　聂凌

2007年，蔡应朝调任浠水县文化共享工程支中心（图书馆）主任（馆长）。几年来，蔡应朝始终把“追求卓越，满意一百”作为自己的座右铭，以全国文化信息资源共享工程建设为载体，带领浠水支中心的同事们，真抓实干，开拓创新，使当地发生了“共享工程从无到有，服务质量从低到高，服务形式从单一到多样”的喜人变化，实现了低起点上的飞跃。全县13个乡镇，649个行政村，已建的共享工程基层服务点有364个，服务对象近百万人。在浠水县的广大城乡传播着蔡应志服务为民的感人故事。

让盲人也能读书

2010年5月，蔡应朝在县电视台举办的行风热线活动中认识了盲人岑扶志。岑扶志提出：“图书馆是知识的海洋、是知识的宝库，我很想到图书馆去看书，可是我是个盲人，眼睛看不见，请问有什么办法可以解决这个问题？”蔡馆长当场回答说：

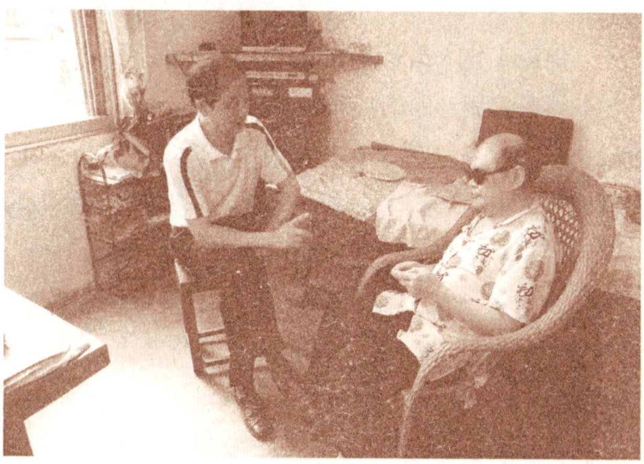

蔡应朝（左）正在与盲人读者交流

“读者的要求就是我们的责任。我会尽力帮你解决这个问题。”回去后，他组织工作人员认真讨论解决盲人岑扶志看书难的问题，想出了一个利用mp4下载转换的办法。支中心为盲人岑扶志买来了mp4，并在共享工程网站和数字图书馆上下载有声读物供其听阅。蔡馆长安排一名工作人员专门跟踪此事，要求工作人员按照盲人岑扶志的需求下载读物，坚持做到一周一换。岑扶志在接到mp4的时候热泪盈眶，高兴地说：“我们盲人终于也可以上图书馆了，谢谢图书馆同志们的帮助。”市、县电视台跟踪报道了浠水县支中心帮助盲人岑扶志解决盲人看书难的问题，采访岑扶志时，他在镜头前十分激动地说：“我真没想到我们盲人也能和正常人一样去图书馆读书了，我有很多盲人朋友和我一样特别想到图书馆来学习，现在可好了，我回去得好好宣传宣传。”有了岑扶志这个成功先例，一些爱好学习的盲人纷纷走进图书馆学习。蔡应朝让文化共享工程惠及所有人群，实现了服务对象全覆盖的目标，得到了县委、县政府的高度好评。人们纷纷赞许地说，让盲人也能读书，文化共享工程的服务真是到了家。

帮农民克难致富

2009年3月，蔡应朝带领业务骨干下基层到清泉镇东门河村送电脑设备，组织工作人员就安装使用进行培训，并指导他们学做辅导群众查阅科技知识及农副产品的信息发布。这时，村里养鸡大户马振春急急忙忙来找蔡应朝。原来，马振春的养鸡场突发病疫，每天死鸡近20只，眼看病疫蔓延他却束手无策，全家人急坏了。蔡应朝根据马振春反映的鸡场病疫的详细情况，借助共享工程查阅得知他所养的鸡感染了真性A型流感病毒。一听说自己的鸡得了流感病毒，马振春更加不知所措了，紧紧抓住蔡应朝的手说道：“蔡馆长，我的鸡场是辛辛苦苦建起来的，为了鸡场我还背了不少债呢，您可要救救我的鸡场啊。”蔡应朝安慰他说，鸡的疫情可以防治，只要按照配方用药完全可以治好。蔡应朝很快在网上找到配方用药。马振春按照配方用药，鸡场的疫情很快得到了控制。马振春后来逢人便说，蔡

馆长是我的贴心人，文化共享工程是党和政府的德政工程。后来，在蔡应朝的鼓励下，东门河村养鸡专业户杨代胜开始学习使用村基层服务点的文化信息资源，其中查到了一条“鸡戴眼镜”的信息，介绍鸡戴眼镜后不啄蛋、不啄鸡。他抱着试探的心理给自家的鸡戴上眼镜，果然鸡不啄蛋、不啄鸡。事后，他逢人便说蔡馆长建的共享工程基层服务点真是好，这小小电脑作用真是神。

散花镇山州坪村退伍回家的杨浩承包了20多亩水面，从事水产养殖。2011年5月，他养的鱼发了病，在镇上买了八百多元钱的鱼药没有治好。蔡应朝带着他到村基层服务点查阅资料，一条“鱼病的防治”信息使他大开眼界，通过认真的查阅学习，根据网上的治病配方，只花85元钱卖鱼药就将鱼病治好了，这在当地一时传为佳话。竹瓦镇张茅村种粮大户胡荟容在村基层服务点查阅“水稻优质高产栽培”信息后，回家选择优质稻种，按照栽培技术，抢抓农事，当年水稻获丰收。白莲镇樟树村的章斌，是一名氮肥厂的下岗职工，因没有一技之长，人又忠厚老实，外出打工每月只挣几百元，他通过到村基层服务点查阅资料，通过网络学习钻研钳工技术，现在在十月机械厂做钳工，月工资2000多元。

有了文化信息共享工程提供的技术支持，近年来，浠水县的养殖业不断发展壮大。以2009年为例，全县发展万头养猪场11个，千头养猪场30个，10万只蛋鸡养殖小区5个，万只养鸡场187个。浠水县被省委、省政府命名为水产大县，成为全省蛋鸡养殖第一县。每每提起这些成绩，一些人纷纷说，县共享工程支中心功不可没。

蔡应朝通过文化信息共享工程帮助群众解决实际困难的事例很多。洗马镇农民汪新民给他送来一面锦旗，称他“心系农民，堪称楷模”，但蔡应朝只是淡淡地说：“利用文化信息工程为群众传播知识信息，为经济社会发展尽一份力，是我最大的追求；为群众播种幸福的希望，是我最大的心愿。”

小城里的文化共享带头人

——记文化共享工程广西桂林罗城县支中心主任温献明

文化共享工程广西桂林分中心　周娴　秦艺

小城有多小？严格说它不是一个城，它位于广西北部、云贵高原九万大山南麓，是全国唯一的仫佬族自治县，境内高山峻岭密布，深沟盆峪交错，风光秀美，但交通十分不便，属于“八山有余，不足一水一分田”的山区贫困县。它的名字叫罗城，传说中，它是歌仙刘三姐的第一故乡。

当然，今天说的这个人远没有刘三姐那么赫赫有名，认识他的人都说，他很朴素，朴素得像剑江边的一粒砂；他很平凡，平凡得如同九万大山深处的一株草。他的名字叫温献明，是罗城县图书馆的馆长，全国文化信息资源共享工程罗城县支中心的带头人。“把简单的事情做好，你就不简单；把平凡的事情做好，你就不平凡。”这句简单却又深刻的话，正是对温献明坚守平凡、默默奉献的最好诠释。

2008 年 7 月 10 日傍晚，一辆微型小客车正在崎岖的山间小路上艰难行驶，夏夜的山区十分寂静，客车急促的马达声显得非常刺耳。车上坐着的是温献明和他的同事们，他们勉强支撑着被颠簸得快要散架了的身体，紧紧抱着几个大箱子，箱子里装的是温献明的宝贝——娇贵的放映器材。这样的姿势，他们已经保持了 5 个多小时。温献明有严重的腰椎间盘突出，此刻的他疼得已近乎麻木，只有额头上豆大的汗珠泄露着他的秘密。司机看不过眼，开了口：“温馆长，你这真是自讨苦吃，这么偏远的山疙瘩，你们一趟一趟来，不就是放几场电影，搞一点科普宣传嘛，你们找个方便点的地方不就行了？”“不远，不远，马上就到！”温献明声音里透着沙哑。“马上就到”，其实只是山路到了尽头。车靠边停下，温献明和同事们卸下几个大箱子，借助手电筒微弱的光线，肩挑手扛继续上路。

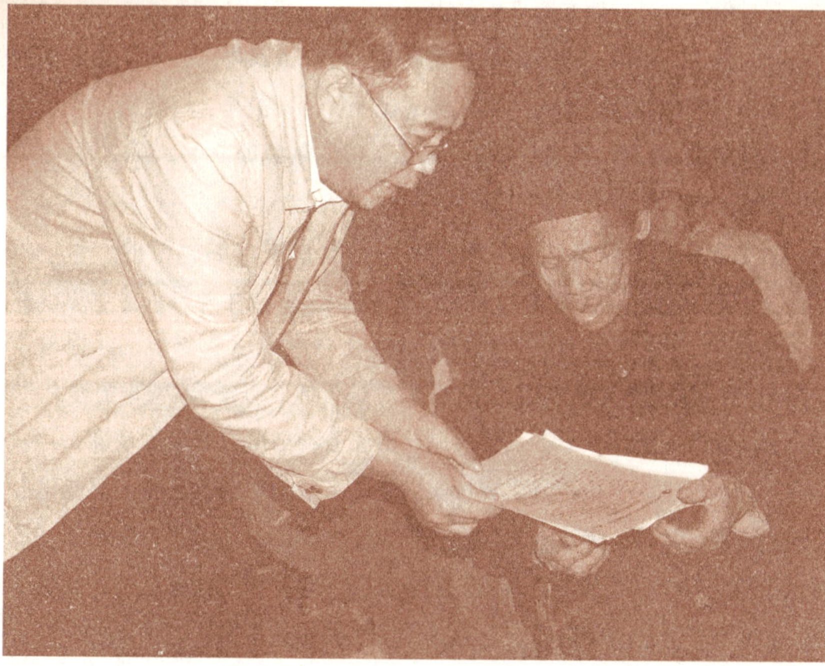

罗城县支中心主任温献明（左）在向村民发放科技资料

近半小时后，他们终于到达了目的地——宝坛乡庄洞村。此时离他们出发的时间已经过去了 5 个半小时。他们为了赶到这个地处罗城、环江、融水三县交界处的偏远小山村，跋山涉水花去了大半天的时间才抵达。但是，他们顾不上休息，马上忙了起来：拉横幅、接电线、连喇叭、立支架、挂幕布、放电影，还给村民们发资料，和村民们扯家常……电影放得绘声绘色，大人和孩子们看得津津有味；发的资料是农业科技、致富信息，村民们连连道谢……

当电影落幕，时间已经过了午夜，意犹未尽的村民帮着他们收拾好设备，自发地送了他们一程又一程："温馆，常来啊，路太远，真是太难为你们了，每次来还自带饭菜，那么辛苦都没有在我们这里吃过一次饭。我们这个村难得有一次文化生活，谢谢你们还记得我们！"

那一瞬间，温献明和同事们的眼眶湿润了，满身的疲惫消失了。凌晨一点半，他们来到前一天通过的乔善渡口，发现渡口早已停渡。温献明只好找人去叫醒渡口的负责人开渡。终于坐上了回程的车，回程的5个半小时，在颠簸的山路上，大家抱着大箱子，很温暖地睡着了。第二天8点，他们又准时坐在了图书馆的办公室里……

这个故事仅仅是他们在电影下乡放映日所度过的平常的一天。从2007年9月文化共享工程罗城县支中心成立至2010年8月，这个放映队深入全县11个乡镇的48个行政村、105个自然屯服务群众，共播放了164场电影，赠送科技光碟202张，发放科技资料5万多份，驱车里程1.38万公里，观众人数达5.8万，放映队伍深受各村屯广大群众的欢迎。

他们送走了多少个不眠之夜，又迎来了多少个明媚的晨曦。正是这些平凡的积累和升华，使温献明和他的同事们的人生日益丰富，生命愈加厚重。不懈的坚持，平凡的努力，他们以实际行动诠释了共享工程“服务惠民，共享文化”的真情实意。这就是我们“文化共享人”的追求！

文化共享工程与老年大学校长

文化共享工程广西龙胜县支中心　韦喜媛

广西桂林龙胜县老年大学的学员们提起他们的现任校长，无不竖起大拇指。这个校长就是与别的校长不一样，她是个典型的闲事能人。

韦爱敬是龙胜县的一名退休领导干部，在原岗位退下后，接受了老年大学的邀请，接任了原来老校长的职位。老年大学是全县老年人集中的地方，老人们都是退休后为调整心态而进老年大学。大学原来开设有书画班、书法班、诗词班等，最主要以跳舞活动为主。韦校长上任后看到很多老年人对电脑一窍不通，比她们自己的孙子、孙女娃娃们还不如。不懂电脑、不懂现代社会知识，跟不上时代步伐，如何谈得上协助教育孙儿呢？于是，她提议老人们要懂得现代技术，跟上时代步伐，不要被社会淘汰，要学习电脑，参加电脑培训班。

一天，韦爱敬校长了解到龙胜县文化共享工程支中心有设备，经常免费招收读者学习电脑，并有力量教老人们学电脑，高兴得不得了，急忙赶到图书馆，参观调研支中心的服务内容和条件。看完共享工程电子阅览室后韦校长连声说："太好了，文化共享工程办得太及时了，正是我们所需要的。"于是提出支中心与老年大学共同联办电脑培训班的请求。老年大学负责发放通知，招收学员，甚至把通知发到小学生、幼儿园小朋友手中，号召他们回家动员爷爷奶奶来学电脑；县支中心免费提供师资、场地及设备，安装写字板，并拟订培训计划。

龙胜县老年大学电脑培训班在县支中心办起来了。支中心把学员们编了两个班，有电脑基础的在一个班，一点基础都没有的在一个班，没有基础的学员从开机教起，不懂打字的用写字板；有基础的教他们如何查资料，如何上文化共享工程网页，爱跳舞的看舞蹈专拦，爱小品的看小品专栏。

老人们可高兴了，既可上网又可结合他们在老年大学上课的喜爱内容。有位阿姨上共享工程网站，看了太极拳打法，每次来都仔细学习和琢磨，终于学会了她最不会打的一段拳。还有一位妈妈在网上学会了扇子舞。大家感叹上网真神奇，想学什么都有，想查什么都有。支中心老师教老人们打字，练习拼音，努力丢掉写字板这个拐棍，学会自己走路。有的老人回家向孙子们学拼音，买拼音图挂上墙学习，学五笔输入背字根，干劲可大了。老师帮老年学员们申请了 QQ 号，大家学会了上 QQ 网上聊天，高兴得像孩子一样，仿佛一下子年轻了许多。有位老妈妈的女儿在外地上大学，并在外地工作，一年仅回家一次，老妈妈学会上网后，用视频与她女儿对话，很开心。她说，上网既能看到我女儿又能聊天说话，比打电话方便多了。自从她培训后学会了用电脑，她自己回家也申请了宽带，不懂的地方时常来支中心请教，解决她独居的烦闷。这些老同志们积极性可高啦！每次上课早早地来，迟迟地离开，一期学不会，下期再来，直到学会为止。大家个个夸："文化共享工程电子阅览室真好，我们最爱来。"

2011 年暑期，支中心开展了网上查字比赛。韦校长得知消息后，闲事劲又来了，请求也让他们老年大学电脑培训班有能力的学员参加，检测他们培训后的效果。这事让支中心的同志们犯难了，安排老同志在成人组比，怕赶不上别人；安排他们在学生组，都是些小孩，又不协调。可韦校长讲，就放学生组得了，让这些爷爷奶奶们尝尝孙子孙女的厉害，也让他们认识学习电脑、懂得用电脑的益处。这下可热闹啦，比赛当天，几位学习见长的爷爷奶奶辈与孙子孙女辈的学生们坐在一起比赛。试卷到手后，爷爷奶奶们认真地查阅，速度虽没有孙子孙女辈快，但准确率还是不错的，其中一位爷爷还获了奖，拿到奖品后这些爷爷奶奶们和小孩子一样高兴。

韦校长看到这样的培训效果更加高兴了，更有想法了，她进一步请支中心的老师，培训老年大学学员学习简单英语字母，因为键盘上的字母是英文，与学习电脑有关联。共享工程支中心的同志遇上这闲事校长可幸福啦！大家说，幸亏赶上有免费开放经费了，要不连电费都成问题了。韦校

长也感叹，现在社会越来越进步了，文化惠民工程已经深入到老百姓的生活之中，她相信今后公共文化服务工作会让老百姓享有更多的文化权利。

龙胜老年大学校长韦爱敬准备为老年朋友播放共享工程资源

他与文化共风流

——记文化共享工程海南昌江县石碌镇孔车村基层服务点管理员杨忠令

文化共享工程海南昌江县支中心　郭玉光

一位朴实憨厚、平易近人、思维敏捷的人，正值青春年华，但额头上却因忘我工作已有了几道岁月的“年轮”，给人留下深深的印象。他，就是海南省昌江黎族自治县石碌镇孔车村文化共享工程基层服务点管理员杨忠令。

杨忠令，今年 40 岁，一位土生土长的昌江黎族汉子，瘦高个子，微笑的表情总是那么和谐，古铜色的脸庞上透着诚意，一看就知道是一位多思而练达的人。

人们常说：知识改变命运。杨忠令也有，不仅有，而且体会很深。他认为知识的力量无穷无尽，不仅能改变个人，而且还可以改变集体，改变农村发展落后的面貌。杨忠令在孔车村村委会任职已有好几年，文化共享工程基层服务点的文化信息资源也和他相伴走过了将近 5 个春秋。

杨忠令在查看共享工程视频资源

2008 年夏天，在文化共享工程海

南昌江黎族自治县支中心的推动下，孔车村的文化共享工程基层服务点成立了，文化共享工程这一平台立即成了孔车村村民关注的热点。村委会安排杨忠令兼任基层服务点的负责人，他欣然挑起了这副担子。

如何着手开展工作？在县支中心的指导帮助下，杨忠令从调研村民们的需求着手，陆续开展了在基层点读书看报、图书光盘借阅等服务。为了避免基层服务点的工作“打游击”、“走形式”，杨忠令尽力扩大服务资源内容和服务方式的宣传，让村民们知晓并便捷地到基层服务点来参加活动，同时对基层服务点的开放时间、借阅管理等建立了相应的制度。在基层点常规服务初具成效后，杨忠令又趁热打铁，在他的倡导和建议下，村委会利用这一阵地，采取不定期的方法，组织全村黎族群众观看爱国主义影片，通过看视频学习法律法规、农村实用种植养殖技术、生活基本常识和技能的培训活动。如今，当你路过这个孔车村的时候，不难听到这里的黎族群众关于文化共享工程基层服务点的感言。不少人认为，我们虽然居住农村，但与城里人一样有文化生活，在家门口就能享受到“玩乐有地方、学习有去处”。

人似春蚕心如灯。杨忠令说，作为一名村干部，又兼村文化共享工程基层服务点的管理员，引导群众致富，促进农村发展是我的职责所在，责无旁贷。在帮助农民群众从“知识的殿宫”寻找致富金钥匙的过程中，他率先认真观看了《橡胶树的栽培及割胶技术》《辣椒病虫害防治》《鸭、鹅养殖技术》等一系列农业科技知识讲座和专题片等视频资料，把了解掌握的相关信息通过吸收、梳理、整合后，或推介给有需求的村民，或有针对性组织科学种植养殖的技术培训，同时做到生产过程的跟踪服务。村民们在杨忠令的帮助下，从文化共享工程基层服务点获取了系统、新鲜的农技知识，也获取了与市场需求对接的相关信息，从而取得了农业生产的更大效益，科技致富的例子比比皆是。大家说，以前为致富想搞一些种植养殖的项目，但因不懂技术不敢干，现在通过一个屏幕，遥控器动一动，鼠标点一点，就能排忧解难，这可都是实施文化共享工程所带来的好处啊！文

化共享工程为基层老百姓带来了实惠，也带来了福音。

如今，杨忠令已成为孔车村最受欢迎的人，也是最为忙碌的人。对此，他感触颇深。他说，文化共享工程基层服务点建在村里，就好比把“致富之路”修到了农民的家门口，把提升文明素质的台阶修到了老百姓的脚底下，作为一个文化工作者，我们亲身经历了国家文化繁荣和发展大好时期，看到也体味了我们工作的价值，虽然辛苦一点，但其乐无穷。

杨忠令的故事还在延伸，我们相信，当科学发展的曙光普照大地，当知识的种子撒满田野，明日的黎寨，将展现出更加美好的勃勃生机。

大爱无言

——记四川图书馆馆长、文化共享工程分中心主任李忠昊

文化共享工程四川分中心　张山

地震袭来

2008 年 5 月 12 日下午 2 点 28 分，四川省汶川县发生了里氏 8.0 级特大地震。灾害袭来，四川省图书馆的阅览大楼、书库大楼、行政办公楼南北方向剧烈摇动，发出沉闷的轰鸣声，刹那间，灰石乱飞、玻璃破碎、书架倾倒、天花板脱落、汽车被砸、办公用品翻落一地，震动时间持续约 5—10 分钟。

灾情发生后，全国文化信息资源共享工程四川省分中心主任李忠昊迅速集结馆领导班子成员，在第一时间成立了四川省图书馆、文化共享工程四川省分中心抗震救灾领导小组，并由他担任总指挥。此时灾情就是命令，李忠昊以其多年工作的经验和阅历，沉着应对着突如其来的巨大考验。他一方面带领工作人员组织抗震自救，将正在阅览部室的读者快速疏散，转移到安全地带，整个疏散过程秩序井然，读者无一人受伤；一方面迅速派员联系重灾区的图书馆和共享工程基层点，了解受灾情况，制订抗震救灾方案，筹备赈灾物资，展开抗震救灾和赈灾服务。

慰问前方

由于道路受阻、信息不通，在焦急等待六天之后，李馆长带领着文化共享工程四川省分中心工作人员一行，携带帐篷及大量救灾药品、物资，冒着不断出现的余震，踏上了赶赴都江堰重灾区慰问的路途。到达都江堰市支中心临时露天安置点后，李馆长立即询问支中心主任张岷职工及家属

和馆舍受灾的情况，当获知支中心（图书馆）职工均安全的消息时，李馆长说：“只要人没事就好。这次分中心送来了一些帐篷和药品，先解决住的问题，明天再给你们送一批生活必需品，还有什么需求及时通知我们，我们会竭尽全力予以帮助的。”之后，李馆长一行进入满目疮痍的都江堰主城区，穿过即将倒塌的危楼，来到严重受损的文化共享工程都江堰市支中心馆址。看着损毁的都江堰市支中心建筑物，李馆长安慰并鼓励大家说：“馆舍废了、设备坏了，没关系！只要队伍在，公共图书馆、文化共享工程大家庭就是你们的坚实后盾，大家齐心协力，众志成城，尽快将生产、生活恢复过来，重建家园。”

此后，李馆长又带领四川省分中心抗震救灾慰问小分队，带着帐篷、米、油、腊肉、粽子、药品、手电筒、消毒物品及其他生活用品，赶赴受灾最严重的绵竹、北川进行慰问。去绵竹、北川的路上，到处是严重塌方、飞

在抗震救灾期间，李忠昊馆长（左）率队七下灾区，赶赴现场送去救灾物资

沙走石的滑坡路段，危机四伏，李馆长一行不畏险峻，奋然前往。每到一处慰问地，都深入到严重变形的图书馆办公楼勘察受灾情况，了解系统内干部职工的生活情况。看到李馆长带领的文化共享工程四川省分中心抗震救灾慰问小分队风尘仆仆来到灾区，当地的干部职工感动得热泪盈眶，纷纷表示：一定不辜负大家的期望，努力展开互救和自救，同时为灾区更多需要帮助的老百姓提供帮助。

精神家园

都江堰市解放小区灾民安置点和幸福社区灾民安置点是都江堰市两个最大的震后灾民集中安置点。李馆长一行在慰问系统内受灾干部职工的同时，实地考察了两个当地的灾民点。李馆长他们发现灾民安置点的群众情绪低落、文化生活匮乏，于是就萌生了迅速在灾区建立文化共享工程赈灾服务点的想法，决定在都江堰市首先尝试设立“四川省文化共享工程赈灾服务点”。文化共享工程四川省分中心迅速从成都向都江堰市调来了投影仪、移动多媒体播放设备、光碟机、少儿图书等多种文化共享工程流动服务设施设备，还有一些益智类的文体用品。这时文化共享工程国家管理中心也及时送来了抗震救灾的文化资源。

四川汶川发生重大地震灾害后的第七天,灾区第一个文化共享工程“赈灾服务点”在都江堰市挂牌，第一个为灾区群众服务的大屏幕在安置点矗立了起来。开展活动的第一天，安置点的群众奔走相告，孩子们更是早早地来到活动现场，脸上露出了久违的笑容……之后在整个灾区的集中安置点，陆续建起了一批文化共享光工程的赈灾服务点。这些赈灾服务点服务灾区群众心理需求，在第一时间向社会及时、客观、准确、畅通地发布汶川地震的震情、灾情、天情、社情等民众关注的系列信息，播放文化艺术资源，极大地消除、过滤了信息杂音，安抚了民众焦虑恐慌的情绪，保持了社会和谐稳定，成为特定时期、特定范围内基层群众的精神家园。

大爱无言

震惊世人的汶川地震，让很多人知道了什么叫做生离死别，什么叫做灾难无情。同时，也让人知道了什么叫做心系一线，什么叫做大爱无言。在抗震救灾中，李忠昊馆长冒着余震不断、道路多处塌方和泥石流、唐家山堰塞湖等危险，率队七下灾区，不辞辛劳地赶赴德阳、绵阳、广元、雅安、阿坝藏族羌族自治州、都江堰、什邡、绵竹、汶川、茂县、汉源等重灾区，这个时候他已经忘了其实他自己的身体也并不好，患有心脏病，高血压，忙起来的时候吃药的时间经常忘记。由于长期的奔波和劳累，李馆长晕倒在自己的办公室，他在医院苏醒过来后，仍要亲自去重灾区，身边的工作人员都劝他不要亲自前往，他坚持地说“去看看，去看看我才放心”，而且他还严格要求工作人员不能提他身体不好，因为他不想给别人增加麻烦。

地震 7 天，文化共享工程第一个赈灾服务点在都江堰市解放社区灾民安置点落成；地震 10 天，文化共享工程第一批专题赈灾资源送达灾区；地震 14 天，文化共享工程第一批赈灾流动服务点在绵竹、安县同时落成；地震 20 天，地震重灾区北川县共享工程赈灾服务点落成；地震 22 天，文化共享工程第一个带卫星接收能力的赈灾服务点在广汉市高坪镇建立，同时绵阳地区 8 个赈灾服务点也投入使用。2009 年春节前，具备日常性报刊阅读、图书借览、信息咨询、文化培训、电影放映等文化服务职能的 780 多个文化共享服务网点在灾区板房陆续建成并投入使用。四川省图书馆馆长、文化共享工程四川分中心主任李忠昊和他的同事们，以实际行动在地震灾区撑起了一片精神文化家园，唱响了大爱无言的赞歌。

裕固草原上的蒲公英

——记文化共享工程甘肃肃南裕固族自治县支中心主任马雪梅

文化共享工程甘肃肃南县支中心

肃南裕固族自治县地处祁连山中部北麓，河西走廊南侧。东邻天祝藏族自治县，西接肃北蒙古族自治县，南与青海省相邻，北与武威、永昌、山丹、民乐、张掖、临泽、高台、酒泉、嘉峪关、玉门等县（市）接壤。地形狭长，地势由西北向东南倾斜，东西长600多公里，南北宽120－200公里，海拔在1327－5564米，总面积为20456平方公里。肃南是一个以裕固族为主体，汉、藏、蒙古、回等11种民族聚居的自治县。全县辖8个乡镇、101个行政村，总人口3.53万人。就是在这样一个地广人稀的草原上，有一个传播优秀文化的使者，她是肃南裕固族自治县文化共享工程支中心（图书馆）主任（馆长）马雪梅。

创建“书香家园”服务品牌

2008年肃南县图书馆迎来了文化资源共享工程惠民工程的春天，全国文化信息共享工程支中心落户肃南县草原。看着68万元的设备马雪梅感慨万千，多少年了枯木逢春，终于有了文化的投入。她暗下决心要充分发挥共享工程设备的作用，把优秀文化传播到裕固草原的各个乡村的每一位牧民心中。马雪梅带领工作人员在原共享工程支中心的基础上建立了“书香家园”公益讲座，用一个月的时间，把原来的书库进行了改建，经过装修与布置，一个安静、舒适、宽敞、明亮的多媒体演播室建成了。很快，这个多媒体演播室的“书香家园”公益讲座成了小小山城里的重要文化传播基地。

2010年，肃南县争取到了文化信息资源共享工程基层服务点建设项

目，经过不懈努力，终于建成了全国文化信息资源共享工程村级服务点101个，实现了肃南县的全面覆盖，也使共享工程在草原上落了户。为了使更多的基层群众沐浴到文化共享的春风，马雪梅积极组织开展“书香家园”公益讲座“六进”活动——进乡村、进社区、进校园、进军营、进企业、进单位，在支中心多媒体演播室组织社区居民观看《地震救灾》，在军营传播《郭明义事迹》，在单位组织收视《礼仪》，在机关播放《杨善洲事迹》讲座等。不但如此，肃南县文化系统每星期一例行的各类学习都在图书馆的“书香家园”举行，一年开展“书香家园”公益讲座及优秀影片展播100多次。文化共享工程信息员还定期将各类知识讲座、科教影片、农业技术等优秀资源进行下载，通过移动硬盘拷贝、光盘刻录等方式，送入学校、社区、基层文化站及农牧民群众中进行有效的传播利用。马雪梅他们每季度将下载的资源目录通过肃南信息网，通知各单位、社区、学校及乡（镇）、村，还根据各单位工作实际不断进行目录的调整，以供各单位适时地参考使用。文化信息资源共享工程支中心创建的“书香家园”公益讲座，成为肃南县文化的一道独特风景，打造成了惠民文化服务的品牌。

传播优秀文化的使者

2011年，为隆重纪念党的生日，热情讴歌中国共产党90载岁月的光荣与辉煌，肃南裕固族自治县县委宣传部、县文化委、县共享工程支中心联合举办了“肃南裕固族自治县文化信息资源共享支中心‘颂歌献给党’群众歌咏比赛”。马雪梅组织了馆里的7个女同志，开始歌咏会的筹备工作，亲自制订策划方案，包括舞台设计、音乐、合唱队、评委、邀请领导、比赛场所一应协调事项。在人员少、任务重、时间紧的情况下，克服一道道难关，一边请教，一边干，精心组织，进行了全程拍摄。

“祁连山下荡漾着春天的喜悦，隆畅河旁飘拂着鲜花的芬芳，西路军将士浴血祁连的枪声和呐喊，在肃南这块神奇的土地上，迎风飘扬！让我们引吭高歌，让我们纵情歌唱把最嘹亮的颂歌，献给伟大、光荣、正确的

中国共产党！”2011 年 7 月 1 日，中国共产党建党九十周年这一天，全国文化信息资源共享工程网站，推出了全国各个省中心推荐的“颂歌献给党”群众歌咏活动优秀作品的网上投票，肃南县文化信息资源共享工程支中心选送的“颂歌献给党”5 个视频作品，被国家中心选中 3 个供网上投票，其中有荣获全省一等奖的幼儿园《十送红军》；三等奖的红湾社区和武警中队的《走进新时代》。各个参赛单位奔走相告或发信息踊跃参加投票，全县一万多人投票，引起了社会的高度关注，不但扩大宣传了共享工程，而且为传播中华优秀文化，丰富牧区广大群众精神文化生活，保障基层群众的基本文化权益做出了贡献。

裕固草原上的蒲公英

2010 年，肃南县共享工程实现了 101 个村的全覆盖，加上 101 个村的农家书屋，形成了基层文化惠民服务的网络。马雪梅和她的同事们将这两项惠民工程有机结合，每年按时到基层店检查设备设施的运行情况并积极指导改善各个服务点的基本条件。肃南县地广人稀，居民点比较分散，无论在炎夏季还是在寒冬不管是在暴雨倾盆的时候，还是在鹅毛大雪纷飞的时节，马雪梅都毫不畏惧地带领共享工程支中心的工作人员积极赶往各乡镇服务点，帮他

马雪梅在电子阅览室检查设备

们调试接收器，解决电脑和投影仪的故障，并适时利用共享工程的资源开展读者培训，在广大农牧民群众中引起了热烈反响。“做一名合格的知识导航员”是她常常告诫同事们的一句话，而马雪梅自己也是在默默地践行着这个诺言，努力成为知识海洋里合格的导航员。

马雪梅心系广大农牧民群众，无私地奉献于公共文化事业。她像蒲公英一样把共享工程资源播撒在每一个角落，生根、发芽、开花，在肃南草原上灿烂地绽放。

带着感情去工作

——记文化共享工程新疆建设兵团分中心主任助理苏建

文化共享工程新疆建设兵团分中心　高作品　马丽

所有接触过苏建的人，都会很快地喜欢上他，对他的敬业精神表示赞叹。每逢有人问他为什么这么拼命工作，苏建同志就会回答："党和国家对我们家有恩，我必须加倍努力地工作，以此来报答全社会对我们全家人的关爱。"

苏建在家排行老三，有一个姐姐和一个哥哥，他们家原本是兵团农七师 124 团一个很普通、也很幸福的家庭。不知是造化弄人还是上天有意考验这个普通家庭的承受力，1993 年的一天，他的姐姐苏娟和哥哥苏伟先后查出患上了急性尿毒症，需要立即做肾脏移植手术。在当时，一个人手术需要十多万元，两个人的手术就需要 20 多万元，虽然他们家的生活还算不错，但对于一个团场普通职工家庭来说，20 万元简直就是一串天文数字。要知道，当时一个科级干部的工资只有 50 元左右。

万般无奈之下，父母抱着试试看的态度将姐弟俩送到乌鲁木齐解放军空军医院，没想到，医院方面当即破例免费将姐弟俩收治入院，并号召全院官兵和社会各界捐款。后来，这件事又通过媒体报道在全社会引发了一场爱心拯救活动，社会各界纷纷对这对苦命姐弟伸出了援助之手，很短时间内就募集到了 20 多万元善款。一个月后，医院为姐弟俩成功实施了肾移植手术。轰轰烈烈的救助活动，也成为新疆历史上最著名的温暖事件。根据此事拍摄的电视剧《生死之间》在央视播出，时至今日，许多人还记忆犹新。

谁知两年多后，厄运再次降临到这个不幸的家庭。因为过度忧虑，苏

建的父亲抱憾辞世，家里的顶梁柱没了，生活雪上加霜。俗话说，屋漏偏遇连阴雨。手术后，由于无钱购买抗排异药物，苏娟、苏伟姐弟俩的病情再度恶化，此时，又是空军医院的亲人解放军向他们伸出了援手，免费为他们做了第二次肾移植手术。

正在自己的家庭不断被厄运困扰，同时又被幸运之神一次次眷顾的那一段时期，苏建长大了。技校毕业后，他被分配到兵团文化中心工作。苏建说，他是带着全社会对他一家的关爱，满怀感激之情投身工作的。苏建在学校就是个刻苦学习、品学兼优的学生，掌握了电子维修技术。在文化中心工作期间，每次电影设备出现故障都是苏建动手维修，在设备遇到新的故障难题时他都会废寝忘食地研究故障原因，查阅资料、学习请教几乎占满了他的全部业余生活。凭借着长期累积的工作经验，苏建几乎没有修不好的设备。优秀的工作表现得到了单位领导和同事的认可，他被任命为电影部副经理。担任副经理期间他将自己的维修技术毫不吝啬地教给其他同志，做好了传帮带的工作。

苏建在北疆地区农十师共享工程支中心验收

2006 年苏建同志担任了文化共享工程兵团分中心综合办公室主任的职务。面对全新的工作，他依然抱着谦虚、谨慎、刻苦学习的态度，全身心地投入到兵团文化共享工程建设事业中去。文化共享工程兵团分中心只

有三名工作人员，其中两名还是女同志。苏建常说的一句话是："女同志不适合跟着施工队下地州奔波，也不安全，还是我去吧！"就这样，他经常包揽那些难度大的艰苦工作，建点期间带领施工队伍走戈壁、下团场，不分白天黑夜地赶路，不分节假日地赶工期。每到一个支中心建设点，他都组织技术人员手把手地现场指导，模拟操作，遇到问题当场解决。

2008 年 9 月，苏建带领工作人员前往农十师 185 团安装调试设备。这个团地处中国与哈萨克斯坦边境地带，汽车在戈壁公路上行驶了十多个小时，终于到达 185 团。在安装调试设备过程中，发现卫星接收服务器无法搜索接收信号。当时天色渐黑，大家都想先吃饭休息，第二天再处理故障。但苏建同志却继续坐在轰轰作响的机房里，仔细分析软件安装过程中的每一个程序，以及线路连接的每一个节点，看看是在哪个环节出现了错误，才导致卫星接收参数的接收失败。经过三个多小时仔细排查，终于找到了故障原因，他立即指导工作人员排除故障，和同事们爬上屋顶，一手提着照明灯，指导工作人员调试卫星接收参数，调整方位角度。经过一天多的紧张施工，卫星接收系统可以畅通无阻地接收文化信息的节目，让地处祖国边境线上的职工群众看到了文化共享丰富的节目资源。这时候，苏建疲惫至极的脸上才露出了一丝欣慰的笑容。在日益忙碌的文化共享工程事业中，苏建凭借着扎实的业务技能、兢兢业业的工作精神，赢得了周围同志的充分肯定，在工作中成为了领导的好助手，2010 年，他被任命为文化共享工程兵团分中心主任助理。

文化共享工程县级支中心建设是个时间紧、任务重的工作，兵团 14 个师、175 个农、牧、团场、2200 多个连队遍布天山南北各地州，分布在塔克拉玛干和古尔班通古特沙漠边缘。81 个团支中心的建设可谓是点多、线长、面广。苏建同志在工作中对待下属严格要求，在生活上像朋友一样关心同事，他总是把困难留给自己，把方便留给他人。他常说："专心地工作会做到最好，用心地工作会做到优秀，一个人要是没有工作热情是干不好工作的。"截至 2010 年底，兵团文化共享工程全面完成了文化部下达

的 81 个县级支中心的建设任务，并以农六师为试点，通过有线电视网络传播文化共享工程信息资源，这一模式得到了各级领导的好评和兵团团场职工的欢迎，还方便快捷地扩大了文化共享工程的服务面。

苏建怀着感恩的心努力工作，怀着满腔热情投入事业之中，这份感情注入在兵团文化共享工程的日日夜夜，一步一个脚印，从电影放映员到电影部副经理，从共享工程办公室主任到分中心主任助理，一路留下的，是踏实的足迹和辛勤付出的汗水。他独特的个人魅力无时无刻地不感染着身边每一个同志，大家都用忘我的热情投入到这项伟大的惠民工程中去，并取得了不凡的业绩。

编后记

在喜迎党的第十八次全国代表大会胜利召开和全国文化信息资源共享工程建设十周年之际，《文化共享十年路：共创 · 共建 · 共享》套书正式出版了。该书从组织策划，到稿件的收集、征集，再到整理编撰，历时近一年，记录着文化共享工程开展惠民服务的每一分耕耘与收获、每一点启发与思考、每一步探索与创新，展示了文化共享工程从业人员的精神风貌，也展现了文化共享工程基层工作的勃勃生机。

《文化共享十年路：共创 · 共建 · 共享》套书由《新闻媒体报道选编》和《优秀服务案例选编》两个分册组成。《新闻媒体报道选编》汇编了 2009 年以来中央媒体及各地有影响力的报纸关于文化共享工程的新闻报道 111 篇。从最初收集的 150 万字文稿，甄选整理为 30 多万字的书稿，按照综合报道、公共电子阅览室、资源建设、技术应用、惠民服务分类，并按照刊发时间顺序编排。

《优秀服务案例选编》基础文稿来自全国文化共享工程各级分支中心和基层服务点，有的选自为汇编本书而开展的征文活动的获奖作品，有的选自“感人故事演讲比赛”和“共享工程中的共产党员”征文中的优秀文稿，还有今年下半年以来，国家中心特别征集的各级分支中心开展惠民服务并取得良好成效的创新实践品牌案例等。书稿按照共建篇、共享篇、榜样篇三部分汇编，并按行政区划排列为序。

为了确保本套书的纪实性、全面性和指导性，入选文章经过编辑人员认真筛选和反复斟酌，尤其是《优秀服务案例选编》一书，每篇文章都经过细致修改和精心打磨。在编辑该套书的过程中，国家中心刘红、程志峰、李亚男、张博四位年轻同志承担了书稿的收集、整理、初编、协调出版等

一系列具体工作，他们在保证其所担负本职工作正常完成的同时，付出大量的业余时间，以辛勤的劳动，超常规的耐心和细心，以及高度的责任心和使命感，确保了该套书的如期出版。该套书的编辑还得到了全国各级分支中心的大力支持，特别是各地的通讯员朋友，积极配合编辑工作的需要，提供素材、优选配图、联系作者，借此套书出版之际，向他们表示诚挚的感谢。

谨以此书献给为全国文化信息资源共享工程建立、成长、壮大、收获而辛勤付出和无私奉献的建设者们，期待《文化共享十年路：共创·共建·共享》能为促进全国文化共享工程在新形势下的创新发展、推进公共文化服务体系的建设发挥应有的作用。

编 者

二〇一二年十月八日